hänssler

BEATE SCHEFFBUCH
WINRICH SCHEFFBUCH

Den Kummer sich vom Herzen singen

So entstanden bekannte Lieder

Winrich Scheffbuch ist Pfarrer der Ludwig-Hofacker-Gemeinde in Stuttgart,
außerdem Geschäftsführer der weltweiten Hilfswerke HILFE FÜR BRÜDER
und Christliche Fachkräfte International (CFI).
Beate Scheffbuch arbeitet engagiert in der Gemeinde ihres Mannes mit.
Beate und Winrich Scheffbuch haben vier erwachsene Kinder.

ISBN 3-7751-2797-6

hänssler-Hardcover
Bestell-Nr. 392.797

3. Auflage 1998

Umschlaggestaltung: Stefanie Bunner
Umschlagfoto: MEV-Fotoarchiv
Innenillustrationen: Elisabeth Neun, Stuttgart
Satz: AbSatz Ewert-Mohr, Klein Nordende
Druck und Bindung: Ebner Ulm
Printed in Germany

Erprobt und bewährt in Jahrhunderten

Es gibt Lieder, die nicht veralten. Durch die Jahrhunderte hindurch wurden sie von Unzähligen gesungen. Und sie werden morgen gesungen werden, auch wenn Stil und Sprache nicht der Mode entsprechen und der Klang der Melodien manchmal fremd erscheinen mag. Die Kraft dieser Lieder liegt in dem, was sie sagen, in der erlebten Wahrheit des Evangeliums.

Wie diese Lieder entstanden, das sind packende Geschichten. In Kriegselend, Hungersnot, Pest und Leid erklangen sie erstmals. Es waren Vertriebene und Kranke, Beraubte und Elende, die eine angefochtene und bedrängte Gemeinde mit dem Wort Gottes trösteten, das ihnen selbst Mut machte. So wurden Schwermütige zuversichtlich, Trauernde fröhlich, Zweifelnde gewiss.

Viele Generationen haben mit diesen Jesusliedern Ängste überwunden und sich den belastenden Kummer vom Herzen gesungen. Uns bleibt der reiche Schatz dieser bewährten Lieder einer langen Reihe von Zeugen des Glaubens.

Diese Meisterstücke des künstlerisch gestalteten Gotteswortes ermutigen uns an der Jahrtausendwende, in dem Kampf zu laufen, der uns verordnet ist und aufzusehen auf Jesus, den Anfänger und Vollender unseres Glaubens.

Pfingsten 1997 *Beate und Winrich Scheffbuch*

Wohl dem Volk, das jauchzen kann!
Psalm 89,16

Wenn wir dich haben,
kann uns nicht schaden
Teufel, Welt, Sünd oder Tod;
du hast's in Händen,
kannst alles wenden,
wie nur heißen mag die Not.

Cyriakus Schneegass 1598

Inhalt

Rudolf Alexander Schröder und der wieder entdeckte Glaube

Wenn die Burgen dieser Welt um dich her in Trümmer brechen

Es war die Sinnlosigkeit des Ersten Weltkriegs, die selbst optimistische Menschen unheimlich tief erschütterte. Das massenhafte Sterben blutjunger Menschen und die grauenhaften Zerstörungen haben auch dem feinfühligen Künstler Rudolf Alexander Schröder eine völlig neue Weltsicht gebracht: *Ich bin dahinter gekommen, dass, wie die Schrift sagt, die Welt im Argen liegt; mit andern Worten, dass die Sünde eine große, ernste Wirklichkeit ist mitten in allem Schönen, Erfreulichen und Dankenswerten der Welt.*

Dies war eine einschneidende Lebenswende für den Hanseaten Rudolf Alexander Schröder. 1878 wurde er in einer wohlhabenden Bremer Kaufmannsfamilie geboren. Als Freund der schönen Künste und Formen lebte er in einem Kreis berühmter Künstler. Er richtete als Architekt und Raumgestalter mehrere Räume auf dem Überseedampfer *Bremen* ein und entwarf das Grabmal für Hugo von Hofmannsthal. Daneben war er Maler, Buchgestalter, vor allem aber ein ganz hervorragend begabter Übersetzer, meisterhafter Sprachgestalter und Lyriker.

Seine klassische Übersetzung von Homers Odyssee veröffentlichte er schon mit 32 Jahren. Es folgten Übersetzungen von Vergil und Horaz, später auch der Ilias, aber auch Molière und Racine,

Shakespeare, Pope und Elliot. Mit Freunden gründete er die künstlerische Zeitschrift *Insel*, aus der später der für schöne Literatur berühmte Inselverlag hervorging.

Doch dann gab Rudolf Alexander Schröder in diesem Verlag 1930 einen kleinen Gedichtband heraus mit dem Titel *Mitte des Lebens* und dem Untertitel *Geistliche Gedichte.* Dieses Büchlein sollte für Schröder zugleich die letzte Veröffentlichung in diesem Verlag sein. Was er hier publizierte, hatte den Rahmen dieses schöngeistigen Verlages gesprengt.

Nicht nur die bestürzende Realität menschlicher Sünde hatte Rudolf Alexander Schröder zu dieser Lebenswende geführt, sondern das befreiende Evangelium von Jesus Christus, das er lange Zeit verloren hatte:

Ich möchte gern gesunden:
Du bist ein Arzt der Kranken!
Das Wort hab ich gefunden,
dein Wort! – Darf ich dir's danken?

Unter der Last schwerer Todeserfahrung entdeckte Rudolf Alexander Schröder im Wort Gottes unendliche Ermutigung. Es war im Frühling des letzten Kriegsjahres. Einer der Freunde starb, und die Nächsten saßen um den Sarg. *Ich nahm die Bibel zur Hand und habe uns die Auferstehungsgeschichten der Reihe nach vorgelesen. Da haben wir einen Trost verspürt, so gewaltig und fest, wie kein anderer je hätte sein können; und er ist mit mir gegangen bis heute und wird, so Gott will, mit mir gehn bis ans Grab und übers Grab hinaus.*

In dem Lied *Wer kann der Treu vergessen* berichtet Schröder ganz unmittelbar und direkt, wie er die wunderbare Gnade Gottes erfuhr, als er noch im Ungewissen suchte:

So bin ich dein geworden,
eh ich mich selbst gewann;
du nahmst mich in den Orden
der Söhn und Brüder an.
Weil ich noch kaum vom Weiten

durch Dunst und Nebel sah,
warst über meinem Schreiten
du wie die Sonne nah.

Bist's noch zu allen Tagen,
auch wo ich dich nicht spür
und mein, ich ging durch Plagen
und Ängste für und für,
und wähn, ich müsst in Sünden
und Finsternis gesenkt,
mich in der Hölle gründen,
die dein mit Schrecken denkt;

dein, der die Welt bereitet
nach unbegriffnem Plan,
die Strauchelnden geleitet,
den Müden hilft voran,
der hinter Zeit und Maßen,
davor der Geist erschrickt,
gebahnt die schönen Straßen
zur Herrlichkeit erblickt;

zum Vorhof deiner Wahrheit,
zur ewgen Gegenwart,
da die vollkommne Klarheit
sich allen offenbart,
da alles Seufzen mündet
in einen Lobgesang
und Stern den Sternen kündet
Fried, Freude, Preis und Dank.

Auch darüber, was ihm wieder den Weg zum Glauben gewiesen habe, gibt Rudolf Alexander Schröder Auskunft: *Es sind Paul Gerhardts Lieder gewesen, an denen ich mit leiser Hand zurückgeführt worden bin, noch ehe mir das Wort der Schrift selbst wieder lebendig geworden war.*

Wie wichtig die alten Lieder des Glaubens sind, erkannte Schröder noch viel mehr im rauschhaften Aufbruch des Dritten Reichs. Nicht nur junge Menschen ließen sich in jener revolutionären Zeit des Umbruchs vom Neuen begeistern und mitreißen. Schröder trat damals jenen entgegen, die meinten, man dürfe in solchen Zeiten jungen Menschen nicht mehr die alten Lieder *zumuten*. Aber gerade auf dem Hintergrund dieser neuen gesellschaftlichen Umwälzungen des 20. Jahrhunderts stellte Rudolf Alexander Schröder heraus, dass diese alten Lieder viel neuer und zukunftsweisender sind als alle modischen Neuerungen. Diese alten Lieder wirken deshalb so zeitnah und lebendig, weil sie mit der ihnen eigenen Kraft das Wort Gottes verkündigen. Darum sind die alten Choräle viel aktueller als jene von der modernen Zeit so faszinierten Menschen.

Das war Rudolf Alexander Schröder wichtig: Ohne das biblische Wort verdorrt das geistliche Lied. Der Choral muss Auslegung des Bibeltextes sein mit Mitteln der Dichtung.

Um dem Terror der Naziherrschaft zu trotzen, schloss sich Rudolf Alexander Schröder früh der Bekennenden Kirche an und brachte die *Lieder für Kirche und Haus* heraus. Seine geistlichen Lieder wurzeln ganz im Wort Gottes. Schröder wollte Bibeltexte gewissenhaft auslegen, sich fortwährend von diesem Wort prüfen und festigen lassen. Er hatte Sorge, mit Menschenworten der Wahrheit Gottes hinderlich zu sein. Darum wollte er in großer Treue dieses Wort unverfälscht und buchstäblich weitersagen. *Das Wort, auf dessen Grunde das Lied steht, ist das Wort der Verkündigung, an dem ›grundsätzlich‹ nicht gedeutelt und um das nicht gemarktet werden darf.* Somit soll das Kirchenlied *nicht das Neue und Überraschende*, sondern *das Gewohnte und Bewährte* vermitteln.

Schröder hatte das bleibende Fundament des Evangeliums entdeckt, von dem er immer reden musste. Ihm war wichtig, dass im Kirchenlied der gemeinsame Glaube bekräftigt und öffentlich bezeugt wird. Nach Schröder soll das Lied ganz bewusst vor allem anderen predigen, wenn um uns her die Welt in Trümmer fällt:

Es mag sein, dass alles fällt,
dass die Burgen dieser Welt

um dich her in Trümmer brechen.
Halte du den Glauben fest,
dass dich Gott nicht fallen lässt:
er hält sein Versprechen.

Es mag sein, dass Trug und List
eine Weile Meister ist;
wie Gott will, sind Gottes Gaben.
Rechte nicht um Mein und Dein;
manches Glück ist auf den Schein,
lass es Weile haben.

Es mag sein, dass Frevel siegt,
wo der Fromme niederliegt;
doch nach jedem Unterliegen
wirst du den Gerechten sehn
lebend aus dem Feuer gehn,
neue Kräfte kriegen.

Es mag sein, die Welt ist alt,
Missetat und Missgestalt
sind in ihr gemeine Plagen.
Schau dir's an und stehe fest:
nur wer sich nicht schrecken lässt,
darf die Krone tragen.

Es mag sein, so soll es sein!
Fass ein Herz und gib dich drein;
Angst und Sorge wird's nicht wenden.
Streite, du gewinnst den Streit!
Deine Zeit und alle Zeit
stehn in Gottes Händen.

Es waren wild bewegte Jahre im Kirchenkampf, als die bekennenden Christen gegen den Terror der Nazis mutig ihren Weg suchten. Bezeichnend für Rudolf Alexander Schröder war, dass er sich sofort als Lektor und Prädikant in den Gottesdiensten zur Verfügung stellte. Er tat diesen wichtigen Verkündigungsdienst auch in den dunklen Jahren des Zweiten Weltkriegs. Er verstand sein Amt als Tröster, Seelsorger und Wächter. Nicht als lästige Pflicht tat er dies, sondern weil er einen Dank abstatten wollte für das, was er durch den Glauben an Jesus Christus empfangen hatte.

So beschreibt er es selbst in einem Lied:

Wir dienen, Herr, um keinen Lohn,
es wär uns selbst zu Schaden.
Doch stehen wir um deinen Thron
im Abglanz deiner Gnaden.

Auch fordert keiner Dank und Recht;
er wäre ja verloren:
Du hast den ungetreuen Knecht
dir selbst zum Sohn erkoren.

Bestellst uns in die Ritterschaft;
da ist uns schon gelungen,
was wir durch unsre eigne Kraft
in keinem Streit errungen.

Erneuerst täglich deinen Bund
in Jesu Christi Namen.
Wir stehn auf keinem andern Grund
als auf dem deinen. Amen

Schröder bedauerte auch, dass in unserer Zeit so wenig gesungen wird: *Der heutige Notstand unseres Kirchenliedes erfließt zu einem sehr großen Teil daraus, dass wir aus einem singenden Volk zu einem Volk maulfauler, krittelnder und mit musikalischen Schleckereien aller Art überfütterter Hörer geworden sind.*

Das reiche Leben Rudolf Alexander Schröders schloss 1962, wenige Monate vor seinem 85. Geburtstag, in Bayern ab, wo er schon lange seine neue Heimat gefunden hatte.

Weit verbreitet ist sein Abendlied:

Abend ward, bald kommt die Nacht,
schlafen geht die Welt;
denn sie weiß, es ist die Wacht
über ihr bestellt.

Einer wacht und trägt allein
ihre Müh und Plag,
der lässt keinen einsam sein,
weder Nacht noch Tag.

Jesu Christ, mein Hort und Halt,
dein gedenk ich nun,
tu mit Bitten dir Gewalt:
bleib bei meinem Ruhn.

Wenn dein Aug ob meinem wacht,
wenn dein Trost mir frommt,
weiß ich, dass auf gute Nacht
guter Morgen kommt.

Friedrich von Bodelschwinghs Ringen mit der Naziherrschaft

Keine Not, über die nicht Gottes Liebe leuchtet

Das Jahr 1933 war auch eine Schicksalsstunde für die evangelischen Kirchen in Deutschland. Der *totale Staat* der Nazis wollte nicht nur das politische, sondern auch das kulturelle Leben unter einer ideologischen Führungsmacht einen. Man sprach damals vom *Gleichschalten* aller gesellschaftlichen Kräfte.

So brach auch in den selbständigen und zersplitterten evangelischen Landeskirchen, die nebeneinander existierten, wieder der Wunsch nach Bildung einer deutschen evangelischen Gesamtkirche auf. Besonders stark drängte in diese Richtung die Glaubensbewegung der Deutschen Christen, die sich aus Kreisen der Nazis zusammensetzte.

Andere mehr am Bekenntnis orientierte Kreise sahen in einer solchen zentralen Einigung der getrennten Landeskirchen eine große Chance, mehr Einfluss im Volk zu gewinnen.

War jetzt nicht die Stunde, in der man den Nazichristen zuvorkommen musste und die langgehegten Pläne einer starken deutschen Einheitskirche verwirklichen konnte? Viele evangelische Kirchenführer suchten deshalb einen Kandidaten, der das breite Vertrauen der verschiedenen kirchlichen Richtungen und Strömungen besaß. So wollte man die Ernennung eines von der Nazi-Ideologie bestimmten Reichsbischofs verhindern.

Rasch wurde im Mai 1933 von den Landeskirchen eine gemeinsame Deutsche Evangelische Kirche gebildet, in der die Bekenntnisse unantastbare Grundlage waren. Die Wahl des Reichsbischofs, wie man ihn nannte, fiel nahezu einmütig auf den eher schüchternen Pastor Fritz von Bodelschwingh in Bethel bei Bielefeld. Der sagte gleich, er wolle *lieber Reichsdiakon als Reichsbischof* genannt werden. Und auch: *Es würde nichts nützen, am äußeren Gewand der Kirche zu flicken. Von innen heraus muss sie erneuert werden. Das kann nur geschehen, wenn sie das Wort des Herrn Christus deutlich hört: Ändert euren Sinn! Sinnesänderung wächst heraus aus der Erkenntnis der eigenen Schuld.*

Bodelschwingh war damals 55 Jahre alt. Von seinem neuen Amt als Reichsbischof musste er schon nach 27 Tagen zurücktreten. Die Naziregierung hatte diktatorisch einen Staatskommissar für die Kirchen der altpreußischen Union eingesetzt, der gleichsam Bodelschwingh übergeordnet war. So wollte der Staat kompromisslos seinen Einfluss auf die Kirche sichern.

Die Wahl Bodelschwinghs war schon von Anfang an durch die Partei der Nazichristen heftig bekämpft worden. Sie wollten mit allen Mitteln ihren Kandidaten, Wehrmachtspfarrer Müller, durchsetzen. Sie wurden dabei kräftig durch die völlig von den Nazis beherrschte Presse unterstützt. So war in vielen Zeitungen die Wahl Bodelschwinghs nicht anerkannt worden. Ein schlimmes Kesseltreiben gegen den Pfarrer aus Bethel wurde angezettelt.

Diese lautstarke Gegnerschaft hätte Bodelschwingh vielleicht noch aushalten können, wenn da nicht jene Mittelgruppe gewesen wäre, die gutmütig und leichtgläubig meinte, mit dem totalen Anspruch der Nazis Kompromisse eingehen zu können. Die positiven evangelischen Kräfte waren zersplittert und damit schwach.

Mit der Einsetzung des Staatskommissars aber waren nun alle legitimen Gremien der Kirche endgültig entmachtet. An die Stelle Bodelschwinghs als Reichsbischof trat jetzt der ganz mit der Naziideologie verbundene Wehrmachtspfarrer Ludwig Müller. Viele weitere Gewaltakte in den Kirchen sollten folgen.

Pastor Fritz, wie er meist zur Unterscheidung von seinem Vater genannt wurde, war am 14. August 1877 als Jüngster von vier Kindern geboren worden. Die Eltern hatten vorher schon weitere vier Kinder innerhalb weniger Wochen durch Stickhusten verloren.

1910 übernahm Fritz von Bodelschwingh das Werk der diakonischen Anstalten mit vielen tausend Kranken, das sein Vater nach dem Tod der ersten vier Kinder gegründet hatte. *Pastor Fritz* brachte das große Werk durch die schwierigen Jahre des Ersten Weltkrieges und der Inflation und baute die Anstalten sogar noch kräftig aus.

Bodelschwingh hatte echte geistliche Vollmacht, die sich bei ihm als Leiter bewährte, weil sie aus einer tiefen Liebe zu den Menschen kam. Er hatte die Gabe, auf Menschen seelsorgerlich und warmherzig zuzugehen, weil er ein zartes Einfühlungsvermögen besaß. Das hatte er im Umgang mit den Kranken gelernt, die er seine Zuchtmeister in Glaube und Liebe nannte: *Es liegt nicht an den Kranken, sondern an uns Gesunden, wenn wir mit ihnen keinen Kontakt bekommen.*

Unter strengster Verschwiegenheit begann Hitler im Herbst 1939 mit der Tötung des von ihm als lebensunwert bezeichneten Lebens. Man hat die Aktion mit dem Wort *Euthanasie*, also würdiges Sterben der unheilbar Kranken, umschrieben.

Sobald Anzeichen davon beobachtet werden konnten, enttarnte Bodelschwingh mit einer eindeutig klaren Denkschrift die heimlichen Machenschaften der Tötung Kranker. Er protestierte unbeugsam – aus Rücksicht auf seine Kranken aber nicht lautstark, sondern behutsam – Mitte 1940 zuerst bei Ministern und dann direkt bei Hitler gegen die geplanten *Sammeltransporte* und das heimliche Morden. Von Anfang an hatte er das Ausfüllen der berüchtigten neuen Fragebögen verweigert und sie unausgefüllt zurückgesandt.

Eine von den Nazis bestellte Ärztekommission besetzte die Verwaltung in Bethel und füllte selbst die Fragebogen aus. Der mit der Tötungsaktion betraute Leibarzt Hitlers besuchte mehrmals Bethel, dann wurde die ganze Aktion abgebrochen. Bodelschwingh kämpfte, wie er selbst sagte, den *schwersten Kampf seines Lebens.* Von den 6300 Kranken Bethels wurde fast niemand abgeholt.

In den letzten Kriegstagen, als schon die amerikanischen Truppen im Anmarsch waren, predigte Pastor Fritz beim Gottesdienst am Karfreitag in der Zionskirche in Bethel über die drei Kreuze auf Golgatha nach Lukas 23,39-43:

Still, ganz still stehen wir da. Das wilde Getümmel dieser Tage weicht für einen Augenblick zurück. Die weltgeschichtlichen Entscheidungen, die sich jetzt vollziehen, verlieren ihr Gewicht gegenüber der heilsgeschichtlichen Entscheidung, die auf Golgatha gefallen ist.

Was in den sechs Stunden auf Golgatha geschehen ist, das wirkt in alle Ewigkeit hinein. Gottes größte Taten sind für Menschen immer ein Geheimnis. Wir möchten gern, dass uns heute ein neuer Blick geschenkt wird in das Geheimnis von Golgatha.

Und dann sprach Bodelschwingh von der Schuld des Volkes und eines jeden Einzelnen: *Wir empfangen, was unsre Taten wert sind! Diese Unterschrift dürfen wir gewiss auch unter das setzen, was wir in der Geschichte unserer Tage mit tiefem Schrecken erleben. Wieviel hat bei uns am verkehrten Platz gestanden! Nun streicht Gottes Gericht das alles durch. Nun rückt Gottes gewaltige Hand es zurecht. Wir beugen uns unter sein Gericht.* Und er schloss dann mit der Mahnung: *Sage von Herzen Ja zu dem gerechten Gericht Gottes, weil es immer heilig und darum heilsam ist.*

Und dann: *Die Karfreitagstrauer verwandelt sich in die Weihnachtsfreude. ›Heut schließt er wieder auf die Tür zum schönen Paradeis. Der Cherub steht nicht mehr dafür, Gott sei Lob, Ehr und Preis!‹*

In diesem Gottesdienst hat Pastor Fritz von Bodelschwingh das heute viel gesungene Lied, das schon im Jahr 1938 von ihm gedichtet wurde, erstmals öffentlich vorgetragen:

Nun gehören unsre Herzen
ganz dem Mann von Golgatha,
der in bittern Todesschmerzen
das Geheimnis Gottes sah,
das Geheimnis des Gerichtes
über aller Menschen Schuld,
das Geheimnis neuen Lichtes
aus des Vaters ewger Huld.

Nun in heilgem Stilleschweigen
stehen wir auf Golgatha.
Tief und tiefer wir uns neigen
vor dem Wunder, das geschah,
als der Freie ward zum Knechte
und der Größte ganz gering,
als für Sünder der Gerechte
in des Todes Rachen ging.

Doch ob tausend Todesnächte
liegen über Golgatha,
ob der Höllen Lügenmächte
triumphieren fern und nah,
dennoch dringt als Überwinder
Christus durch des Sterbens Tor;
und, die sonst des Todes Kinder,
führt zum Leben er empor.

Schweigen müssen nun die Feinde
vor dem Sieg auf Golgatha.
Die begnadigte Gemeinde
sagt zu Christi Wegen: Ja!
Ja, wir danken deinen Schmerzen;
ja, wir preisen deine Treu;
ja, wir dienen dir von Herzen;
ja, du machst einst alles neu.

Die letzte Christvesper hielt Bodelschwingh 1945 nach 35 Jahren Amtstätigkeit in der Betheler Zionskirche. Dort steht im Blickfeld der vielen Kranken, Behinderten und anderen Gemeindegliedern in den Chorbogen das Psalmwort geschrieben: *Wenn der Herr die Gefangenen Zions erlösen wird, dann werden wir sein wie die Träumenden!*

Bodelschwingh stellte seine Gedanken unter den selbst gedichteten Vers:

Aus tausend Traurigkeiten
zur Krippe gehn wir still,
das Kind der Ewigkeiten
uns alle trösten will.

Am 4. Januar 1946 wurde Bodelschwingh, der viel kränker war als die meisten wussten, heimgerufen in die Ewigkeit.

Dietrich Bonhoeffer – im KZ ermordet

Billige Gnade ist der Todfeind unserer Kirche

1937 schrieb Dietrich Bonhoeffer in seinem Buch *Nachfolge*: *Der Ruf ergeht, und ohne jede weitere Vermittlung folgt die gehorsame Tat des Gerufenen. Die Antwort des Jüngers ist nicht ein gesprochenes Bekenntnis des Glaubens an Jesus, sondern das gehorsame Tun.*

Für Bonhoeffer bedeutete Nachfolge Jesu angesichts der Machtansprüche der Naziherrschaft über die Kirche ganz konkret: aktiver Widerstand. Er schrieb: *Nachfolge ist Bindung an den leidenden Christus. Darum ist das Leiden der Christen nichts Befremdliches. Es ist vielmehr lauter Gnade und Freude.* Als theologischer Dozent an der Universität in Berlin beteiligte er sich am kirchlichen Protest gegen Gewaltherrschaft und Irrlehre, Judenverfolgung und das Führerprinzip in der Kirche.

Zu Breslau in Schlesien war Dietrich Bonhoeffer 1906 geboren worden. Seit 1912 lebte die Familie in Berlin. Der Vater war Arzt und Professor für Psychiatrie an der Universität. Dietrich Bonhoeffer studierte in Tübingen und Berlin, promovierte schon im Alter von 21 Jahren und habilitierte sich mit 24 Jahren. Auslandsaufenthalte zuerst 1928 als Vikar in Barcelona, dann 1931 als Privatdozent für Systematische Theologie in den USA und 1933 als Auslandspfarrer in England folgten. 1935 wurde Bonhoeffer Leiter des *illegalen* Predigerseminars der Bekennenden Kirche in Finkenwalde, bis es 1937 durch die Machthaber aufgelöst wurde. 1938 wies man ihn aus Berlin aus, 1940 bekam er Redeverbot, 1941 auch noch Schreibverbot.

Schließlich sah Bonhoeffer keinen anderen Weg mehr, als sich ganz aktiv an der politischen Widerstandsbewegung zu beteiligen.

Im April 1943 verhaftete ihn die Geheime Staatspolizei aus diesem Grund und überführte ihn schließlich Ende März 1945 mit anderen führenden Männern des Widerstandes in das Konzentrationslager Flossenbürg. Dort wurde er, wenige Tage vor Kriegsende, am 9. April 1945 erhängt.

Bonhoeffer erkannte, dass er den dunklen Weg unter dem Schatten des Kreuzes geführt wurde. *Christen stehen bei Gott in seinem Leiden*, schrieb er am 18. Juli 1944 aus dem Gefängnis. *Das unterscheidet Christen von Heiden. ›Könnt ihr nicht eine Stunde mit mir wachen?‹, fragt Jesus in Gethsemane. Das ist die Umkehrung von allem, was der religiöse Mensch von Gott erwartet. Der Mensch wird aufgerufen, das Leiden an der gottlosen Welt mitzuleiden.*

In den schweren Tagen der Gefängnishaft dichtete Bonhoeffer das letzte erhaltene Gedicht, das jetzt als Lied gesungen wird:

Von guten Mächten treu und still umgeben,
behütet und getröstet wunderbar,
so will ich diese Tage mit euch leben
und mit euch gehen in ein neues Jahr.

Noch will das Alte unsre Herzen quälen,
noch drückt uns böser Tage schwere Last,
ach Herr, gib unsern aufgescheuchten Seelen
das Heil, für das du uns bereitet hast.

Und reichst du uns den schweren Kelch, den bittern
des Leids, gefüllt bis an den höchsten Rand,
so nehmen wir ihn dankbar ohne Zittern
aus deiner guten und geliebten Hand.

Doch willst du uns noch einmal Freude schenken
an dieser Welt und ihrer Sonne Glanz,
dann wolln wir des Vergangenen gedenken,
und dann gehört dir unser Leben ganz.

Lass warm und still die Kerzen heute flammen,
die du in unsre Dunkelheit gebracht,
führ, wenn es sein kann, wieder uns zusammen.
Wir wissen es, dein Licht scheint in der Nacht.

Wenn sich die Stille nun tief um uns breitet,
so lass uns hören jenen vollen Klang
der Welt, die unsichtbar sich um uns weitet,
all deiner Kinder hohen Lobgesang.

Von guten Mächten wunderbar geborgen,
erwarten wir getrost, was kommen mag,
Gott ist mit uns am Abend und am Morgen
und ganz gewiss an jedem neuen Tag.

Gerhard Fritzsche – im Krieg verschollen

Die Freude über den Namen im Buch des Lebens

Junge Freunde aus Sachsen trafen sich in Berlin – wie man heute sagt – zum Workshop, um christliche Lieder zu schaffen. Neben dem sächsischen Leiter der Singewochen, Alfred Stier, war auch Samuel Rothenberg, der Singepfarrer der Bekennenden Kirche, und Johannes Petzold, der Kirchenmusiker aus dem Vogtland, dabei. Auch Gerhard Fritzsche gehörte zu diesem Kreis. Unter dem Titel *Schwert und Kelle* brachten sie ihre Lieder heraus.

Gerhard Fritzsche wurde als Sohn eines Strumpfwirkers 1911 in Dittmannsdorf im Erzgebirge geboren. Er arbeitete nach seiner Volksschulzeit zuerst am Webstuhl. Im Jugendbund für Entschiedenes Christentum kam er zum lebendigen Glauben an Jesus Christus.

Die schweren Auseinandersetzungen des Kirchenkampfs mit dem Nazi-Terror brachten viel Not und schweres Leid über das Leben des jungen Dichters.

Fritzsche war 1936 Jugendwart in Sachsen geworden. Aber schon 1933 hatte Hitler fast alle Aktivitäten der evangelischen Jugend, etwa Sport und Freizeiten, bei strengsten Strafen verboten. Sie waren ausschließlich der Hitlerjugend vorbehalten.

In diesem schweren Ringen machte Gerhard Fritzsche immer neue Erfahrungen des Glaubens. Er schrieb:

Dass wir deine Herrlichkeit
können recht erfassen,
wirfst du über uns das Leid,
führst uns dunkle Straßen.

Dass wir dir allein vertraun,
dir und keinem andern,
reißt du nieder, was wir baun
– und wir müssen wandern.

Wer noch nicht zerbrochen ist,
findet nicht die Türen,
die zu dir, Herr Jesu Christ,
in die Freude führen.

So wolln wir dir stille sein
und dir glaubend trauen,
denn wir sollen nach der Pein
alle Himmel schauen.

Oft wurde nach dem 2. Weltkrieg in den Jugendgruppen bei Treffen und Freizeiten das Abschiedslied von Gerhard Fritzsche gesungen:

Wir fahrn dahin.
Wirf helles Licht,
Herr Jesu Christ,
auf alle Straßen hin!
Auf dich wir glaubend trauen.
Beim Scheidegruß aufschauen
wir nun in festem Sinn.

Dein Wort die Fahn!
Herr Jesu Christ,
du Führer bist,
der Heerfahrt Ziel und Plan.
Geleit uns durch die Zeiten
und brich du selbst beim Streiten
der Botschaft freie Bahn.

Behüt euch Gott!
Bleibt allezeit
in Kampf und Streit
des Königs Aufgebot!
Im Dienst und harten Ringen,
schenk Gott euch sein Gelingen,
speis euch mit Lebensbrot.

Steht ihr allein
und trifft euch Not:
Der Herr ist Gott!
Herr Christus, bringe heim,
die treu den Kampf gestritten,
im Elend hart gelitten,
leucht uns mit hellem Schein.

1939 wurde Gerhard Fritzsche als Soldat eingezogen. Aus dem Lazarett schrieb er 1942 die bekannten vier Zeilen, unter der Überschrift *Sprüche vom Leben und Tod* verfasst, die bald als Kanon überall im Land gesungen wurden:

Alles ist eitel,
du aber bleibst –
und wen du ins Buch
des Lebens schreibst.

Das Lied *Gelobt sei deine Treu* entstand 1938 in den schweren Kämpfen mit den Nazis um die Jugendarbeit und geht auf das Wort aus den Klageliedern Jeremias 3, 22 f. zurück: *Die Güte des Herrn ist's, dass wir nicht gar aus sind, seine Barmherzigkeit hat noch kein Ende, sondern sie ist alle Morgen neu, und deine Treue ist groß.* In diesem Lied heißt die letzte Strophe:

Gelobt drum deine Treu,
die jeden Morgen neu
uns deine abgrundtiefe Liebe zeigt!
Wir preisen dich und bringen
dir unser Lob mit Singen,
bis unser Mund im Tode schweigt.

Seit 1944 ist Gerhard Fritzsche in Südrussland vermisst.

Jochen Kleppers Kampf um die Rettung von Frau und Tochter

Nicht klagen sollst du: loben!

Theologie hatte Jochen Klepper in Breslau studiert, das Examen aber nicht abgelegt. Er wollte nicht ins Pfarramt gehen, sondern arbeitete lieber als freier Schriftsteller bei Presse und Rundfunk.

Sein Theologiestudium hatte ihn abgeschreckt, den Pfarrberuf des Vaters zu ergreifen. 1931 heiratete er die jüdische Witwe Hanni Gerstel-Stein, die sieben Jahre später zum evangelischen Glauben übertrat. Zwei Töchter brachte sie mit in die Ehe. Der sensible, zu Verzweiflung neigende Klepper fand in der zehn Jahre älteren und klugen Frau einen starken Halt.

Neun Jahre lang kämpfte Klepper angesichts der Judenvernichtung durch die Nazis einen immer aussichtsloseren Kampf um diese Ehe. Ausführlich hat er alles in seinen Tagebüchern aufgeschrieben, die mit dem Titel *Unter dem Schatten deiner Flügel* viele Jahre nach seinem Tod veröffentlicht wurden und ungeheures Aufsehen erregten.

Neben seinen Romanen *Der Kahn der fröhlichen Leute* und *Der Vater* fand der kleine Gedichtband *Kyrie*, der 1938 erschien, große Aufnahme.

Wie wohl wenig andere Schriftsteller hat Jochen Klepper mit der Frage gerungen, was überhaupt ein Dichter schreiben darf: *Wer vom Worte lebt, kann nicht vorüber am Wort des Lebens. Wer Bücher schreibt, vermag nicht, sich dem Buch der Bücher zu entziehen.* So war die Bibel für Klepper das Fundament allen menschlichen Wortes, von dem alles hergeleitet werden muss.

Das entdeckte Klepper gerade in der Zeit der Naziherrschaft, die geprägt war von lautem Pomp, grandioser militärischer Prachtentfaltung und unvorstellbar siegessicherer Propaganda.

So dichtete er seine Lieder allein mit dem schlichten Klang biblischen Wortes. In dieser strengen Bindung an das Wort haben sie aber gerade ihre große Kraft, ihre gewaltige Ausstrahlung und ihre wunderbare Tiefe.

Die Lieder entstanden, weil Klepper in seiner persönlichen Ausweglosigkeit selbst nach Halt, Zuversicht und Hoffnung suchte. Er fand diesen Halt nur im Wort Gottes, das ihm zum hellen Licht in der ihn umgebenden unheimlichen Nacht wurde.

So sind Kleppers Lieder von diesem eigentümlich schroffen Gegensatz geprägt. Menschlich gesehen ist alles dunkel, und doch ist das helle Licht schon angebrochen für den, der sich ganz und völlig an Gott bindet und sich in ihm geborgen weiß.

So spricht Klepper in großer Gewissheit des Glaubens in seinem Weihnachtslied *Du Kind, in dieser heilgen Zeit*:

Wenn wir mit dir einst auferstehn
und dich von Angesichte sehn,
dann erst ist ohne Bitterkeit
das Herz uns zum Gesange weit.

Der Fixpunkt der großen Mut machenden Worte Gottes liegt in Jesus Christus selbst. Deshalb hatte er dem kleinen Bändchen seiner Liedersammlung den Titel *Kyrie* gegeben. Er wollte in der Gegenwart von Jesus stehen. *Hier bin ich! Rede, Herr, dein Knecht hört.*

Der du allein der Ewge heißt
und Anfang, Ziel und Mitte weißt
im Fluge unsrer Zeiten:
bleib du uns gnädig zugewandt
und führe uns an deiner Hand,
damit wir sicher schreiten!

So betet Jochen Klepper in seinem Neujahrslied *Der du die Zeit in Händen hast.*

Je länger aber die Naziherrschaft dauerte, um so dunkler und unheimlicher wurde die Zukunft des Schriftstellers Jochen Klepper. Seine Lieder dichtete er alle aus dem unerschöpflichen Vorrat der biblischen Worte und Bilder. *Ich liege, Herr, in deiner Hut* und *Ja, ich will euch tragen* sind solche Lieder des großen Vertrauens in die Zusagen Gottes.

Auf dem Hintergrund des 50. Kapitels des Propheten Jesaja schuf Klepper das Lied:

Er weckt mich alle Morgen,
er weckt mir selbst das Ohr.
Gott hält sich nicht verborgen,
führt mir den Tag empor,
dass ich mit seinem Worte
begrüß das neue Licht.
Schon an der Dämmrung Pforte
ist er mir nah und spricht.

Er spricht wie an dem Tage,
da er die Welt erschuf.
Da schweigen Angst und Klage;
nichts gilt mehr als sein Ruf!
Das Wort der ewgen Treue,
die Gott uns Menschen schwört,
erfahre ich aufs Neue
so, wie ein Jünger hört.

Er will, dass ich mich füge.
Ich gehe nicht zurück.
Hab nur in ihm Genüge,
in seinem Wort mein Glück.
Ich werde nicht zuschanden,
wenn ich nur ihn vernehm.
Gott löst mich aus den Banden.
Gott macht mich ihm genehm.

Er will mich früh umhüllen
mit seinem Wort und Licht,
verheißen und erfüllen,
damit mir nichts gebricht;
will vollen Lohn mir zahlen,
fragt nicht, ob ich versag.
Sein Wort will helle strahlen,
wie dunkel auch der Tag.

Klepper erkannte, wie das anbrechende Reich Gottes mitten in unserer Welt da ist. Auch wenn die unheimlichen Todesmächte alles so furchtbar überschatteten, wusste er doch aus dem Evangelium gewiss: *Selbst Tod und Hölle sind vernichtet. Sein Wort ist Leben, Wirken, Siegen!*

In dem kleinen Gedichtband *Kyrie* sind alle wichtigen Lieder enthalten, so auch das bekannte Adventslied, das im schicksalsträchtigen Jahr 1938 in der Vorahnung all dessen, was noch kommen sollte, entstand:

Die Nacht ist vorgedrungen,
der Tag ist nicht mehr fern.
So sei nun Lob gesungen
dem hellen Morgenstern!
Auch wer zur Nacht geweinet,
der stimme froh mit ein.
Der Morgenstern bescheinet
auch deine Angst und Pein.

Noch manche Nacht wird fallen
auf Menschenleid und -schuld.
Doch wandert nun mit allen
der Stern der Gotteshuld.
Beglänzt von seinem Lichte,
hält euch kein Dunkel mehr,
von Gottes Angesichte
kam euch die Rettung her.

In einem leider nur wenig bekannten Weihnachtslied dichtete Klepper:

Sieh nicht an, was du selber bist
in deiner Schuld und Schwäche.
Sieh den an, der gekommen ist,
damit er für dich spreche.
Sieh an, was dir heut widerfährt,
heut, da dein Heiland eingekehrt,
dich wieder heimzubringen
auf adlerstarken Schwingen.

Glaubst du auch nicht, bleibt er doch treu.
Er hält, was er verkündet.
Er wird Geschöpf – und schafft dich neu,
den er im Unheil findet.
Weil er sich nicht verleugnen kann,
sieh ihn, nicht deine Schuld mehr an.
Er hat sich selbst gebunden.
Er sucht: du wirst gefunden!

Wie schlecht auch deine Windeln sind,
sei dennoch unverdrossen:
Der Gottessohn, das Menschenkind
liegt doch darin umschlossen.
Hier harrt er, dass er dich befreit.
Welch Schuld ihm auch entgegenschreit –
er hat sie aufgehoben.
Nicht klagen sollst du: loben!

Im Herbst 1941, nachdem Jochen Klepper vom Militär als *wehrunwürdig* entlassen wurde, lasteten immer dunklere, ja verzweifelte Gedanken auf ihm. Die Lage für die Juden in Deutschland war ganz hoffnungslos. Sie mussten den gelben Judenstern tragen. Klepper wurde jetzt bewusst, dass schon seit seiner Soldatenzeit keine Lieder mehr entstanden waren: *Lieder vermag ich nicht mehr zu schreiben ...*

Liebe, Lob, Dank tragen also das Lied nicht; es ist nicht möglich ohne das Vertrauen. Und hier ist dem Widersacher gelungen, mich zu zerstören.

Jochen Klepper spürte, wie *im Vertrauen und im Gehorsam und in der Hoffnung ein Bruch* ist. Er schrieb Anfang 1942 in sein Tagebuch: *Den Weg zum Liede sehe ich überhaupt nicht mehr: Das Lied ist ohne die völlige Einwilligung in Gottes Willen nicht möglich.*

Klepper kämpfte weiter um das Leben seiner Liebsten. Er sprach mit Adolf Eichmann, dem Leiter der Judenvernichtung, und bat um eine Ausreiseerlaubnis. Er suchte den Innenminister des Deutschen Reiches auf. Umsonst!

Als alle Chancen der Rettung für seine jüdische Frau und seine Tochter Renate sich endgültig zerschlugen, stand *die grausamste und grausigste aller Deportationen* in das Konzentrationslager vor ihnen. *Gott weiß aber auch, dass ich alles von ihm annehmen will an Prüfung und Gericht, wenn ich nur Hanni und das Kind notdürftig geborgen weiß*, schrieb der 39-jährige Klepper in sein Tagebuch.

Unter diesem furchtbaren Druck sah Klepper am 11. Dezember 1942 keinen anderen Ausweg mehr, als gemeinsam mit seinen Lieben in den Tod zu fliehen.

Otto Riethmüllers Kampf um die evangelische Jugend

Herr, mach uns still und rede du!

Das Kreuz über der Weltkugel war das Zeichen, unter dem Jugendpfarrer Otto Riethmüller seinen Dienst als Leiter der weiblichen evangelischen Jugend in Deutschland tat. Es waren aufregende Jahre zwischen den beiden großen Weltkriegen, geprägt von gewaltigen revolutionären Umstürzen und dem Kampf des Evangeliums mit der Nazi-Ideologie. *Wehr und Waffen* hatte Riethmüller 1935 die Sammlung von 50 *Liedern der kämpfenden Kirche* überschrieben.

Otto Riethmüller dichtete:

In die Wirrnis dieser Zeit
fahre, Strahl der Ewigkeit.
Zeig den Kämpfern Platz und Pfad
und das Ziel der Gottesstadt.

Ein neu entstandener Arbeiterbezirk in der Esslinger Südstadt wurde 1918 dem 29-jährigen schwäbischen Pfarrer zugewiesen. Der Stadtteil wurde dort, weil er vor den Toren der alten Reichsstadt lag, verächtlich *Zigeunerinsel* genannt. Die Gemeindeglieder gehörten zu einem beträchtlichen Teil der kommunistischen Partei an. Weil ein eigener Kirchsaal fehlte, sammelte sich die Gemeinde im ärmlich bestückten Kindergarten. Als Altar diente der zugedeckte Waschtisch der Kinder.

Riethmüller betrieb richtig Gemeindeaufbau. Welche Methode benützte er dabei? Im Mittelpunkt stand bei ihm das biblische Wort, das durch das Evangelium das Leben der Zuhörer verändert. Bald schon setzte ein großer Zustrom junger Menschen zum Gottesdienst ein. Ganz wichtig war Riethmüller die wöchentliche Bibelstunde, zu der bald noch mehr Menschen kamen als zu den Gottesdiensten, jeweils mehrere hundert. Hier evangelisierte Riethmüller, sprach seelsorgerlich und gab Anleitung zum Dienst.

Auch die jungen Leute sammelte Riethmüller vor allem anderen in Treffen um die Bibel. Dann setzte er die Jugend mit ihren neuen Liedern zum Singen ein. Zuerst im Gottesdienst, dann aber in Hinterhöfen und auf öffentlichen Plätzen. Auch vor den mit politischen Demonstrationen besetzten Straßen schreckte er nicht zurück. Öffentlich sangen sie ihr Bekenntnis zu Jesus Christus.

1924, schon nach wenigen Jahren Gemeindearbeit, wurde Otto Riethmüller zusätzlich das Amt des Vorsitzenden der weiblichen Jugend Württembergs übertragen. Er erkannte, wie wichtig die Freizeiten für die Gemeinschaft junger Menschen sind. So baute er entschlossen das Jugendhaus Schmie bei Maulbronn auf. Neben der eindrücklichen biblischen Auslegung Riethmüllers zogen auch seine künstlerischen und dichterischen Gaben viele junge Menschen an.

Für Riethmüller grenzte es an *Gotteslästerung, wenn ein Lied von der Geburt und dem Leiden des Herrn nach der Weise eines elenden Gassenhauers gesungen wurde.* Er wollte *starkes und naturhaftes Schwarzbrot,* weil er erkannt hatte, dass *die Jugend darauf wartet, dass man es ihr reicht.* Er glaubte nicht, *dass die christliche deutsche Jugend auf die Dauer an solchen uns anvertrauten Herrlichkeiten und Kleinodien unachtsam und verächtlich vorübergeht. Diese Torheit wollen wir uns nicht zuschulden kommen lassen.*

Riethmüller hatte Sorge vor rein emotional aufwallenden Gefühlen. Wenn er dann auf junge Leute mit ihrer ganz natürlichen Begeisterung traf, warnte er sie. Nur auf die eine *Begeisterung* käme es an, sagte Riethmüller, *dass Gottes Geist unter uns ist.*

1928 folgte Riethmüller einem Ruf als Direktor des evangelischen Reichsverbands weiblicher Jugend und des Burckhardthauses in Berlin-Dahlem. Bei einer großen Reichstagung in Breslau wurde er in sein Amt eingeführt. Nun konnten sich die Gaben Riethmüllers in die ganze Weite entfalten. Große Treffen mit Tausenden von jungen Leuten oder überfüllte Tagungen mit Hunderten von Mitarbeitern riefen ihn als Sprecher. Hier erklang sein Lied:

Herr, wir stehen Hand in Hand,
die dein Hand und Ruf verband,
stehn in deinem großen Heer
aller Himmel, Erd und Meer.

In diesem Umgang mit jungen Christen schuf er den Brauch der fortlaufenden täglichen Bibellese, der Jahreslosung, der Monatssprüche und -lieder, die bis heute von Unzähligen weiter gebraucht werden.

Wie stark hat allein durch diese *Einfälle* Otto Riethmüller unzählige Christen ganz tief in ihrem Leben geprägt!

Wetter leuchten allerwärts,
schenke uns das feste Herz.
Deine Fahne zieht voran;
führ auch uns nach deinem Plan.

Eben hatte Otto Riethmüller noch die Gebetsbitte um das Anbrechen der Königsherrschaft Jesu als Jahreslosung *Dein Reich komme!* ausgerufen, da forderte schon das Dritte Reich mit dem absoluten und totalitären Führungsanspruch der Nazis auch in der christlichen Jugendarbeit Unterwerfung. Riethmüller, um den sich alle evangelischen Jugendverbände scharten, verweigerte in vielen Gesprächen eindeutig die geforderte Gleichschaltung und Eingliederung der evangelischen Jugend in die Hitlerjugend. Doch umsonst. Der von Hitler eingesetzte Reichsbischof Ludwig Müller hinterging Riethmüller mit üblen Machenschaften und zwang durch ein Gesetz die freien Verbände zur Aufgabe. Damit war es den Nazis gelungen, alle organisierte evangelische Jugendarbeit in ihrer bisherigen Form zu zerschlagen. Riethmüller aber konnte sich unter keinen Umständen damit abfinden und kämpfte weiter zusammen mit der Bekennenden Kirche mutig und kompromisslos gegen das Unrecht.

Allein die Gemeinschaft unter dem biblischen Wort verband jetzt die zusammengeschmolzenen Jugendgruppen. Das Wort Gottes und die bekennenden Lieder wirkten mehr als staatliche Verbote.

Riethmüller sammelte die Verantwortlichen in Jahresrüsten. Er setzte für die evangelische Jugendarbeit die biblischen Leitsätze, die dann auch von vielen Erwachsenen übernommen wurden und das kirchliche Leben entscheidend beeinflussten.

Otto Riethmüller schenkte uns das Lied:

Nun gib uns Pilgern aus der Quelle
der Gottesstadt den frischen Trank;
lass über der Gemeinde helle
aufgehn dein Wort zu Lob und Dank.

Gib deiner Liebe Lichtgedanken
mit Vollmacht uns in Herz und Mund;
mach, woran Leib und Seele kranken,
durch deine Wunderhand gesund.

Schließ auf, Herr, über Kampf und Sorgen
das Friedenstor der Ewigkeit.
In deiner Burg sind wir geborgen,
durch dich gestärkt, zum Dienst bereit.

Zeig uns dein königliches Walten,
bring Angst und Zweifel selbst zur Ruh.
Du wirst allein ganz recht behalten;
Herr, mach uns still und rede du.

Für Otto Riethmüller, der keine Kämpfernatur war, wurde die zusätzliche Last als Vorsitzender der Jugendkammer der Bekennenden Kirche zu schwer. Unter großen körperlichen und seelischen Schmerzen schleppte er sich weiter und verbrauchte seine letzte Kraft.

In einer Predigt, die er zu der Losung des Jahres hielt, in dem er heimging, heißt es:

Wir sind nicht geboren, um zu sterben, sondern wir sterben, um zu leben, und zwar ein ganzes, ungetrübtes, volles Leben in der Gemeinschaft Gottes, in der Stadt Gottes, im Reich Jesu Christi.

Otto Riethmüller starb – wie seine Familie im Blick auf die schweren Kämpfe mit den Nazis sagte – *an gebrochenem Herzen* kurz vor seinem 50. Geburtstag.

In Stuttgart-Bad Cannstatt, wo er 1899 geboren wurde, war auch seine Beerdigung auf dem Uff-Friedhof. Es muss ein eindrücklicher Moment gewesen sein, als Jugendpfarrer Johannes Busch, ein Freund Otto Riethmüllers, seine Ansprache an die große Trauergemeinde mit der Strophe von Johann Gottfried Schöner abrupt schloss:

Himmelan wallt neben dir
alles Volk des Herrn,
trägt im Himmelsvorschmack hier
seine Lasten gern.
O schließ dich an!

Neue Lieder im Diakonissenmutterhaus Aidlingen

Freude, die Mauern durchbricht

Nicht viel Worte über sich möchten die Schwestern des Diakonissenmutterhauses in Aidlingen machen. Deshalb veröffentlichen sie auch keine Schriften über ihr Werk und ihre Arbeit. Viel wichtiger ist ihnen, von Jesus zu reden. Das tun sie bei unzähligen Diensten in aller Stille. In Krankenhäusern, Jugendgruppen, in Strafanstalten, unter Schaustellern, in Freizeitheimen, Schulen und an vielen anderen Orten.

Sonntags drängen sich regelmäßig viele hundert Menschen im Mutterhaus auf dem Berg zur großen Bibelstunde. Überraschend viele junge Leute sind dabei. Was zieht sie denn bei den Diakonissen so an?

Christa von Viebahn

Aidlingen und junge Leute – das gehört an Pfingsten unlösbar zusammen. Seit vielen Jahren strömen weit mehr als 5000 junge Leute an den Pfingsttagen ins große Zelt. Da sitzen sie zwei Tage lang dicht gedrängt und hören zu – morgens, mittags und abends. Wie dort von Jesus gesprochen wird, fröhlich, praktisch, einladend, das zieht junge Leute an. Auch wenn es in

Strömen regnet, bleiben die jungen Leute da. Viele haben dort beim Jugendtreffen zu Jesus gefunden und leben seitdem mit ihm.

Das Wort Gottes in der Bibel ist von Anfang an besonders kennzeichnend für die Aidlinger Schwestern. Die Gründerin, Christa von Viebahn, übernahm die Redaktion für einen Bibellesezettel von ihrem Vater. Ursprünglich war diese Anleitung zur Bibellese für Soldaten gedacht. General Georg von Viebahn schrieb das Heft selbst. Seine Tochter Christa führte dann 1915 das Werk weiter.

Was so bescheiden *Bibellesezettel* genannt wird, ist ein gründlich ausgearbeitetes biblisches Auslegungsheft, das ganz praktisch zur persönlichen täglichen Stille über der Bibel hilft. In einer unglaublich großen Auflage von 90 000 Exemplaren wird die Broschüre vierteljährlich verbreitet. Daneben gibt es in Argentinien eine spanische und in Brasilien eine portugiesische Ausgabe. Seit kurzem ist der Bibellesezettel auch in russischer Sprache als Jahrbuch erhältlich. Das Besondere bei dieser Bibellese ist, dass die Bibel nur mit der Bibel selbst erklärt wird. Eine Fülle von biblischen Verweisen hilft zum tiefen Verständnis oft nur eines einzigen Verses, den man dann in seiner ganzen Kraft und Bedeutung erkennen kann.

Christa von Viebahn war eine bescheidene Frau. In Stuttgart entstand durch sie ein Bibelkreis für Frauen. Daraus erwuchs 1924 eine Schwesternschaft, zu der heute mehrere hundert Schwestern gehören. In der schönen Landschaft von Aidlingen bei Böblingen-Sindelfingen liegt idyllisch am Waldrand das moderne Mutterhaus. Dazu gehört auch die Bibelschule mit der Ausbildung für Katechetinnen. Daneben gibt es mehrere Freizeitheime.

Ebenso gehören auch viele neue Lieder untrennbar zu den Aidlinger Schwestern. 1957 war die dreißigjährige Krankenschwester Helga Winkel bedrückt von einer unheilbaren Krankheit. Mitten in den schweren Gedanken verfasste sie das Lied, das jetzt auch Eingang in Gesangbücher von Kirchen gefunden hat:

> Herr, weil mich festhält deine starke Hand,
> vertrau ich still.
> Weil du voll Liebe dich zu mir gewandt,
> vertrau ich still.

Du machst mich stark, du gibst mir frohen Mut;
ich preise dich, dein Wille, Herr, ist gut.

Herr, weil du jetzt für mich beim Vater flehst,
vertrau ich still.
Weil du zu meiner Rechten helfend stehst,
vertrau ich still.
Droht mir der Feind, so schau ich hin auf dich,
ein Zufluchtsort bist du, o Herr, für mich.

Ist auch die Zukunft meinem Blick verhüllt,
vertrau ich still.
Seitdem ich weiß, dass sich dein Plan erfüllt,
vertrau ich still.
Seh ich nicht mehr als nur den nächsten Schritt,
mir ist's genug: Mein Herr geht selber mit.

Eine andere Schwester war als Jugendreferentin im Schwarzwald eingesetzt. Schon nach wenigen Dienstjahren erkrankte die Diakonisse schwer. Lange hatte sie auf Genesung und Heilung gehofft, doch dann konnte sie schreiben: *Wenn ich Jesus meinen Willen bewusst ausliefere, kann ich gelassen und getrost sein. Ich möchte den Weg, den er führt, mit ganzer Freude gehen. Dass nur Jesus durch uns verherrlicht wird!*

Schon von der Krankheit gezeichnet, dichtete sie das Lied, das rasch den Weg in viele Jugendgruppen fand:

Jesus, die Sonne, das strahlende Licht,
Jesus, die Freude, die Mauern durchbricht!
Die auf ihn schauen, werden sein wie die Sonne,
wie sie aufgeht in ihrer Pracht!

Als um mich war ein Gefängnis
von Angst und Traurigkeit,
da führte aus der Bedrängnis
mich Gottes Freundlichkeit.

Für Gott ist doch nichts unmöglich,
er will mir Gutes tun.
Durch ihn allein bin ich glücklich,
kann bei ihm sicher ruhn.

Gott lässt meinen Fuß nicht gleiten,
nie schläft und schlummert er,
umgibt mich von allen Seiten
mit seinem Engelheer.

Es mögen sich freuen alle
und rühmen Gottes Gnad
mit fröhlichem Jubelschalle,
weil er gesegnet hat.

Jesus, die Sonne, das strahlende Licht,
Jesus, die Freude, die Mauern durchbricht!
Die auf ihn schauen, werden sein wie die Sonne,
wie sie aufgeht in ihrer Pracht!

Als plötzlich der Vater Hedwig von Rederns starb

Weiß ich den Weg auch nicht!

Eigentlich war es ein sorgloses Leben, das vor Hedwig von Redern lag, als sie am 23. April 1866 in Berlin geboren wurde. Wie stolz war sie auf ihren Vater in der hellblauen, silberbestickten Uniform! Er war zuerst Oberst, dann preußischer Regimentskommandeur und brachte es bis zum Brigadegeneral. Mit ihm war sie ganz besonders eng verbunden. Er widmete ihr mit zehn Jahren die erste eigene Bibel: *Meiner geliebten Tochter zum fleißigen, täglichen Gebrauch.*

Mit 20 Jahren durfte sie mit Tante und Schwester zu einer Reise in die Schweiz aufbrechen. Am Anhalter Bahnhof in Berlin verabschiedete der Vater die fröhliche Reisegesellschaft. Er rief der Tochter zu: *Nütze es, lerne sehen, erlebe, reife!*

Auf dem Rückweg im Hotel in München reichte der goldbetresste Portier den vergnügten Reisenden ein Telegramm: *Vater plötzlich gestorben.* Sie verstanden zuerst gar nichts. Wessen Vater? *Ist es Großvater?*

Dann plötzlich war es, wie wenn ein Blitz in ihr Herz schlägt, als sie begriff: *Dein Vater, du bist gemeint!*

Hedwig von Redern war wie betäubt. Alles ging wie im Traum an ihr vorüber. Die Fragen quälten: *Was will Gott? Warum tut er das?* Alles wehrte sich in ihr. Sie konnte mit niemand darüber reden. Das war ihre straffe Erziehung in einem Soldatenhaus gewesen: *Nimm dich zusammen! Nur jetzt die Gefühle nicht zeigen, das wäre eine Schande!*

In dem Wort Jesu fand sie erst Frieden: *Sei still, du wirst es hernach erfahren, warum das alles so ist!* Sie erkannte, dass Gott in seiner Liebe auch ein unerbittlicher Erzieher ist: *Was ist der Gärtner treu, der den wahllos wuchernden Baum, dessen Saft sich in fruchtlosen Trieben aufbraucht, herunterschneidet bis auf die Wurzel, damit ein Neues emporwachse, was seine weise Voraussicht schon in dem verstümmelten Stumpf erkennt.*

Wenige Wochen später brannte der geliebte väterliche Stammsitz in der Mark Brandenburg nieder, der seit 500 Jahren im Familienbesitz war. Das war besonders schlimm, weil zum Wiederaufbau die Mittel fehlten.

Nun war Hedwig von Redern heimatlos. Sie schrieb: *Jetzt fällt alles zusammen, es wird kalt und dunkel.* Trotzig lehnte sie sich auf gegen Gott. *Liebe? Nein, die sah anders aus. Er verfolgte sie, ja er zertrat sie.*

Da traf sie in Berlin mit Menschen zusammen, *die Leben hatten und von denen Leben ausging*. So hat sie es später selbst bezeichnet. Bei den gemeinschaftlichen Teeabenden lernte sie Graf Pückler kennen, der die große christliche Studentenarbeit in Deutschland ins Leben rief. Oder den fröhlichen und immer aktiven Forstmeister von Rothkirch, dem im Krieg ein Bein weggeschossen wurde. Er hatte in Berlin den CVJM gegründet und war dessen Präsident.

Musste Gott sie erst durch die schrecklichen Erlebnisse vertreiben, um sie dorthin zu führen, wo sie seine Liebe ganz neu erkennen konnte? Langsam, ganz langsam öffnete sich ihre Verkapselung. Sie gab *ihren selbstsüchtig gepflegten Schmerz auf* und schrieb voll Freude und Vertrauen in Gottes Güte ihre Verse nieder: *Herr, du hast mir die Augen aufgetan!*

Diesem Herrn wollte sie nun allein dienen. Sie half mit, wo sie nur konnte. Der Vorsitzende der Evangelischen Allianz, Graf von Bernstorff, hatte im Keller seines Hauses einen Saal eingerichtet, wo er mit seiner Frau Sonntagsschule hielt. Mutig, wenn auch noch ganz unerfahren, stand Hedwig vor frechen Berliner Jungs und erzählte ihnen biblische Geschichten.

Im Berliner Stadtteil Moabit, wo in Krankenhausbaracken viele hundert Kranke lagen, machte die junge Frau Besuche. Sie verteilte Blumensträußchen in Sälen, in denen bis zu 30 Patienten zusammengepfercht waren. Dann sang sie Jesuslieder und sprach mit vielen über ihre Not. Daheim betete sie mit anderen regelmäßig und namentlich für ihre Kranken. Sie gründete auch eine Bibelstunde für die Krankenwärter im Haus des CVJM.

Das Gedicht entstand:

> Hier hast du meine beiden Hände,
> ich kann ja nichts aus eigner Kraft.
> Du weißt den Weg, du weißt das Ende:
> bring du mich durch die Fremdlingschaft.

Als sie bei einer Einladung Hudson Taylor, den Gründer der China-Inland-Mission, traf, sagte der spontan: *Das brauchen wir, mütterliche Herzen für die Männer. Ich freue mich über dieses Bahnbrechen.*

So richtete Hedwig von Redern neben ihren vielen Missions- und Sozialaufgaben auch noch Bibelkreise für Berliner Polizisten ein, die *Schutzmannstunde*. Wie stolz war sie, dass neben den verschiedenen evangelischen Bekenntnissen auch Katholiken daran teilnahmen. Alles war ganz bewusst ohne kirchliche Bindungen organisiert. Man traf sich in einem neutralen Raum, einem kahlen Saal der Molkerei Bolle in Moabit, der kostenlos zur Verfügung gestellt wurde.

Es tat ihr sehr weh, als sie die Krankenhausarbeit aufgeben musste. Offensichtlich gab es in der Kirche Kräfte, die diese Arbeit unter eigener Kontrolle haben wollten. Ihr Bruder berichtete: *Sie wollte Gehorsam üben auch im Entsagen, hatte Angst festzuhalten, wovon Gott sie löste.*

Von großer Glaubensgewissheit zeugt ihr Lied:

Wir haben einen Felsen,
der unbeweglich steht.
Wir haben eine Wahrheit,
die niemals untergeht.
Wir haben Wehr und Waffen
in jedem Kampf und Streit.
Wir haben eine Wolke
von Gottes Herrlichkeit.

Hedwig von Rederns Lieder wurden weit bekannt. Spät an einem Abend brachte sie das Gedicht zu Papier:

Du stehst am Platz, den Gott dir gab,
dem Platz, den er dir zugedacht;
dort nur bleibt er dein Schild und Stab,
dort gibt er Frucht, dort wirkt er Macht.
Will er dich segnen, sucht er dich
nicht in der ganzen weiten Welt;
er sucht dich nur an deinem Platz,
dem Platz, wo er dich hingestellt.

Bleib auf dem Platz, den Gott dir gab,
und halte da in Treue aus;
ist es ein Kreuz, steig nicht herab,
ist's Schmelzerglut, weich ihr nicht aus!
Blick auch nicht seufzend rechts und links,
scheint er verborgen, irdisch, klein;
auf diesem Platz, den Gott dir gab,
will er durch dich gepriesen sein.

Was du versäumst an deinem Platz,
auch wenn es niemand ahnt und sieht,
das bringt um einen Segensschatz
vielleicht ein Gott geliebtes Glied.
Bedenk's, den Platz, den Gott dir gab,
kann niemand füllen als nur du;
es ist nicht gleich, ob du dort stehst,
denn grade dich braucht er dazu.

Herzogin Wera von Württemberg, eine russische Großfürstin aus dem St. Petersburger Zarenhaus, hatte dieses Gedicht immer in ihrer Tasche. Sie ließ es auch ins Russische übersetzen und verteilte es in der Hauptstadt an die Droschkenkutscher.

Nach dem Ersten Weltkrieg und dem Abzug der deutschen Truppen mit der flüchtenden baltischen Zivilbevölkerung übernahmen *Revolutionäre Kriegskomitees* die Herrschaft in der Stadt Riga. Es kam zu Verhaftungen, Hausdurchsuchungen und Metzeleien unter den wehrlosen Zivilisten. In vier Monaten wurden 3654 Todesurteile vollstreckt.

Die an die Macht gekommenen Bolschewisten verhafteten viele baltische und deutsche Bürger. Im Rigaer Zentralgefängnis waren bis zu 30 Personen in einer Zelle qualvoll zusammengepfercht. In wenigen Tagen starb die Hälfte der Häftlinge an Typhus. Abends, wenn die Tore des Gefängnisses verschlossen und die Lichter gelöscht waren, sang die gerade 22-jährige Deutschbaltin Marion von Klot laut, damit es alle Gefangenen hören konnten, das wunderbare Lied von Hedwig von Redern:

Weiß ich den Weg auch nicht, du weißt ihn wohl;
das macht die Seele still und friedevoll.
Ist's doch umsonst, dass ich mich sorgend müh,
dass ängstlich schlägt mein Herz, sei's spät, sei's früh.

Du weißt den Weg ja doch, du weißt die Zeit,
dein Plan ist fertig schon und liegt bereit.
Ich preise dich für deiner Liebe Macht,
ich rühm die Gnade, die mir Heil gebracht.

Du weißt, woher der Wind so stürmisch weht,
und du gebietest ihm, kommst nie zu spät;
drum wart ich still, dein Wort ist ohne Trug.
Du weißt den Weg für mich, das ist genug.

Marion von Klot hatte das Lied zum ersten Mal im Gottesdienst ihrer Gemeinde in Riga gehört. Dort wurde es wieder angestimmt, als ihr Pastor von den Russen den Ausweisungsbefehl nach Sibirien erhielt. Man erlaubte ihm vorher noch einen Abschiedsgottesdienst, der zugleich die Konfirmationsfeier für den Bruder Marion von Klots war. Mit der alten englischen Melodie machte es ihr solch einen tiefen Eindruck, dass sie es als Solo am Grab eines jungen Verwandten vortrug, der von Wilderern erschossen worden war. Jetzt im Zentralgefängnis, in das man sie nach einer nächtlichen Hausdurchsuchung verschleppt hatte, konnte sie das Lied auswendig. Es begleitete sie durch die sechs schrecklichen Wochen der Gefangenschaft. Sie hätte vor der Machtübernahme durch die Bolschewisten auch leicht fliehen können. Wegen ihrer pflegebedürftigen Großmutter aber wollte sie in Riga ausharren. Ihrer Mutter und ihrer Großmutter konnte sie nicht mehr helfen, dafür aber unzählig vielen anderen Menschen durch das Lied, das sie so oft gesungen hat.

Als am 22. Mai 1919 die baltische Landwehr zum Sturm auf Riga antrat und eine Vorhut in den Gefängnisvorhof stürmte, bot sich ihnen ein grausiges Bild. 32 bekannte Frauen und Männer waren wenige Augenblicke vorher grausam gefoltert und ermordet worden. Der Hass der Bolschewisten wollte die Pastoren und die Mitglieder des baltischen Adels ausmerzen. Auch Marion von Klot war unter den Toten. Als sie zur Erschießung vor den Maschinengewehren antreten mussten, sagte sie noch: *Jetzt nur nicht schwach werden!*

Hedwig von Redern konnte nicht ahnen, was ihr Lied einmal diesen Märtyrern in den letzten schweren Tagen bedeuten sollte. Sie selbst musste lange und schwere Krankheitsjahre durchleiden, bis ihr Herr sie am 22. Mai 1935 heimrief. Ihr letzter Wunsch konnte erfüllt werden. Die von vielen verachteten und gehassten Zigeuner, die sie im Alter beim Evangeliumsdienst der Berliner Stadtmission noch mitbetreut hatte, sangen an ihrem Grab das von ihr aus dem Englischen übersetzte Lied: *Wenn nach der Erde Leid, Arbeit und Pein.*

Am Ende ihrer Selbstbiographie hatte sie geschrieben: *Nicht Beraubung, sondern Bereicherung ist der Zweck der Wege Gottes mit den Seinen. Wohl allen, deren Wandel über diese Erde Frucht zum Leben bedeutet! Man kann es nicht nehmen oder sich aneignen; aber die unbegreifliche Gnade kann's wirken.*

Ihr Bruder schrieb als Nachruf: *Solange Gott sie auf Erden ließ, horchte sie auf Aufträge, die er für sie noch bereithielt... Als sie die Kräfte schwinden sah, hat sie sich auch darin vor dem Willen Gottes gebeugt und das Entsagen auf die große Hoffnung ihres Lebens gelernt.*

Kein Geld für den Sarg beim Begräbnis Marie Schmalenbachs

Dass uns werde klein das Kleine und das Große groß erscheine!

In der Kirchengemeinde von Mennighüffen in Westfalen wirkte Marie Schmalenbach 36 Jahre lang an der Seite ihres Mannes als Pfarrfrau.

Sie war viel krank. Einmal hatten die Ärzte sie schon aufgegeben, da genas sie durch ein Wunder Gottes. Sie behielt aber ein nervöses Leiden, das ihr 25 Jahre lang das Sprechen, selbst mit den eigenen Kindern, fast unmöglich machte.

In ihrem Leben erlebte sie viel Schweres. Eine Tochter verlor sie im Alter von 23 Jahren. Einen Sohn musste sie schon als Kleinkind hergeben. Ihr Mann starb langsam und qualvoll an Gehirnschwund. 23 Jahre war Marie Schmalenbach Witwe.

Sie war 1835 in dem kleinen Dörflein Holtrup im Kreis Herford in einem Pfarrhaus geboren worden. Drei ihrer Geschwister starben dort. Nachdem ihr Vater nach Vlotho versetzt worden war, mussten dort noch einmal drei Kinder beerdigt werden. So hat die kleine Marie schon früh vom Leuchten der Ewigkeit gehört.

1882 gab sie das Gedichtbändchen *Tropfen aus dem Wüstenquell* heraus. Darin steht auch das Lied:

Brich herein, süßer Schein
selger Ewigkeit!
Leucht in unser armes Leben,
unsern Füßen Kraft zu geben,
unsrer Seele Freud.

Hier ist Müh morgens früh
und des Abends spät;
Angst, davon die Augen sprechen,
Not, davon die Herzen brechen;
kalter Wind oft weht.

Jesus Christ, du nur bist
unsrer Hoffnung Licht;
stell uns vor und lass uns schauen
jene immer grünen Auen,
die dein Wort verspricht.

Ewigkeit, in die Zeit
leuchte hell hinein,
dass uns werde klein das Kleine
und das Große groß erscheine,
selge Ewigkeit!

In der Inflation nach dem Ersten Weltkrieg verlor sie über Nacht alle ihre Ersparnisse und verarmte völlig. Als sie 1924 starb, wussten ihre Töchter nicht, wie sie den Sarg bezahlen sollten. Da sprang die Kirchengemeinde Mennighüffen ein und übernahm aus Dankbarkeit alle Kosten.

Wie die Lieder Julie Hausmanns bekannt wurden

Allein nicht einen Schritt!

Die im Baltikum lebende Julie Hausmann war in ihrer Art so bescheiden, dass sie von sich aus nie ihre Gedichte herausgegeben hätte. Sie nannte ihre Verse *schwach und unvollkommen.*

Ihre Freundin Olga von Karp aber wollte sie einem weiteren Kreis zugänglich machen. Deshalb schrieb sie an Pfarrer Gustav Knak in Berlin, der 1832 erstmals das Gesangbuch *Geistlicher Liederschatz* herausgab. Gustav Knak war vielen Christen damals bekannt als ein beliebter und gern gehörter Prediger bei Missionsfesten. Er hatte als junger, 28-jähriger Pfarrer in Wusterwitz in Hinterpommern eine Erweckung in der verschlafenen Gemeinde ausgelöst. Er dichtete auch selbst sehr einfühlsame Lieder, etwa das heute noch gern gesungene *Keiner wird zuschanden*, *Wenn Gottes Winde wehen* oder *Lasst mich gehn.* Bis heute wird auch gern das Abschiedslied für Missionare gesungen: *Zieht im Frieden eure Pfade.* In Berlin betreute Gustav Knak als Nachfolger von Johannes Goßner die traditionsreiche Gemeinde an der Bethlehemskirche.

Gustav Knak war sehr beeindruckt, als er 1862 die Sendung der Lieder aus Riga erhielt. Er ließ sich die Adresse Julie Hausmanns geben und vereinbarte mit ihr, ein Gedichtbändchen mit 100 Liedern herauszugeben. Sie hatte in ihrem Brief an Knak geschrieben: *Dass Sie meinen Namen verschweigen, brauche ich Sie wohl nicht zu bitten.* So stand auf dem unscheinbaren Heft nur: *Maiblumen. Lieder einer Stillen im Lande, dargereicht von G. Knak.* Der Verkaufserlös war für ein Waisenhaus in Hongkong bestimmt.

Das Büchlein war rasch vergriffen. Weitere Auflagen folgten, aber auch andere Ausgaben mit weiteren Gedichten. Ein Lied von vielen hat rasch die Herzen in ganz Deutschland erobert:

> So nimm denn meine Hände und führe mich
> bis an mein selig Ende und ewiglich.
> Ich mag allein nicht gehen, nicht einen Schritt:
> wo du wirst gehn und stehen, da nimm mich mit.
>
> In dein Erbarmen hülle mein schwaches Herz
> und mach es endlich stille in Freud und Schmerz.
> Lass ruhn zu deinen Füßen dein armes Kind;
> es will die Augen schließen und glauben blind.
>
> Wenn ich auch gleich nichts fühle von deiner Macht,
> du führst mich doch zum Ziele auch durch die Nacht:
> so nimm denn meine Hände und führe mich
> bis an mein selig Ende und ewiglich!

Dass dieses Lied gleich so beliebt wurde, war sicher auch auf die volkstümliche und einprägsame Melodie des schwäbischen Volksschullehrers Friedrich Silcher zurückzuführen, dem späteren Musikdirektor an der Universität Tübingen. Mit seiner außergewöhnlichen Begabung brachte er weiteste Teile des Volkes zum begeisterten Singen und förderte nicht nur das Volkslied, sondern auch die Bedeutung der Musik in der Gesellschaft überhaupt entscheidend. Er schuf viele leicht singbare, schöne Weisen, so auch die für Julie Hausmanns Lied, die ursprünglich zu dem Abendlied für Kinder gehörte: *Wie könnt ich ruhig schlafen.* Nun bewährte sie sich bei diesem Lied des Vertrauens besonders.

Sich nur von Gott führen zu lassen und still zu sein *in Freud und Schmerz*, entsprach auch ganz dem zurückhaltenden und sensiblen Wesen von Julie Hausmann. Von Kindheit an litt sie unter Kopfschmerzen und Migräne, die sie oft tagelang lahm legten.

Julie war die zweitjüngste von sechs Schwestern in der Familie des Gymnasiallehrers Hausmann. Sie war 1826 in Riga geboren, später im kurländischen Mitau aufgewachsen. Damals herrschte dort noch ein kalter Vernunftglauben. Aber im Konfirmandenunterricht hatte sie einen Pfarrer, der das biblische Evangelium lebendig und unverfälscht weitergab. Julie war tief angesprochen, fasste eine tiefe, persönliche Liebe zu Jesus und bekannte sich dazu. Sie hatte in dieser Glaubensverbindung zu ihrem Herrn auch nie eine Krise.

Dieses Lied *So nimm denn meine Hände* hatte sie so überschrieben: *Ich will dir folgen, wo du hingehst!* Sie, die nichts von äußerlich anziehendem Liebreiz hatte, lebte 14 Jahre unstet und heimatlos als Erzieherin und Hauslehrerin in verschiedenen Orten Russlands und Kurlands.

Als sie 30 Jahre alt war, starb ihre Mutter. Den Vater versorgte sie später zusammen mit einer Schwester drei Jahre lang in Riga bis zu seinem Tod.

In ihrem Leben wollte sie mit einer merkwürdig bescheidenen Scheu nichts planen und bestimmen. Am liebsten war es ihr, wenn ihre Person überhaupt nicht bemerkt wurde. 1870 folgte sie der Einladung ihrer Schwester in die russische Hauptstadt St. Petersburg, wo sie bis zu ihrem Tod im Jahr 1901 lebte. In dem idyllischen Badeort Wösso am estländischen Ostseestrand starb sie im Alter von 75 Jahren.

Die überheblich belächelten englischen Lieder

Weltweit gesungene Freude über Jesus

Am Tag vor der Hochzeit ertrank die Braut. Nun stand wenige Stunden vor dem geplanten Fest der junge Bräutigam Joseph Medlicott Scriven ganz allein da. 1845 war er im Alter von 25 Jahren aus Dublin/Irland in das ferne Kanada ausgewandert.

In seinem großen Schmerz versank Joseph Scriven nicht in Verzweiflung und Trauer, sondern wollte sein Leben umso mehr in den Dienst Jesu stellen. Er gehörte zu jenen christlichen Versammlungen der Plymouth-Brüder, die mit besonderem Ernst in der Nachfolge Jesu stehen.

Der demütige und bescheidene Mann packte diese Hingabe für Jesus ganz praktisch an. Am liebsten kümmerte er sich um arme Familien oder half alten Menschen mit seinen handwerklichen Gaben. Meist im Arbeitsanzug, mit Säge und Werkzeug, sah man ihn in den Straßen des Ortes. Oft sägte er Brennholz. Die dankbare Bevölkerung errichtete ihrem Helfer später in der Nähe von Rice Lake bei Port Hope am Ontariosee einen Gedenkstein.

Während einer Erkrankung, die dann 1886 zu seinem Tod führte, stieß ein Nachbar Scrivens auf eine Abschrift des Liedes:

Welch ein Freund ist unser Jesus,
o wie hoch ist er erhöht!
Er hat uns mit Gott versöhnet
und vertritt uns im Gebet.
Wer mag sagen und ermessen,
wieviel Heil verloren geht,
wenn wir nicht zu ihm uns wenden
und ihn suchen im Gebet!

Wenn des Feindes Macht uns drohet
und manch Sturm rings um uns weht,
brauchen wir uns nicht zu fürchten,

stehn wir gläubig im Gebet.
Da erweist sich Jesu Treue,
wie er uns zur Seite steht
als ein mächtiger Erretter,
der erhört ein ernst Gebet.

Sind mit Sorgen wir beladen,
sei es frühe oder spät,
hilft uns sicher unser Jesus,
fliehn zu ihm wir im Gebet.
Sind von Freunden wir verlassen,
und wir gehen ins Gebet,
o so ist uns Jesus alles:
König, Priester und Prophet!

Der Nachbar war von dem Lied begeistert und fragte Scriven, wer es denn verfasst hätte. Bescheiden sagte der: *Der Herr und ich taten es zusammen.* Es muss wohl um das Jahr 1855 herum entstanden sein, um seine leidende Mutter zu trösten und aufzurichten.

Als Sonderdruck fiel es in die Hände des Juristen Charles Crozat Converse in Erie in Pennsylvania. Der Leiter einer Sonntagsschule von Erwachsenen hatte ihn um eine Melodie gebeten, weil er das schöne Gedicht gerne singen lassen wollte.

Ernst Gebhardt

Schnell breitete sich das Lied in Amerika und England durch den beliebten Sänger Ira David Sankey aus. Er sang mit viel Erfolg bei den großen Evangelisationen mit Dwight Moody.

In Deutschland sorgte, wie auch für viele andere Lieder aus der überseeischen Erweckungsbewegung, der Methodistenpastor Ernst Gebhardt für seine Verbreitung.

Dieser Ernst Gebhardt war als junger Auswanderer nach vier erfolgreichen Jahren als Landwirt in der Nähe von Valdivia in Chile wieder nach Deutschland in seine Heimatstadt Ludwigsburg zurückgekehrt. Dort war er 1832 geboren und hatte eine Apothekerlehre gemacht. Sowohl bei der Ausreise nach Chile wie auch bei der Heimreise war er bei Kap Hoorn an der Südspitze Südamerikas in einen furchtbaren Seesturm geraten. In den Todesängsten stellte er sich ganz Gott zur Verfügung.

Im Silvestergottesdienst 1859 in der Methodistengemeinde von Ludwigsburg wurde ihm klar, dass er sich jetzt ganz bewusst als Christ Gott weihen müsste. So beschloss er, das methodistische Seminar zu besuchen und wurde Prediger.

Als 1875 der amerikanische Fabrikant Pearsall Smith in der Züricher Tonhalle seine großen evangelistischen Versammlungen hielt, begleitete Ernst Gebhardt das Singen am Harmonium. Er selbst war damals Prediger der Methodisten in Zürich. In diesen Allianzveranstaltungen redete der Erweckungsprediger Pearsall Smith schlicht und eindringlich von der Heiligung des Lebens. Auch viele Lieder nahmen dieses Thema auf. Sie waren deshalb so leicht mitzusingen, weil die Strophen meist mit einem Kehrreim schlossen.

Als Gebhardt das Lied *What a friend we have in Jesus* erstmals in London von Sankey gesungen hörte, übertrug er es sofort in die deutsche Sprache.

Gebhardt leitete auch den Verband der freikirchlichen Chöre, den Christlichen Sängerbund. Er arbeitete in der Suchtbekämpfung des Blauen Kreuzes mit und schuf eine große Zahl von deutschen Übertragungen der sogenannten *Heilslieder* aus England und Amerika. Diese Lieder sind aus dem reichen Schatz evangelischen Singens nicht mehr wegzudenken. Unzählige wurden von diesen *englischen* Liedern mehr angesprochen als von manchen ehrwürdigen Chorälen. Durch sie haben viele suchende Menschen zum Glauben an Jesus Christus gefunden.

1899 starb Gebhardt in seiner Heimatstadt Ludwigsburg.

Der Schmerz der achtzehnjährigen Luise Hensel

Deine Gnad und Jesu Blut machen allen Schaden gut

Schon im Alter von zwölf Jahren hatte Luise Hensel ihren Vater, einen lutherischen Pfarrer in der Mark Brandenburg, verloren. Die verwitwete Mutter zog mit ihren Kindern nach Berlin. Es waren turbulente Jahre. Napoleon riss mit seinen kriegerischen Feldzügen Europa in großes Elend. Die deutschen Befreiungskriege forderten hohe Opfer. Für Mutter Hensel war es fast unmöglich, in diesen notvollen Hungerjahren mit ihrer kleinen und oft auch unregelmäßigen Witwenunterstützung ihre vielen Kinder zu versorgen.

Da traf kurz vor Weihnachten 1816 die erschütternde Nachricht bei Witwe Hensel in Berlin ein, dass ihre älteste Tochter Karoline, die in Stettin mit einem Offizier verheiratet war, bei der Geburt ihres zweiten Kindes gestorben sei. Mutter Hensel reiste sofort in das Trauerhaus, um die beiden kleinen Kinder zu versorgen. Ihre eigenen Kinder ließ sie in Berlin unter der Obhut ihrer Tochter Luise zurück.

Luise war damals 18 Jahre alt und litt sehr schwer unter dem Tod ihrer Schwester. Sie wurde körperlich und seelisch krank. Es wurde ein furchtbar trauriges Weihnachten und ein bedrückender Jahreswechsel 1816/17.

In ihrem unaussprechlichen Leid schuf Luise Hensel in einer dunklen Nachtstunde des 3. Januar 1817 ein Lied. Es wurde als Kindergebet sehr weit bekannt und wird auch heute noch gern gesungen:

Müde bin ich, geh zur Ruh,
schließe meine Augen zu.
Vater, lass die Augen dein
über meinem Bette sein.

Hab ich Unrecht heut getan,
sieh es, lieber Gott, nicht an.
Deine Gnad und Jesu Blut
machen allen Schaden gut.

Alle, die mir sind verwandt,
Gott, lass ruhn in deiner Hand;
alle Menschen, groß und klein,
sollen dir befohlen sein.

Müden Herzen sende Ruh,
nasse Augen schließe zu.
Lass den Mond am Himmel stehn
und die stille Welt besehn.

Einige Monate später traf Luise Hensel mit dem berühmten 38-jährigen Dichter Clemens Brentano zusammen, dem Herausgeber der Volksliedsammlung *Des Knaben Wunderhorn*. Der war nach seiner unglücklichen zweiten Ehe völlig mit der katholischen Kirche im Zerwürfnis. Offenbar hat die junge Luise mit ihren Liedern den aufgewühlten Brentano tief angesprochen.

Er nannte diese Lieder *den Schlüssel, den der Heiland zu seinem Herzen gebrauchte*. Sie hätten *die Rinde über seinem Herzen gebrochen. In ihrer Wahrheit und Einfalt* seien sie ihm *das Heiligste* geworden. Und er bekennt: *Noch nie hat mich ein menschlich Wort so gerührt.*

So fand unter dem Einfluss der jugendlichen Luise Hensel nicht nur Brentano zum Frieden mit der katholischen Kirche, sondern ganz überraschend auch Luise Hensel. Schon zwei Jahre später trat sie in Berlin zur römisch-katholischen Kirche über. Was war der Grund für diesen Schritt? Luise Hensel war maßlos enttäuscht vom eiskalten Vernunftglauben, der weithin in der evangelischen Kirche herrschte. Hinzu kam das Ungeschick eines evangelischen Seelsorgers, der sie völlig unbegreiflich mit ihrer Bitte um eine Beichte vor den Kopf gestoßen hatte.

Luise Hensel muss mit ihrem attraktiven Aussehen und einer sympathischen und liebreizenden Art sehr anziehend auf Männer gewirkt haben. So erhielt sie unzählige Heiratsanträge. Nicht nur der Dichter Brentano selbst, sondern auch ein adliger Jurist, ein Komponist, ein Kreisphysikus und ein echter Prinz wollten sie heiraten. Sie sagte beharrlich nein, weil sie sich schon im Alter von 21 Jahren durch ein Gelübde zur Ehelosigkeit verpflichtet hatte. Sie arbeitete lebenslang als Erzieherin und Pflegerin.

1876 starb sie im Alter von 77 Jahren in Paderborn.

Johann Christoph Blumhardts Kampf mit dunklen Mächten

Jesus ist Sieger!

In dem am Rand des Schwarzwalds gelegenen Dorf Möttlingen saß 1840 der junge Pfarrer Johann Christoph Blumhardt oft am Krankenbett der Gottliebin Dittus. Lange hatte sich Blumhardt zurückgehalten. Dann aber traf ihn der Vorwurf des Arztes Dr. Späth: *Man könnte meinen, es sei überhaupt kein Seelsorger am Ort!* Zwei Jahre lang begleitete Blumhardt dieses kluge, aber scheue Mädchen mit seiner seltsamen Krankheit als Seelsorger. Die junge Frau wurde von merkwürdigen, unheimlichen Erscheinungen geplagt, die auf okkulte Praktiken im Dorf zurückgingen. Blumhardt erkannte die Verbindung mit dämonischen Mächten. Allein mit Gottes Wort und Gebet, unterstützt durch fürbittende Gemeindeglieder, nahm er den Kampf auf.

Blumhardt schrieb selbst: *Mir war klar geworden, dass etwas Dämonisches im Spiel sei, und ich empfand es schmerzlich, dass in einer so schauderhaften Sache gar kein Mittel und Rat sollte zu finden sein. Unter diesen Gedanken fasste mich eine Art Ingrimm, und plötzlich kam's über mich: es war eine Anregung von oben. Mit festen Schritten trat ich vor, rief ihr in ihrem bewusstlosen Zustand ihren Namen laut ins Ohr und sagte: ›Lege die Hände zusammen und bete: Herr Jesu, hilf mir! Wir haben lang genug gesehen, was der Teufel tut, nun wollen wir auch sehen, was der Herr Jesus vermag.‹ Nach wenigen Augenblicken erwachte sie, sprach die betenden Worte nach, und alle Krämpfe hörten auf, zum großen Erstaunen der Anwesenden.*

Als dann nach Stunden die Krämpfe doch wieder kamen und Stimmen sich vernehmen ließen, befahl Blumhardt den fremden Geistern, von ihr auszufahren. Der Durchbruch und die ganze Befreiung kam aber erst nach insgesamt zwei Jahren Beten und Kämpfen. Am Rand des Todes, mit dem Ruf *Jesus ist Sieger!* genas die kranke Frau und wurde später zur wichtigen Mitarbeiterin Blumhardts in seiner Seelsorgearbeit. Blumhardt war über diesem Erleben zum Glaubenskämpfer geworden, der Gottes sieghafte Macht bezeugen konnte.

Die wunderbare Heilung bestärkte Blumhardt in seiner biblischen Erkenntnis, dass auch heute im Namen Jesu große Taten zu vollbringen sind. Über diesem Erleben begann jetzt in Möttlingen, wo vorher schon der begabte Missionsmann Dr. Christian Gottlob

Barth gewirkt hatte, eine große Bußbewegung. Viele Gemeindeglieder bekannten ihre heimliche Sünde und begehrten ernsthaft Buße und Vergebung. Blumhardt sah in grauenhafte Abgründe, von denen er früher nichts geahnt hatte. In der Gemeinde entstand ein großes Verlangen nach Gebet und Gottes Wort. Bibelgruppen bildeten sich. Es wurde kniend gebetet.

Die Nachricht von dem, was geschehen war, breitete sich im Land aus. Unzählige Menschen strömten nach Möttlingen. Blumhardt predigte nicht besonders aufrüttelnd, sondern schlicht und ruhig.

Unter der Handauflegung Blumhardts geschahen wunderbare Zeichen der körperlichen Heilung. Er traute sich selbst nichts, aber Jesus alles zu. Man konnte die Nähe Jesu erfahren. Am wichtigsten aber wurde Blumhardt das Gebet: *Wir beten, sei es, was es wolle. Auf Gebet und Gebetserhörung weist uns die Schrift fast auf jeder Seite. Der Herr wird tun, was er verheißt.*

Blumhardt wehrte sich aber dagegen, wenn Wunder als das Wichtigste im Leben eines Christen herausgestellt wurden. Für ihn blieb die Bekehrung das Wesentliche. So konnte er sagen: *Ich habe die Angst, dass es einen Verzug im Wirken Gottes geben könnte, wenn man die Bekehrung der Leute nicht mehr zum Zentralpunkt macht.*

Später meinte Blumhardt dazu: *Der Anfang meiner Geschichte ist nicht eigentlich die Heilungsgeschichte, denn diese gehört in die Stille. Sondern es ist die Bekehrung meiner Gemeinde.*

Blumhardt dichtete das Lied in der großen Sehnsucht nach der Erlösung der Welt von allem Bösen durch Jesus Christus:

Dass Jesus siegt,
bleibt ewig ausgemacht,
sein wird die ganze Welt;
denn alles ist nach seines Todes Nacht
in seine Hand gestellt.
Nachdem am Kreuz er ausgerungen,
hat er zum Thron sich aufgeschwungen.
Ja, Jesus siegt!

Ja, Jesus siegt!
Sei's, dass die Finsternis
im Trotzen wütend schnaubt,
sei's, dass sie wähnt, mit ihrem giftgen Biss
hätt sie ihm viel geraubt:
die Seinen lässt in Not und Grämen
sich unser Held doch niemals nehmen.
Ja, Jesus siegt!

Ja, Jesus siegt!
Wir glauben es gewiss,
und glaubend kämpfen wir.
Wie du uns führst durch alle Finsternis,
wir folgen, Jesu, dir.
Denn alles muss vor dir sich beugen,
bis auch der letzte Feind wird schweigen.
Ja, Jesus siegt!

Die württembergische Kirchenleitung, von Kritikern unter Druck gesetzt, erteilte Blumhardt einen Verweis: Er solle sich auf Trost und Erbauung beschränken, körperliche Heilung aber anderen überlassen. Bescheiden wie Blumhardt war, fügte er sich in diese Anordnung, auch wenn er sie schmerzlich empfand. Er war ja nicht der Kurpfuscher und Wundermann, den andere in ihm vermuteten. Seine zurückhaltende, gründliche Art ließ ihn weiter blicken. Er sehnte sich nach der neuen Heilszeit, wenn Gottes Geist über die Welt ausgegossen wird. Er lehnte auch fordernde und lang anhaltende Gebete ab. Die Bitte *Dein Wille geschehe!* war für Blumhardt bei jedem Gebet um Heilung immer eingeschlossen.

Johann Christoph war als Sohn eines Bäckers 1805 in Stuttgart geboren worden. Über die Begabtenförderung der württembergischen Klosterschulen bekam er den Freiplatz im Tübinger Stift und studierte dort Theologie.

Nach seiner Vikarszeit wurde er Missionslehrer am Seminar in Basel. Anschließend übernahm er die Pfarrstelle in Möttlingen.

1852 konnte Blumhardt vom württembergischen König das große Anwesen der Schwefelquelle in Bad Boll kaufen. Es wurde zu einer Zufluchtsstätte für Kranke, Leidende und besonders auch für Schwermütige.

Von Blumhardt stammt auch das Trostlied:

Sei still zu Gott, dem Gott, der helfen wird,
der dein zu sein verheißt.
Sei still zu Gott, der uns all unsre Bürd
durch Jesus bald entreißt.
Dein Heiland hat sie all getragen,
in seinen bittern Leidenstagen.
Sei still zu Gott!

Sei still zu Gott! Dein Heiland ist bei dir,
der nimmer dich verlässt.
Er sendet dir von offner Himmelstür
die Engel mauerfest
um dich und über dir zum Schutze,
dass dir's gelingt, dem Feind zum Trutze.
Sei still zu Gott!

Sei still zu Gott, der wunderbar zu sein
noch nicht vergessen hat.
Harr seiner fest und glaub's, dass er erschein
und zeige mit der Tat,
wie leicht ihm's ist, in allen Dingen
das Herrlichste noch zu vollbringen.
Sei still zu Gott!

1880 ging Blumhardt heim. Bevor er starb, rief er noch seinem Sohn zu: *Ich segne dich zum Siegen!*

Blumhardt sehnte sich nach der Erlösung für die ganze Welt. Als Beter wollte Blumhardt *Jesus herunterwünschen vom Himmel in diese arge Welt, damit er allem Bösen ein Ende mache.*

Bis heute klingt die Strophe Blumhardts weiter:

Jesus ist der Siegesheld,
der all seine Feind besieget,
Jesus ist's, dem alle Welt
bald zu seinen Füßen lieget,
Jesus ist's, der kommt mit Pracht
und zum Licht führt aus der Nacht.

Der Konkurs des Kaufmanns Friedrich Räder

Vor dem finanziellen Ruin

Für einen klugen Rechner kann es verlockend sein, durch günstige Geschäfte schnell zu Geld zu kommen.

So ging es in der Mitte des vorigen Jahrhunderts dem kaufmännischen Angestellten Friedrich Räder. Er war 1815 in Elberfeld geboren. In der Industriestadt, die heute zu Wuppertal gehört, hatte er durch großen Fleiß etwas Kapital zusammengebracht.

Im Alter von 30 Jahren war er fasziniert von der Idee, durch Spekulationen mit westindischem Indigo schnell reich zu werden. Weil man in Wuppertal viel Indigo zum Färben der Webstoffe brauchte, investierte er 1845 sein ganzes Geld im Indigogeschäft.

Es war ein reines Glücksspiel. Der Transport der teuren Güter auf den Meeren war damals nicht so sicher wie heute. Da konnte die

Ladung verloren gehen, oder es gab plötzlich wieder ein Überangebot des wertvollen Stoffes. Man hatte damals auch noch keine drahtlose Telegrafie. Die Preise für Indigo schnellten mal in die Höhe, um dann wieder völlig zusammenzubrechen.

Räder konnte nachts nicht mehr schlafen. Er sorgte sich, ob er sein Geld jemals wiedersehen würde. Durfte er überhaupt beten, nachdem er sich in solch eine riskante Sache eingelassen hatte?

So saß er eines Nachts an seinem Schreibtisch und dichtete ein Lied. Als er es niedergeschrieben hatte, wich die Angst von ihm. Erst viel später kam er durch die Hilfe seines Chefs aus diesem Geschäft wieder unbeschadet heraus.

Sein Lied ist der einzige Gewinn, der von dieser nervenaufreibenden Spekulation übrigblieb. Es hat unzählige getröstet. Andere haben es seitdem in großer Not gesungen:

> Harre, meine Seele, harre des Herrn;
> alles ihm befehle, hilft er doch so gern.
> Sei unverzagt, bald der Morgen tagt,
> und ein neuer Frühling folgt dem Winter nach.
> In allen Stürmen, in aller Not,
> wird er dich beschirmen, der treue Gott.
>
> Harre, meine Seele, harre des Herrn;
> alles ihm befehle, hilft er doch so gern.
> Wenn alles bricht, Gott verlässt uns nicht;
> größer als der Helfer ist die Not ja nicht.
> Ewige Treue, Retter in Not,
> rett auch unsre Seele, du treuer Gott!

Das Mediengenie Christian Gottlob Barth und die Mission

Nachts in der Hängematte des Arbeitszimmers

Die Berufung zum Missionar war für Christian Gottlob Barth eindeutig und klar, aber seine Mutter war dagegen. Als einfache und scharfblickende Frau fürchtete sie, ihr Sohn könnte sich in der weiten Aufgabe verlieren. Barth fügte sich gehorsam. Eine wirklich seltsame Entscheidung. Er hielt sie auch später als Single durch, als seine Mutter, die ihm nur wenige Jahre bis zu ihrem Tod den Haushalt führte, heimgegangen war.

An Weihnachten 1824 wurde Christian Gottlob Barth in seiner ersten Gemeinde Möttlingen als Pfarrer eingeführt. Bei seiner Antrittspredigt sagte er: *Ich kann euch nichts bringen als den Heiland. Da habt ihr ihn, nehmt ihn hin! Ich suche nicht das Eure, ich suche euch!* Der am Rand des Schwarzwalds gelegene Ort sollte später unter seinem Nachfolger Johann Christoph Blumhardt durch eine Aufsehen erregende Krankenheilung eine Erweckung erleben und weit bekannt werden.

Barth predigte mit seiner Redegabe packend und mitreißend. Er wollte so viel Leute wie irgend möglich zu Jesus führen. Darum brannte sein Herz auch so für die Mission. In die Ecke seines Wohnzimmers hatte er eine einfache Bank genagelt, wo die Bauern sich richtig wohl fühlen konnten. Dort saßen abends die Männer. Und Barth erzählte ihnen lebendig und eindrücklich von den Siegen des Reiches Gottes in aller Welt.

Schon am ersten öffentlichen Missionsfest der 1815 gegründeten Basler Mission nahm Barth teil. Das hat sein missionarisches Feuer enorm angefacht. Wo er nur konnte, warb er für die wichtige Aufgabe der Weltmission. Seine Redegabe, aber auch sein Geschick, anschaulich und interessant zu erzählen, kamen ihm dabei zu Hilfe.

Zu dem Lied *Sonne der Gerechtigkeit* steuerte Barth die aufrüttelnden Strophen bei:

Weck die tote Christenheit
aus dem Schlaf der Sicherheit;
mache deinen Ruhm bekannt
überall im ganzen Land.
Erbarm dich, Herr.

Tu der Völker Türen auf;
deines Himmelreiches Lauf
hemme keine List noch Macht.
Schaffe Licht in dunkler Nacht.
Erbarm dich, Herr.

Gib den Boten Kraft und Mut,
Glaubenshoffnung, Liebesglut;
lass viel Früchte deiner Gnad
folgen ihrer Tränensaat.
Erbarm dich, Herr.

Christian Gottlob Barth war am 31. Juli 1799 in Stuttgart geboren worden. Sein Vater, ein Gipser und Maler, der wie die Mutter gerne sang und dazu musizierte, hat diese Gabe offenbar dem Sohn vererbt. Er starb schon früh, als Christian Gottlob elf Jahre alt war.

Nach der Schulzeit in Stuttgart wechselte Barth ans Tübinger Stift. Trotz mancher Zweifel ging er aus dem theologischen Studium mit einem gefestigten Glauben heraus. Zeitlebens war er Gott für diese Bewahrung vor einer Glaubenskrise sehr dankbar.

Schon in seiner Studienzeit gönnte sich Barth keine Ruhe, sondern arbeitete unentwegt mit großem Fleiß. Er stand schon um 3 Uhr in der Frühe auf und hielt ausführlich seine Bibellese. Er benützte dazu hebräische, französische und holländische Bibelausgaben. Anschließend widmete er sich der klassischen Literatur in englischer, spanischer und lateinischer Sprache.

Der humorvolle Student schloss sich einem Bibel- und Gebetskreis an, zu dem auch der spätere Erweckungsprediger Ludwig Hofacker gehörte. Dort schon setzte sich Barth sehr dafür ein, die Mission mehr zu unterstützen. Im Alter von 20 Jahren gründete er in Tübingen den ersten Studentenmissionsverein. Um Juden für Jesus zu gewinnen, beschäftigte er sich mit rabbinischen Studien.

In seinem Arbeitszimmer hatte er eine Uhr mit vier Zifferblättern, auf denen man die Zeit in den jeweiligen Erdteilen ablesen konnte.

Unentwegt schrieb er Briefe in alle Teile der Welt. Der Potsdamer Hofprediger Friedrich Wilhelm Krummacher sagte von ihm: *Er hat von seiner einsamen Zelle aus die ganze Welt mit den Armen seiner missionarischen Liebe umspannt und unablässig – wie wohl nie ein Regent, Diplomat oder Botschafter – mit den Völkern aller Erdteile göttliche Reichsdepeschen gewechselt.* Es dürften wohl nur ganz wenige Gebiete in der Welt gewesen sein, mit denen er nicht in direkter Briefverbindung stand.

Die Missionare draußen dankten Barth für sein Interesse mit Kisten von seltsamen Raritäten. Mit ihnen schmückte Barth sein Arbeitszimmer. Da waren afrikanische Fetische und asiatische Götzenbilder, kunstvolle Handarbeiten, die Keule und ein Wurfspeer eines Inselbewohners des Pazifiks, Felle von Affen, Leoparden, Seehunden und Löwen. Auch einige ausgestopfte Tiere waren dabei. Ob Chinesen, Zulus, Südseeinsulaner, Beduinen oder Papuas – alle hatte er so ständig vor Augen.

Es bedrückte Christian Gottlob Barth sehr, wie so viele junge, frische und kräftige Missionare draußen im ungesunden Afrika vom Fieber weggerafft wurden. Aber er meinte, es sei der Mühe wert, was für den Dienst des Herrn drangegeben wird: *Freunde, es ist um nichts zu schade, was für Jesus geopfert wird!*

Für das Missionsfest in Basel schrieb er das Lied:

Zieht fröhlich hinaus zum heiligen Krieg!
Durch Nacht und durch Graus erglänzet der Sieg.
Ob Wetter auch toben, erschrecket nur nicht;
blickt immer nach oben: bei Jesus ist Licht.

Und ob auch das Herz sich dunkel umzieht
mit trübendem Schmerz, der Friede entflieht;
wenn Missmut und Zagen die Freudigkeit bricht:
o stillet die Klagen! Bei Jesus ist Licht.

Wenn rings um euch bang die Götzennacht steht
und würd's euch zu lang, bis dass sie vergeht,
so sei euer Hoffen nach oben gericht';
der Himmel bleibt offen. Bei Jesus ist Licht!

Tief beeindruckt hat diesen tätigen Arbeiter die neu entstandene diakonische Einrichtung für verwahrloste Jugendliche in Beuggen bei Basel, die Christian Heinrich Zeller dort aufgebaut hatte. Von Möttlingen aus betrieb Barth nun selbst den Aufbau eines *Freundeskreises zur Rettung verwahrloster Kinder*. Die ersten zwölf Kinder, die aus völlig asozialen und zerrütteten Familien kamen, wurden zunächst in gemieteten Räumen in Stammheim bei Calw untergebracht. Schon 1829 konnte dort ein Neubau für 60 Kinder eingeweiht werden.

Barth war für sich selbst sehr anspruchslos. Schon in seinem Pfarramt in Möttlingen benützte er viele Jahre lang kaum sein Bett. Er befestigte einfach eine Hängematte in seinem Arbeitszimmer und schlief darin. Es war meist nur eine kurze Nachtruhe, weil er früh wieder aufstand.

Die vielen Dienste und die weit gespannte Arbeit konnten schließlich nicht mehr neben dem Pfarramt in Möttlingen her bewältigt werden. Die Arbeitsfülle war zu groß. So schied Barth 1838 aus dem Pfarrdienst aus und zog in das Schwarzwaldstädtchen Calw. Im gleichen Jahr verlieh ihm die Universität Greifswald den Titel eines Ehrendoktors.

In Calw war schon zehn Jahre vorher ein Bezirksmissionsverein entstanden, der aktiv die Weltmission durch freie Freundesgaben und durch Nachrichten im *Calwer Missionsblatt* unterstützte, das Barth 1828 begründete und leitete. Von Calw aus konnte er sich nun ganz dem Dienst der Mission und der großen Verlagstätigkeit im 1833 gegründeten Calwer Verlagsverein widmen.

Barth sah die Missionsarbeit in der weiten Welt als einen Hebel, um *den Stein vom Grab unserer heimischen Kirche wegzuwälzen.* Er erkannte richtig, dass ein Engagement in der Weltmisssion einer Heimatgemeinde ganz entscheidend zur Belebung und Vertiefung verhilft.

Lasst uns die ganze Hand bieten, wo wir bisher erst einen Finger reichten! schrieb Barth. *Die Not wächst, lasst auch die Hilfe wachsen!*

Barth blieb sein Leben lang unverheiratet. In seinem Studierzimmer herrschte dennoch mustergültige Ordnung. Jede Sache hatte pünktlich ihre Zeit, ob Mission, Kinderschriften, Verlagsverein oder Jugendblätter.

Wie wenig andere hatte der liebevolle und heitere Mann eine große Liebe zu Kindern. Begeistern konnte er Kinder durch seine hervorragende Erzählgabe. So entstanden neben vielen anderen Schriften die *Erzählungen für Christenkinder*, dazu die *Jugendblätter* für 12 – 18-jährige Jugendliche. Seine *Biblischen Geschichten* wurden zum Bestseller. In 22 Jahren erreichte dieses Buch 100, bis heute sogar die unglaubliche Zahl von 481 Auflagen.

Zunächst hatte Barth 1828 begonnen, englische Traktate ins Deutsche zu übersetzen. Später wurden seine Bücher, zuerst seine Kirchengeschichte, auch ins Englische übertragen. Die Traktatgesellschaft in England verbreitete sie.

Bald wurden seine Bücher auch in Bombay und Mangalore in Indien gedruckt. Hinzu kamen 70 Übersetzungen etwa in Chinesisch, Russisch, Arabisch, Armenisch, Zulu, Amharisch, außerdem in indische Sprachen und für Eskimos.

Die riesengroße Arbeitsfülle hat diesen fleißigen Mann stark geschwächt und mitgenommen. Schon in Möttlingen hatte er immer wieder mit seiner angeschlagenen Gesundheit Probleme. Bald nach seiner Übersiedlung in das Schwarzwaldstädtchen Calw konnte er, der so gerne Bücher und Briefe schrieb, mit der schmerzenden Hand kaum mehr die Feder halten. Seinen Humor verlor er aber nicht. Als der Arzt bei ihm wieder eine neue Krankheit feststellte, sagte er: *Wo sechs essen, ist auch noch für den siebten Platz!*

Wenn ihm jemand riet, sich doch mehr zu schonen, konnte er sagen: *Mir ist nur eine einzige Bibelstelle vom Schonen bekannt. Und dort ist der Teufel dahinter gestanden. Drüben wird es uns vorkommen, als ob unser bisschen Arbeit zu einer so langen Ruhe in gar keinem Verhältnis stehe.*

In einem Brief an Missionare schrieb er: *Meine Kraft ist gebrochen, und ich bereue es nicht, dass ich durch zu sehr angestrengte Arbeit diesen Zustand herbeigeführt habe.* Er meinte, diese Leiden seien von Gott deshalb ihm geschickt, damit er sich *darunter bewähre und seine Ungeduld und Wehleidigkeit besiege.* Auch jetzt noch stand er morgens meist um 5 Uhr auf. Bis spät in die Nacht widmete er sich mit seinem sprühenden Humor den Besuchern.

Als Barth im Alter von 61 Jahren zum letzten Mal an einem Missionsfest in Basel teilnahm, sagte er in seiner Ansprache zu den neun Missionskandidaten: *Die Sache Christi ist es wert, dass man dafür betet, arbeitet, opfert, leidet, stirbt. Wir wollen darin fortfahren, damit wir beim großen Missionsfest im Himmel zusammenkommen.*

Dieses Ziel hat Barth schon bald erreicht. Am 12. November 1862 rief ihn Gott im Alter von 63 Jahren heim.

Darauf hatte er sich schon immer gefreut: wenn einmal aus aller Welt die vielen von Ost und West zum großen Abendmahl zusammenkommen. Er hat es in einem Lied so ausgedrückt:

Der du in Todesnächten
erkämpft das Heil der Welt
und dich als den Gerechten
zum Bürgen dargestellt,
der du den Feind bezwungen,
den Himmel aufgetan:
dir stimmen unsre Zungen
ein Halleluja an.

Im Himmel und auf Erden
ist alle Macht nun dein,
bis alle Völker werden
zu deinen Füßen sein,
bis die von Süd und Norden,
bis die von Ost und West
sind deine Gäste worden
bei deinem Hochzeitsfest.

Noch werden sie geladen,
noch gehn die Boten aus,
um mit dem Ruf der Gnaden
zu füllen dir dein Haus.
Es ist kein Preis zu teuer,
es ist kein Weg zu schwer,
hinauszustreun dein Feuer
ins weite Völkermeer.

O sammle deine Herden
dir aus der Völker Zahl,
dass viele selig werden
und ziehn zum Abendmahl.
Schließ auf die hohen Pforten,
es strömt dein Volk heran;
wo noch nicht Tag geworden,
da zünd dein Feuer an!

Erziehung braucht liebende und demütige Menschen

Es sah heruntergekommen und übel aus im Schloss der ehemaligen Deutschordenskomtur in Beuggen am Rhein, östlich von Basel. Das einst schöne und herrschaftliche Gebäude war Jahre leer gestanden. Dann hatte man es in den napoleonischen Kriegen als Lazarett benützt. Es gab unzählige Verwundete in den blutigen Befreiungskriegen, als die Österreicher, Bayern, Preußen, Sachsen und Württemberger das harte Joch Napoleons abstreiften.

Im Winter 1814-15 waren die Säle mit Kranken und Sterbenden überfüllt gewesen. Seuchen wie Pocken und Typhus wüteten. Die Pfleger wollten die Krankensäle nicht mehr betreten. Die Toten wurden in Massengräbern im Schlosspark beigesetzt.

Erst Ende 1815 war es wieder still geworden im Ordenshaus. Verwüstete und übel verschmutzte Zimmer mit verwesendem Unrat blieben zurück. Die alten Seidentapeten hingen in Fetzen von den Wänden. Ein schrecklicher Gestank füllte das Haus. Auf dem Boden lag verfaultes Stroh, mit Blut und Eiter beschmiert. Sogar Skelette Verstorbener, die man nicht mehr beerdigt hatte, lagen noch da. Fünf Jahre lang verfiel das einst so herrschaftliche Gebäude immer weiter.

Diese Zustände traf Christian Heinrich Zeller 1820 an. Er sollte hier in Beuggen an der Schweizer Grenze in der Nähe von Basel eine Erziehungsanstalt für arme Kinder und schwer erziehbare Jugendliche aufbauen. Hinter diesem neuen diakonischen Sozialwerk stand als unermüdlicher Motor Christian Friedrich Spittler in Basel. Dieser hatte vor allem die großen Aufbrüche in der Weltmission in die Wege geleitet. Jetzt aber, nach dem Ende des Krieges, bekümmerte ihn die verwahrloste Jugend im eigenen Land. So rief er seine Freunde in Basel auf, das neue Kinderheim mit alten Betten und gebrauchtem Hausrat auszurüsten.

Mit Christian Heinrich Zeller hatte er sich einen begabten Pädagogen aus Württemberg geholt. Zeller war auf Hohenentringen bei Tübingen als Sohn eines königlichen Hofrats 1779 geboren worden. In der Spur des Vaters hatte er in Tübingen Jura studiert und war dann Rechtsanwalt in Ludwigsburg geworden. Der Vater merkte aber schnell, dass sein Sohn Christian Heinrich nicht zur staatlichen Verwaltungslaufbahn taugte. Viel lieber wollte er Pädagoge und Lehrer sein.

So nahm Christian Heinrich Zeller zuerst eine Hauslehrerstelle in Augsburg an. Dass er dort nicht glücklich wurde, lag allein an der abstoßend großspurigen Art der adligen Familie. *Mich ekelt dieses elende, großtönende Leben an,* schrieb Zeller. Weitere Stationen waren eine Privatschule in St. Gallen und Zofingen im Kanton Aargau, wo ihm als Schuldirektor die ganze Erziehungsarbeit übertragen war. Hier begegnete Zeller zum ersten Mal dem berühmten Pädagogen Pestalozzi, der es sich zum Programm gemacht hatte, die geistigen Kräfte des Kindes zu wecken.

Für Zeller war es kennzeichnend, dass er sein ganzes Leben als Dienst für Jesus Christus verstand. Im Alter von 39 Jahren hatte er eine wichtige Entdeckung in seinem Glauben gemacht. Bei einer Passionspredigt fand er in einer bisher noch nie wahrgenommenen Tiefe im Kreuz Jesu Vergebung, den Frieden Gottes und das volle Heil: *Mir fiel es wie Schuppen von den Augen. Ich schlug vor Freude die Hände über dem Kopf zusammen, dass meine Frau meinte, ich sei nicht recht bei mir.*

Im Blick auf die Arbeit in Beuggen mit den verwahrlosten jungen Menschen im Alter von sechs bis dreißig Jahren wusste Zeller ganz genau, dass er selbst bei diesen schwer geschädigten jungen Leuten nichts erreichen konnte. Das Gebet wurde ihm zur wichtigsten Aufgabe in seinem Amt als Helfer und Begleiter der schwierigen

Jugendlichen. Christian Zeller und seine Frau waren besonders befähigte Erzieher und hatten erkannt, wie praktische Arbeit, ob im Garten oder auf dem Feld, im Haus oder bei handwerklichen Tätigkeiten, die Gaben der Kinder auf beste Weise zur Entfaltung bringt.

Er schrieb einmal: *Was in der Erziehung vom Menschen ausgeht, ist Pflanzen und Begießen; das Gedeihen gibt Gott. Wahre Erziehung fordert demütige Menschen. Wer nicht beten kann, vermag auch nicht zu erziehen. Durch die Fürbitte können göttliche Einwirkungen auf die Kinderherzen herabgezogen und Veränderungen bewirkt werden, die in keines Menschen Sinn stehen.*

Zeller mühte sich zuerst darum, *Kinder von den Banden der Sünde zu lösen.* Er wollte *ein Vorbild mit herzlicher Liebe zu den Kindern* sein, das *wie die Sonne leuchtet.* Es war Zeller dabei immer bewusst, dass das Ideal Pestalozzis sich nicht erreichen lässt, dass die Kinder ihren Lebensunterhalt selbst verdienen können. Ihm war klar, dass solch eine diakonische Erziehungsanstalt immer auf beträchtliche Spenden und Zuschüsse angewiesen sein wird.

Als im Juli 1826 der berühmte Pädagoge Pestalozzi wenige Monate vor seinem Tod die Erziehungsanstalt in Beuggen besuchte, murmelte er immer wieder vor sich hin: *Das war's, was ich wollte.* Sein geniales Konzept, Kinder mit ihren eigenen Händen arbeiten zu lassen, war gescheitert. Tief enttäuscht über seine Misserfolge hatte Pestalozzi sich ganz zurückgezogen. Jetzt freute er sich aber umso mehr an dem, was Christian Heinrich Zeller gelungen war.

War Pestalozzi als Pädagoge noch ganz von den Lehren des freidenkerischen Rousseau geprägt, der Mensch sei gut und müsse nur seine edlen Triebe entfalten, so war Heinrich Zeller am meisten überzeugt von der prägenden Kraft der biblischen Morgenandacht. Er wusste aus dem Wort Gottes, dass des Menschen Herz böse von Jugend an ist. Darum suchte er nicht nur Aufklärung, Bildung oder moralische Belehrung, sondern Erlösung durch die Kraft Jesu. Erziehung ist kein Menschenwerk.

Weil die vielen Unternehmungen Pestalozzis am Ende seines Lebens geplatzt waren, wurde er offen für die wichtigen Entdeckungen seines Schülers Zeller. Der wollte nämlich die Erziehung eines Kindes *in der Stille* allein durch die Kraft des Wortes Gottes. Nach einer Morgenandacht in Beuggen kam Pestalozzi mit Tränen in den Augen zu Zeller und sagte: *Hüt hänt ihr für mi gepredigt. Das isch für mi gsi.*

In der Erziehung hatte für Christian Heinrich Zeller das Wort Gottes und das Gebet die entscheidende Bedeutung. Menschliche Erzieher können im besten Fall Handlangerdienste tun. In seinem Lied spricht er aus, wie des *Wortes Kraft* sich ganz besonders an schwierigen Menschen bewährt und sie neu schafft:

Treuer Heiland, wir sind hier
in der Andacht Stille;
unsre Sinnen und Begier
lenke sanft dein Wille.
Deines Wortes heller Schein
strahl in unser Herz hinein,
uns mit Licht erfülle.

Kehr, o Jesu, bei uns ein,
komm in unsre Mitte;
wollest unser Lehrer sein,
hör der Sehnsucht Bitte:
Deines Wortes stille Kraft,
sie, die neue Menschen schafft,
bilde Herz und Sitte.

Von dir lernen möchten wir
deiner Sanftmut Milde,
möchten ähnlich werden dir,
deinem Ebenbilde,
deiner stillen Tätigkeit,
deiner armen Niedrigkeit,
deines Wohltuns Milde.

Zeige deines Wortes Kraft
an uns armen Wesen;
zeige, wie es neu uns schafft,

Kranke macht genesen.
Jesu, dein allmächtig Wort
fahr in uns zu wirken fort,
bis wir ganz genesen.

O wie selig ist es, dir
kindlich zu vertrauen;
unerschüttert können wir
auf dich, Felsen, bauen.
Herr, wir glauben in der Zeit,
bis die selge Ewigkeit
uns erhebt zum Schauen.

Den Schritt vom Glauben zum Schauen tat Christian Heinrich Zeller am 29. März 1860. Er war 81 Jahre alt geworden. Bis in die letzten Tage seines Lebens hinein half er bei der Ausbildung von künftigen Lehrern. Das war ihm wichtig geworden, im Alter nicht unnütz zu werden, sondern mitten im Amt stehend zu sterben.

Bei seiner Beerdigung sagte der Basler Professor Auberlen über diesen Erzieher: *Seine Größe bestand darin, dass er klein blieb und in seltener Weise die Treue im Kleinen übte.*

Insgesamt 65 Lieder hat Heinrich Zeller gedichtet, die er zunächst meist mit seinen Heimkindern sang. Als der begeisterte Patriot Max von Schenkendorf in dem berauschenden nationalen Geist der Befreiungskriege ein Anbetungslied an die Freiheit dichtete: *Freiheit, die ich meine*, hat Christian Heinrich Zeller eine Antwort darauf gedichtet, die nach der gleichen Melodie zu singen ist:

Freiheit, die ich meine,
kommt vom Zeitgeist nicht,
kommt vom Sohn alleine
und von seinem Licht.
Knechte des Verderbens
führen nicht zum Sohn,
und zur Zeit des Sterbens
müssen sie davon.

Der unerschrockene Freiheitskämpfer Ernst Moritz Arndt

Was in dem Grauen des Todes nicht als Staub verweht

1834 stand Ernst Moritz Arndt am Ufer des Rheins. Er musste miterleben, wie sein neunjähriger Sohn Gustav Willibald in den Wellen unter ein Floß geriet und ertrank. Jede Hilfe kam zu spät. Der Vater musste selbst die Leiche im Kahn nach Hause bringen.

Er schrieb kurz darauf: *Sie können nicht wissen, was wir an dem Kind hatten, was namentlich ich an ihm besaß. Er war eine reich begabte Natur, still und tapfer, zärtlich und zornig, und, wie es schien, der begabteste meiner Söhne. Gott sei gepriesen für alles, was er einst uns in dem süßen Himmelsgast gegeben! Sein Wille ist der beste und gerechteste.*

Dieser Ernst Moritz Arndt hat das Lied gedichtet von dem, was auch im Grauen des Todes ewig bleibt und es *Fels des Heils* überschrieben:

Ich weiß, woran ich glaube,
ich weiß, was fest besteht,
wenn alles hier im Staube
wie Sand und Staub verweht;
ich weiß, was ewig bleibet,
wo alles wankt und fällt,
wo Wahn die Weisen treibet
und Trug die Klugen prellt.

Ich weiß, was ewig dauert,
ich weiß, was nimmer lässt:
mit Diamanten mauert
mir's Gott im Herzen fest.
Die Steine sind die Worte,
die Worte hell und rein,
wodurch die schwächsten Orte
gar feste können sein.

Auch kenn ich wohl den Meister,
der mir die Feste baut,
er heißt der Herr der Geister,
auf den der Himmel schaut,
vor dem die Seraphinen
anbetend niederknien,
um den die Engel dienen:
ich weiß und kenne ihn.

Das ist das Licht der Höhe,
das ist der Jesus Christ,
der Fels auf dem ich stehe,
der diamanten ist,
der nimmermehr kann wanken,
der Heiland und der Hort,
die Leuchte der Gedanken,
die leuchten hier und dort.

So weiß ich, was ich glaube;
ich weiß, was fest besteht
und in dem Erdenstaube
nicht mit als Staub verweht;
ich weiß, was in dem Grauen
des Todes ewig bleibt
und selbst auf Erdenauen
schon Himmelsblumen treibt.

Ernst Moritz Arndt kam 1769 auf der Insel Rügen, die damals zu Schweden gehörte, zur Welt. Im gleichen Jahr wurde auf der französischen Insel Korsika Napoleon Bonaparte geboren, der einmal ganz Europa umwälzen sollte. Das Leben Arndts sollte später vom Kampf gegen Napoleon bestimmt sein. Auch prägte ihn zeitlebens, dass sein Vater sich noch aus der Leibeigenschaft freikaufen musste. Hinzu kam die Fremdherrschaft der Schweden über seine Heimat. So machten diese Umstände Ernst Moritz Arndt schon von früher Jugend an zum leidenschaftlichen Kämpfer für die Freiheit.

Zusammen mit acht Geschwistern wuchs er in der Familie eines Gutsbesitzers auf. Die Kinder konnten das ganze Jahr in der freien Natur leben. Arndt liebte ein Leben lang all die Schönheit der Welt. Sein Vater wollte die Kinder nicht in Watte einpacken. Sie wurden früh abgehärtet, lernten fest zu arbeiten und wurden zäh und widerstandsfähig.

Mit 17 Jahren kam Ernst Moritz Arndt auf das Gymnasium in Stralsund, der Hauptstadt Pommerns. Das war ein Wechsel, den er am besten selbst beschreibt: *Der arme und blöde Landjunge erschien im schlechtesten Aufzug unter vielen. Mit welcher Gier fuhren die zierlichen Stadtpfauen über die so aufgeputzte Landkrähe her!* Arndt litt am meisten unter den nur an Genuss und Lebenslust interessierten Kameraden. Er kämpfte darum, keusch und unschuldig zu bleiben. Schließlich flüchtete er aus dieser fremden Welt und verdingte sich als Knecht bei einem Bauern.

Es gelang dem begabten Arndt trotzdem, das Abitur zu bestehen und als Student nach Greifswald zu gehen. Er studierte Theologie, wollte dann aber auf keinen Fall Pfarrer werden.

So reiste er kreuz und quer durch Europa. Er sah die Menschen, erlebte auch die politischen Umwälzungen der Revolution in Frankreich und wurde über seinen europäischen Eindrücken zum deutschen Patrioten. Ihn begeisterte der Gedanke, endlich die zerfallenen deutschen Stämme zu einen.

1800 wurde Arndt Privatdozent, wenige Jahre später Professor für Geschichte. Seine Frau schenkte ihm einen Sohn, der sie – wie Arndt bitter feststellte – das Leben kostete. Das Kindbettfieber raffte nach nur einem Jahr Ehe die junge Mutter hinweg. Erst 15 Jahre später heiratete er wieder und zwar die Halbschwester des berühmten Theologen Friedrich Schleiermacher.

Arndt gab seine ganze Energie in den politischen Kampf. Er prangerte das Unrecht der Leibeigenschaft an. Er nannte öffentlich Napoleon einen Mann des Verhängnisses, weil er freie Völker unterjochte. Aber das schlimmste Unglück war für Arndt der Verlust des Glaubens: *Wer den Glauben zerstört, der zerstört die Welt!* Als Napoleon sich mit seiner Armee die Herrschaft über ganz Deutschland sicherte, musste Arndt um sein Leben fliehen.

Im Alter von 37 Jahren kam er nach Schweden, wo er drei Jahre *in der Fremdlingschaft* blieb. Er wollte *sich nicht von den Welschen wie einen tollen Hund totschießen lassen.* Hier in der Stille des schönen Mälarsees kam es zu einer ganz entscheidenden Lebenswende. Seine Mutter hatte mit ihm als Kind *die Bibel drei- oder viermal durchgelesen. Das Gesangbuch hatte daheim auch fleißig zur Hand genommen werden müssen.* Aber schon in seinen Jugendjahren in Stralsund und Greifswald flüchtete Arndt sich in eine andere Geisteswelt. Der sich allein an der menschlichen Vernunft orientierende Religionsunterricht, die Schriften Rousseaus, Goethes und Schellings brachten ihn ganz vom christlichen Glauben weg: *Ich betete als Knabe mit Inbrunst, lachte und spottete als Jüngling mit Frechheit, möge dem Manne und Greise die Unschuld und Frömmigkeit der Religion nicht fehlen.* Jetzt in Schweden entdeckte Arndt ganz neu den christlichen Glauben, die Kraft des Bibelwortes, und fand wieder zur absoluten Geltung der Bibel zurück. Dort in Schweden schrieb er auch das Weihnachtslied: *Du lieber, heilger, frommer Christ.*

Man hat bei Ernst Moritz Arndt immer wieder auch das von ihm gedichtete Lied der Befreiungskriege erwähnt, das heute wirklich kein Verständnis mehr finden kann:

> Der Gott, der Eisen wachsen ließ,
> der wollte keine Knechte,
> drum gab er Säbel, Schwert und Spieß
> dem Mann in seine Rechte;
> drum gab er ihm den kühnen Mut,
> den Zorn der freien Rede,
> dass er bestände bis aufs Blut,
> bis in den Tod die Fehde.

Zur Ehrenrettung Arndts muss hinzugefügt werden, dass heute etwa afrikanische Völker im Streben nach Freiheit auch häufig den Befreiungskampf und ihre Glaubensüberzeugung in eins setzen. Freiheit war für Arndt das höchste Gut, das er nur in der Demut vor Gott erkennen konnte.

Arndt sah aber auch ehrlich das Unheil der Waffen und nannte das Schwert *ein fürchterliches Ding*. Er erzählte mit Grausen von der in Russland geschlagenen Armee Napoleons: *Welch ein Anblick! Zerrissene, erfrorene, bläuliche, unglückliche Pferdefleischfresser, schienen sie kaum noch Menschen. Vor unseren Augen starben sie in Dörfern und vor den Posthäusern. An den Straßen lagen die Leichen wie anderes Aas, unbedeckt und unbegraben. O Menschenschicksale; wie viele Leichen lagen so in Wäldern und Feldern, hinter Mauern und Zäunen, ja auf Misthaufen, unbeweint und unbegraben, über deren Wiegen einst auch glückselige Mütter gesungen, gebetet und gesegnet haben.*

Enttäuscht war Ernst Moritz Arndt, dass die großen Erschütterungen der Befreiungskriege am Ende keine wirkliche Erneuerung des Volkes vor der Gegenwart und Macht Gottes brachten.

Weil Arndt seinen Protest öffentlich äußerte, wurde er wegen *Teilnahme an demagogischen Umtrieben* seines Amtes als Professor in Bonn enthoben. D*er Geist der Zeit hat mir ein blaues Auge geschlagen*, so kommentierte es Arndt. 20 Jahre musste er auf die Wiederherstellung seiner Ehre warten. Er schrieb darüber an seine Schwester: *Diese Zeit, die Könige, Fürsten und Herren umhergetrieben hat, kann auch einen Professor einmal zu einem Bettler machen und ihn auf die Probe stellen, ob er den linnenen Kittel und Kartoffeln mit Salz ertragen kann. Die Frage ergeht dann, ob der Glaube standhält, dass in diesem kurzen Leben alles aufgegeben werden muss, nur nicht die Wahrheit und das Recht.*

20 Jahre später schrieb er: *Ich habe diese Demütigungen, nachdem ich mich über die ersten Plagen besonnen und gefasst hatte, wirklich so hingenommen als ein Verhängnis des ausgleichenden und gerechten Gottes, der mich für manche trotzige und kühne Worte hat bezahlen lassen wollen, und dies hat mich, wofür ich Gott noch mehr danke, vor jener Erbitterung und Verfinsterung behütet, wodurch die meisten in solche Geschichten verflochtenen Männer traurig untergehen.*

Mit 71 Jahren wurde Arndt voll rehabilitiert und von den Professoren gleich zum Rektor der Universität Bonn gewählt. Im Alter von 80 Jahren ließ er sich noch als Abgeordneter in die Deutsche Nationalversammlung in der Paulskirche in Frankfurt wählen, *gleichsam ein gutes altes deutsches Gewissen,* wie er sich selbst vorstellte. Sein 90. Geburtstag wurde nochmals zu einem großen Fest. Wenige Wochen später starb Arndt.

Albert Knapp hat Ernst Moritz Arndt treffend als den alten christlichen Freiheitskämpfer beschrieben, der seine Ritterzeit in den Freiheitskriegen nicht vergessen konnte *und bei dem das neutestamentliche Hosianna stets noch von dem Schlachttrompetenhall des Siegestages bei Leipzig durchdrungen war.*

Warum Philipp Spitta kein Sudelkoch sein wollte

Vom kritischen Zweifel zur festen Gewissheit

Die größten Theologen waren immer die größten Zweifler, schrieb Philipp Spitta als Student aus Göttingen, *weil sie Philosophen spielen wollen.* Ihn befriedigte das rationalistische und oft von ihm auch als frivol empfundene Studium der Theologie nicht.

Vielleicht ging Philipp Spitta sein Studium schon deshalb anders an, weil er viel älter war als seine Mitstudenten.

Am 1. August 1801 in Hannover geboren, erkrankte er im Alter von zehn Jahren an Skofeln, einer heute seltenen Art von Tuberkulose. Als er endlich ganz genas, war an Schulbesuch nicht mehr zu denken. Seine treue jüdische Mutter, die Christin geworden war, steckte den gutwilligen Jungen in eine Uhrmacherlehre. Sein Vater, der aus einer aus Frankreich vertriebenen Hugenottenfamilie stammte, hatte als Buchhalter und Sprachlehrer nur wenig verdient und war bereits gestorben, als Philipp Spitta vier Jahre alt gewesen war.

In der Uhrmacherlehre brachte Philipp Spitta anfangs für seine Arbeit noch Interesse auf, verfiel dann aber immer mehr in Traurigkeit und Depressionen. Die technische Arbeit konnte ihn, den empfindsamen und feinfühligen Jungen, nicht befriedigen. Trotzdem hielt Philipp Spitta bis zum Ende der Lehre durch und arbeitete auch im ungeliebten Beruf weiter.

Da ereignete sich ein tragischer Unglücksfall. Sein jüngster Bruder, der eigentlich Theologie studieren sollte, ertrank. So bedrückend das alles war, brachte es für Philipp Spitta doch eine ganz entscheidende Lebenswende. Er durfte das für die Ausbildung des verunglückten Bruders bestimmte Geld für seine Fortbildung verwenden. Endlich konnte er das machen, was er immer wollte. Es störte ihn nicht, noch einmal ins Gymnasium gehen zu müssen, um die fehlende Schulbildung nachzuholen. Selten hat sich wohl ein junger Mann so gefreut, seine Schule wieder zu sehen!

In seiner nachdenklichen Art hatte sich Philipp Spitta schon in seiner frühen Jugend viel mit der Frage beschäftigt, auf was denn Gott mit seinem Leben hinaus wolle. Das wurde noch durch das Studium der Theologie bei meist rationalistischen Professoren in Göttingen verstärkt. Ihn störten an der Universität die billigen Witze, die über Jesus und die Bibel gemacht wurden. Er schrieb an seinen Bruder: *Wenn ich dazu das Beifallsgetrommel der Studenten höre, so möchte ich mir die Ohren verstopfen vor dem Gräuel.*

Das Buch von Theologieprofessor August Tholuck, *Des Zweiflers Weihe,* brachte Philipp Spitta in tiefe Gewissensnöte. Er merkte, wie sein bisheriges Christenleben nicht genügen konnte. Dieser Seelsorger war es auch, der ihn nun *durch die Höllenfahrt der Selbsterkenntnis zur Himmelfahrt der Gotteserkenntnis* führte.

Spitta schrieb: *Wie sträubt sich der Mensch gegen die Aufdeckung seines Inneren! Wie gern sucht er die schlimme Krankheit, die an der Wurzel seines Lebens nagt, zu verdecken!* Und dann: *Wie ward mir, als ich zum wahren Bewusstsein meiner selbst kam! Da fühlte ich ganz meine tiefe sündige Natur, aber in dem Augenblick auch das Heil der Erlösung. Wer die einmal geschehene Erlösung durch den Tod des Heilands ergreift und dann nicht fahren lassen kann, das muss ein seliger Christ sein!*

In einem Lied drückt er es so aus:

Bei dir, Jesu, will ich bleiben,
stets in deinem Dienste stehn;
nichts soll mich von dir vertreiben,
will auf deinen Wegen gehn.
Du bist meines Lebens Leben,
meiner Seele Trieb und Kraft,
wie der Weinstock seinen Reben
zuströmt Kraft und Lebenssaft.

Könnt ich's irgend besser haben
als bei dir, der allezeit
so viel tausend Gnadengaben
für mich Armen hat bereit?
Könnt ich je getroster werden
als bei dir, Herr Jesu Christ,
dem im Himmel und auf Erden
alle Macht gegeben ist?

Wo ist solch ein Herr zu finden,
der, was Jesus tat, mir tut:
mich erkauft von Tod und Sünden
mit dem eignen teuren Blut?
Sollt ich dem nicht angehören,
der sein Leben für mich gab?

Sollt ich ihm nicht Treue schwören,
Treue bis in Tod und Grab?

Schon als Student fand Spitta Zugang zu einem Kreis von Künstlern. Zu dieser Burschenschaft gehörte auch der berühmte Dichter Heinrich Heine. Von ihm lieh Spitta sich 20 Taler, um sich eine Harfe zu kaufen. Damals schon dichtete er in jugendlichem Überschwang romantische und geistliche Lieder.

Nach Abschluss seines Studiums verdingte er sich für vier Jahre als Hauslehrer. Diese Zeit wurde für ihn sehr wichtig. Philipp Spitta fand bei Hausbibelgruppen weitere und tiefere Erkenntnis seines Glaubens. *Nicht wegen der Liebe oder wegen der Werke erben wir das ewige Leben. Sondern durch den Glauben an das Kreuz Jesu werden wir vor Gott gerecht. Keiner soll sich selbst quälen. Die große Sünde darf uns nicht von Jesus wegziehen, sondern uns vielmehr zu ihm hinziehen.* Er begriff die unverdiente Gnade Gottes und hängte sich daran. Und er fand den Frieden Gottes, nach dem er so lange gesucht hatte.

Der 23-jährige Philipp Spitta liebte als Hauslehrer die romantischen Abende unter den hohen Linden in Lüne bei Lüneburg. Da saß man in der Abenddämmerung und sang zur Begleitung von Gitarre oder Harfe Volkslieder, während der Herr des Hauses seine Pfeife rauchte.

In dieser Stille des Landlebens dichtete Spitta gerne Volkslieder, aber auch die meisten seiner geistlichen Lieder. In der schönen und harmonischen Gemeinschaft mit der Familie, in der er als Hauslehrer wirkte, schuf er das Lied *O selig Haus, wo man dich aufgenommen,* dessen letzte Strophe lautet:

O selig Haus, wo du die Freude teilest,
wo man bei keiner Freude dein vergisst!
O selig Haus, wo du die Wunden heilest
und aller Arzt und aller Tröster bist,
bis jeder einst sein Tagewerk vollendet
und bis sie endlich alle ziehen aus
dahin, woher der Vater dich gesendet:
Ins große, freie, schöne Vaterhaus!

Unter dieser Wandlung musste die enge Studentenfreundschaft mit Heinrich Heine zerbrechen. Immer wieder suchte Heine seinen Freund Spitta in Lüneburg auf. Spitta aber litt mehr und mehr unter der zynischen und satirischen Art und den derben Witzen Heinrich Heines, die dieser auch ungeniert in Gegenwart der Kinder machte. So fasste Philipp Spitta eines Tages den Mut und bat Heinrich Heine, ihn nicht mehr zu besuchen. Heine hat dies Vorgehen tief gekränkt. Er rächte sich dafür bitter an Spitta und höhnte öffentlich gegen ihn und seine Dichtungen.

Die beiden Männer passten nicht mehr zueinander, seitdem Spitta zum lebendigen Glauben durchgedrungen war. Spitta lebte gerne still und demütig zurückgezogen. Heine aber, der berühmte und gefeierte Dichter, nannte Demut eine *Hundetugend*.

In der Freude an der neu entdeckten Gemeinschaft der Christen dichtete Spitta:

Es kennt der Herr die Seinen
und hat sie stets gekannt,
die Großen und die Kleinen
in jedem Volk und Land;
er lässt sie nicht verderben,
er führt sie aus und ein;
im Leben und im Sterben
sind sie und bleiben sein.

Die Freude an der Schönheit der Welt hat Philipp Spitta nie verloren. Er dichtete das schöne Lied *Freuet euch der schönen Erde*. Da heißt die letzte Strophe:

Wenn am Schemel seiner Füße
und am Thron schon solch ein Schein,
o was muss an seinem Herzen
erst für Glanz und Wonne sein.

Spitta war damals oft krank. Er litt unter den heftigen Angriffen. Manche Leute verdächtigten ihn der Sektiererei. Auch bei seiner Kirchenleitung fand er nur kritisches Misstrauen.

Beim Examen wurde Philipp Spitta sorgfältig verhört, ob er nicht zu sehr die Liebe zu Christus hervorhebe und zu stark Jesus als den Sohn Gottes verehre. Er berichtete darüber seinem Bruder und meinte dazu: *Unser Herr Jesus examinierte auch einmal einen Kandidaten für sein Hirtenamt. Aber er stellte nur eine Frage: Hast du mich lieb? Und als dieses Examen recht bestanden war, sagte er zu ihm: ›Weide meine Schafe!‹*

Unter dem Druck und den Angriffen von vielen Seiten dichtete Philipp Spitta sein Lied:

Ich steh in meines Herren Hand
und will drin stehen bleiben;
nicht Erdennot, nicht Erdentand
soll mich daraus vertreiben.
Und wenn zerfällt die ganze Welt,
wer sich an ihm und wen er hält,
wird wohlbehalten bleiben.

Er ist ein Fels, ein sichrer Hort,
und Wunder sollen schauen,
die sich auf sein wahrhaftig Wort
verlassen und ihm trauen.
Er hat's gesagt, und darauf wagt
mein Herz es froh und unverzagt
und lässt sich gar nicht grauen.

Und was er mit mir machen will,
ist alles mir gelegen;
ich halte ihm im Glauben still
und hoff auf seinen Segen;
denn was er tut, ist immer gut,
und wer von ihm behütet ruht,
ist sicher allerwegen.

Ja wenn's am schlimmsten mit mir steht,
freu ich mich seiner Pflege;
ich weiß: die Wege, die er geht,
sind lauter Wunderwege.
Was böse scheint, ist gut gemeint;
er ist doch nimmermehr mein Feind
und gibt nur Liebesschläge.

Und meines Glaubens Unterpfand
ist, was er selbst verheißen:
dass nichts mich seiner starken Hand
soll je und je entreißen.
Was er verspricht,
das bricht er nicht;
er bleibet meine Zuversicht,
ich will ihn ewig preisen.

Nicht mehr träumerische Romantik prägte jetzt die Lieder Philipp Spittas, sondern biblische Nüchternheit, ohne jede Verzierung und Schnörkel. Er dichtete seine Verse auch nicht im Rauschen des Eichenwaldes auf Spaziergängen, sondern am Schreibtisch über der aufgeschlagenen Bibel. Er berichtet selbst: *In der Weise, wie ich früher sang, singe ich jetzt nicht mehr. Dem Herrn weihe ich mein Leben und meine Liebe, so auch meinen Gesang.*

Nach einer zweijährigen Vikarszeit kam Philipp Spitta 1830 als Prediger und Seelsorger für die Soldaten der Garnison und die Sträflinge des Gefängnisses nach Hameln.

Er war erschüttert, dass bei diesen an schwere Ketten geschmiedeten Gefangenen die gleiche trügerische Selbstgerechtigkeit herrschte wie auch sonst im Volk.

Spitta erzählt von einem grimmigen Gefangenen, der einen vergeblichen Ausbruchsversuch hinter sich hatte: *Er lag in dem engen Gefängnis mit Ketten beladen, die einen Elefanten hätten zähmen können, auf einem Lager. Eine Lampe machte es spärlich hell. Ich heiße ihn sich aufzurichten und setze mich unter innerlichem Seufzen zum Herrn ihm gegenüber auf einen Block. Ich sage ihm: Er habe sich selbst aufgegeben, aber ich komme zu ihm im Namen des Herrn Jesus, der ihn nicht wolle verloren gehen lassen. So fing ich denn an, von dem Herrn Jesus zu predigen. Was ich ihm sagte, weiß ich selbst nicht mehr, es kam aber alles aus dem Erbarmen, das mir der Herr ins Herz gelegt hatte. In die Eisdecke über dem Herzen dieses Menschen schlug ich nicht mit dem Hammer des Gesetzes Löcher, sondern brachte sie unter die Gnadensonne des Evangeliums. Eine halbe Stunde hatte ich geredet und konnte bei dem spärlichen Schein der Lampe seine Miene dabei nicht erkennen. Da ging das Eis auf. Er fing laut an zu schluchzen und zu weinen, stieß dazwischen einige Worte von seinem Elend heraus, von seinem Verlangen nach Gnade. Nun aber war mir die Sprache ausgegangen. Ich nahm's als einen Wink vom Herrn: ›Geh, ich will selber mit dieser Seele reden!‹ Ich stand auf und gab ihm meine Hand, bekam eine von Tränen nasse Hand wieder und ging. Das war am Donnerstagabend.*

Als ich am Sonntagmorgen zum Gottesdienst komme, tritt mir der Schließer entgegen und sagt: ›Der G. ist ein anderer Mensch geworden. Am Freitag hat er um eine Bibel gebeten, hat den Direktor, der ihn besuchte, ganz demütig und sanft empfangen und sich als Gnade ausgebeten, heute und künftig in den Betsaal geführt zu werden, von dem er früher unter dem Vorwand, er sei Katholik, ferngeblieben war.‹

Als ich auf die Kanzel trat, saß er vor mir, bleich und abgehärmt, aber der finstere Blick war hell und offen geworden. Am Schluss des Gottesdienstes ließ er die Übrigen hinausgehen und trat dann zur Kanzel heran, dankte und sagte: ›Was Sie mir da am Abend gesagt haben, ist mir durchs Herz gegangen.‹

Am Montagabend besuchte ich ihn wieder. Er hatte mich erwartet und mir aus seinem Handtuch ein Polster auf den Block gemacht. Da saßen wir nun einander gegenüber, seine Zunge war gelöst; da der Teufel ausfuhr, redete der Stumme. ›O, wie gut ist's‹, sagte er, ›dass mir's mit dem Entwischen nicht geglückt ist!‹ ›Da wärst du‹, sagte ich, ›deinem Gott entlaufen und dem Teufel erst recht in die Arme gelaufen.‹

Für Spitta war es die größte Freude, als dieser Gefangene ihm offen und freimütig bekannte: *Wenn ich nun nicht den Heiland hätte, müsste ich jetzt erst recht verzweifeln!* Und Spitta freute sich, zu entdecken, dass aus der *Strafanstalt meine Heilsanstalt* geworden ist. Er schließt seinen Bericht: *Ja, lieber Freund, wir haben einen lebendigen Heiland!*

Spitta dichtete das Lied von der Umkehr und der großen Chance des neuen Lebens:

Kehre wieder, kehre wieder,
der du dich verloren hast;
sinke reuig bittend nieder
vor dem Herrn mit deiner Last!
Wie du bist, so darfst du kommen
und wirst gnädig aufgenommen.
Sieh, der Herr kommt dir entgegen,
und sein heilig Wort verspricht
dir Vergebung, Heil und Segen.
Kehre wieder, zaudre nicht!

Kehre wieder! Neues Leben
trink in seiner Liebeshuld;
bei dem Herrn ist viel Vergeben,
große Langmut und Geduld.
Fass ein Herz zu seinem Herzen:
er hat Trost für alle Schmerzen,
er kann alle Wunden heilen,
macht von allen Flecken rein.
Darum kehre ohne Weilen
zu ihm um und bei ihm ein!

Kehre wieder, endlich kehre
in der Liebe Heimat ein,
in die Fülle aus der Leere,
in das Wesen aus dem Schein,
aus der Lüge in die Wahrheit,
aus dem Dunkel in die Klarheit,
aus dem Tode in das Leben,
aus der Welt ins Himmelreich!
Doch, was Gott dir heut will geben,
nimm auch heute – kehre gleich!

Schwierig war der Dienst an den Militärs. Bei den Offizieren war der Glaube verpönt. Man huldigte der Vernunft. Spitta hatte nur die Sorge, diesen Menschen nach dem Mund zu reden. Er betete: *Bewahre mich, dass ich niemals ein Sudelkoch werde, der die himmlische Speise übersaucet und überbrüht, um sie der Welt schmackhaft zu machen!* Wahrscheinlich waren deshalb seine Gottesdienste immer so voll.

Die Anfeindungen aber hörten nicht auf. Man nahm ihm seine Hausbibelabende übel, obwohl da nichts Geheimes passierte: *Alle Sonntagabende habe ich Gesellschaft bei unverschlossenen Türen.* Weil aber vier Unteroffiziere und ein Musiker sie besucht hatten, wurden sie aus der Armee entlassen. Die beiden *Amtsbrüder* von Hameln schrieben in einer Beschwerde an die Kirchenleitung, *der Teufel spuke auf der Kanzel, Sektenversammlungen seien im Gang und hirnverbrannte Traktate würden verbreitet.* In den *Hannoveranischen Landesblättern* erschien ein Hetzartikel gegen Spitta.

Spitta wusste, dass Kampf und Leiden um Jesu willen unvermeidbar sind. Er schuf manche Kampflieder. Dazu gehört das Pfingstlied *O komm, du Geist der Wahrheit*, wo es heißt:

Unglaub und Torheit brüsten
sich frecher jetzt als je;
darum musst du uns rüsten
mit Waffen aus der Höh.
Du musst uns Kraft verleihen,
Geduld und Glaubenstreu
und musst uns ganz befreien
von aller Menschenscheu.

Es gilt ein frei Geständnis
in dieser unsrer Zeit,
ein offenes Bekenntnis
bei allem Widerstreit,
trotz aller Feinde Toben,
trotz allem Heidentum
zu preisen und zu loben
das Evangelium.

Spitta sah die große Not der Suchtkranken und Alkoholabhängigen. Deshalb schuf er einen Hilfsverein. Weil die neu entstandenen Missionswerke dringend Unterstützung brauchten, gründete er einen Freundeskreis für die weltweite Mission. Das Weitersagen der befreienden Botschaft des Evangeliums war ihm wichtig. In einem Gebetslied um die Gabe des Geistes bittet er um die urchristliche Freude zum öffentlichen Bekenntnis zu Jesus:

Geist des Glaubens, Geist der Stärke,
des Gehorsams und der Zucht,
Schöpfer aller Gotteswerke,
Träger aller Himmelsfrucht,
Geist, der einst der heilgen Männer,
Kön'ge und Prophetenschar,
der Apostel und Bekenner
Trieb und Kraft und Zeugnis war:

Rüste du mit deinen Gaben
auch uns schwache Kinder aus,
Kraft und Glaubensmut zu haben,
Eifer für des Herren Haus;
eine Welt mit ihren Schätzen,
Menschengunst und gute Zeit,
Leib und Leben dranzusetzen
in dem großen, heilgen Streit.

Gib uns der Apostel hohen,
ungebeugten Zeugenmut,
aller Welt trotz Spott und Drohen
zu verkünden Christi Blut.
Lass die Wahrheit uns bekennen,
die uns froh und frei gemacht;
gib, dass wir's nicht lassen können,
habe du die Übermacht.

In diesen Tagen der heftigen Auseinandersetzungen heiratete Spitta im Alter von 36 Jahren Maria Magdalena Hotzen, die Tochter eines

Oberförsters. Es war eine sehr glückliche Ehe mit einem schönen Familienleben. Weil er morgens schon früh um 5 Uhr mit der Arbeit begann, nahm sich Spitta nach dem Abendessen immer viel Zeit für seine Familie, zu der sechs Söhne und zwei Töchter gehörten. Von dieser Freude spricht sein Ehe- und Familienlied:

Ich und mein Haus, wir sind bereit,
dir, Herr, die ganze Lebenszeit
mit Seel und Leib zu dienen.
Du sollst der Herr im Hause sein,
gib deinen Segen nur darein,
dass wir dir willig dienen.
Eine kleine, fromme, reine Hausgemeine
mach aus allen; dir nur soll sie wohlgefallen.

1837 wurde Spitta als Pfarrer nach Wechold bei Hoya versetzt, zehn Jahre später zum Superintendent in Wittingen berufen. Eine andere Berufung nach Barmen-Wupperfeld wie auch nach Elberfeld scheiterte. Man stieß sich dort an seiner *exklusiv lutherischen* Haltung und befürchtete Spannungen mit anderen pietistischen Gruppen. Spitta blieb aber zeitlebens ein Mann des Evangeliums und sagte nie Kirche, wo er hätte Jesus sagen müssen. 1853 ließ er sich nach Peine und schließlich 1859 nach Burgdorf versetzen. Dort starb er am 28. September 1859. Einst hatte er selbst den Gebetswunsch gedichtet: *dass ich fröhlich zieh hinüber, wie man nach der Heimat reist.*

Sein Lied von der Ewigkeit klingt bis heute weiter:

Wie wird uns sein, wenn endlich nach dem schweren,
doch nach dem letzten, ausgekämpften Streit
wir aus der Fremde in die Heimat kehren
und einziehn in das Tor der Ewigkeit;
wenn wir den letzten Staub von unsern Füßen,
den letzten Schweiß vom Angesicht gewischt
und in der Nähe sehen und begrüßen,
was oft den Mut im Pilgertal erfrischt!

Wie wird uns sein, wenn wir vom hellen Strahle
des ewgen Lichtes übergossen stehn
und – o der Wonne! dann zum ersten Male
uns frei und rein von aller Sünde sehn;
wenn wir, durch keinen Makel ausgeschlossen
und nicht zurückgescheucht von Schuld und Pein,
als Himmelsbürger, Gottes Hausgenossen,
eintreten dürfen in der Selgen Reihn!

Wie wird uns sein? O, was kein Aug gesehn,
kein Ohr gehört, kein Menschensinn empfand,
das wird uns werden, wird an uns geschehn,
wenn wir hineinziehn ins gelobte Land.
Wohlan, den steilen Pfad hinangeklommen!
Es ist der Mühe und des Schweißes wert,
dahin zu eilen und dort anzukommen,
wo mehr, als wir verstehn, der Herr beschert.

Albert Knapps Lebenskrise im Studium der Theologie

Wenn ein Pfarrer selbst zum lebendigen Glauben kommt

Für viele junge Prediger ist der erste Schritt ins Pfarramt eine schwierige Schwelle. Natürlich wollen alle vor sich selbst ehrlich bleiben. Die Gemeinde aber erwartet von ihrem Seelsorger mit Recht Zuspruch und Stärkung aus dem Evangelium. Aber wie soll dies ein Prediger weitergeben, wenn er selbst in seinem Studium nichts Gewisses gefunden hat?

Der schwäbische Vikar Albert Knapp wurde am 25. Juli 1798 in Tübingen geboren. Seit seinem zweiten Lebensjahr wohnte er mit seinen Eltern, der Vater war als Jurist Amtmann, in Alpirsbach. So wurde der Schwarzwald mit den riesigen Tannenwäldern, mit Bergen und Tälern, seine Heimat.

Die Mutter betete mit den Kindern und vermittelte auch ein Vertrauen in die göttliche Vorsehung. Mehr aber auch nicht.

Im evangelischen Stift in Tübingen hatte Albert Knapp mehr schlecht als recht Theologie studiert. Die jungen Leute waren begeistert vaterländisch und stark national. Studenten trafen sich in Burschenschaften, wobei viel getrunken wurde. Am liebsten beschäftigte sich Knapp, der mütterlicherseits mit dem großen Dichter Ludwig Uhland verwandt war, mit der großen deutschen Literatur. Die damals vorherrschende rationalistische Wissenschaft konnte ihn nicht befriedigen. Später sprach Knapp von dieser Zeit als einem *trostlosen, fürchterlichen Zwiespalt.*

Nach seinem Studium wurde Knapp im November 1820 einem schwerkranken Pfarrer in Feuerbach zugeteilt. Mit Angst und Zittern nahm er seinen Dienst auf. Er spürte selbst, dass sein Predigen für die Gemeinde nichts hergab. Ihn bedrückte, wie er berichtet, die *ungeheure Leere* in seinem Innern: *denn wenn ein Mensch keinen lebendigen Gott erkennt und keinen Heiland hat, was hat er dann? Die Gemeinde wartete aber auf seine Predigt.* Albert Knapp fühlte sich als *jämmerlicher Strohmann* auf der Kanzel.

Schon einige Monate vorher hatte Knapp in Tübingen seinen ehemaligen Mitstudenten Ludwig Hofacker besucht, der nach einem Unfall schwer angeschlagen war. Um ihn aufzurichten, brachte er ihm eine Lobrede des Dichters Jean Paul auf den Literaten und Philosophen Johann Gottfried Herder mit. Hofacker meinte dazu: *Das wäre alles ganz nett, wenn nicht der so gerühmte Herder auch bloß ein armer Sünder gewesen wäre.*

Von Feuerbach aus konnte Knapp wieder den gleichaltrigen Ludwig Hofacker besuchen, der jetzt schwach und krank bei seinen Eltern in der Stuttgarter Innenstadt lebte. Hofacker merkte schnell, was seinem Freund Knapp fehlte und schickte ihm wenig später mit einem Brief das Buch des katholischen Erweckungspredigers Martin Boos *Christus unsere Gerechtigkeit und Heiligung.* Diese Schrift eines Mannes, der selbst erst unter schweren Kämpfen das Evangelium entdeckt hatte, führte Knapp aus dem *finsteren Labyrinth* seines Zustands heraus. Tief bewegt betete er zum ersten Mal in seinem Leben Jesus, seinen König und Heiland an.

Oft hat Albert Knapp noch seinen Freund Ludwig Hofacker besucht. Dieser durfte leider nur ein halbes Jahr an der Leonhardskirche wirken. Seine ins Gewissen zielende Predigt hatte riesigen Zulauf. Die klare biblische Botschaft des kranken jungen Mannes zog die Stuttgarter in ungeahnter Weise an. Die Kirchenleitung sah das nicht gern und versetzte ihn deshalb rasch ins abgelegene Rielingshausen bei Marbach am Neckar, wo er schon 1828 im Alter von 30 Jahren starb.

Hofacker stellte damals in ganz einmaliger Weise die wichtigen biblischen Aussagen über Jesus Christus in seinen Predigten heraus. Knapp war davon tief angesprochen. Damals war er noch ganz verkrampft im Streben nach selbst gemachter Erneuerung. Er wollte mit unendlichen und verzweifelten Gebeten ganz besondere Gefühlserlebnisse des Heils erzwingen. Dafür nahm er manche selbst erzeugten Qualen auf sich und sah schon in jedem heiteren Wort oder unbedachten Blick eine Sünde. Er sagte von dieser Zeit später, er *habe seine Hörner am Berg Sinai fürchterlich abgelaufen.* Nun aber, unter dem Eindruck der Predigten Hofackers, schrieb er 1823, als Vikar in dem Dorf Gaisburg – heute ein Stadtteil Stuttgarts – , das weit verbreitete Lied vom gekreuzigten Jesus. Ein befreundeter Schlossergeselle hatte ihn um ein Lied für die Tochter seines Chefs zur Konfirmation gebeten.

Eines wünsch ich mir vor allem andern,
eine Speise früh und spät;
selig lässt's im Tränental sich wandern,
wenn dies Eine mit uns geht:
Unverrückt auf einen Mann zu schauen,
der mit blutgem Schweiß und Todesgrauen
auf sein Antlitz niedersank
und den Kelch des Vaters trank.

Ewig soll er mir vor Augen stehen,
wie er als ein stilles Lamm
dort so blutig und so bleich zu sehen,
hängend an des Kreuzes Stamm;
wie er dürstend rang um meine Seele,
dass sie ihm zu seinem Lohn nicht fehle,
und dann auch an mich gedacht,
als er rief: *Es ist vollbracht!*

Ja, mein Jesu, lass mich nie vergessen
meine Schuld und deine Huld!
Als ich in der Finsternis gesessen,
trugest du mit mir Geduld;
hattest längst nach deinem Schaf getrachtet,
eh es auf des Hirten Ruf geachtet,
und mit teurem Lösegeld
mich erkauft von dieser Welt.

Ich bin dein, sprich du darauf ein Amen;
treuster Jesu, du bist mein!
Drücke deinen süßen Jesusnamen
brennend in mein Herz hinein.
Mit dir alles tun und alles lassen,
in dir leben und in dir erblassen:
Das sei bis zur letzten Stund
unser Wandel, unser Bund.

In seinem Tagebuch schrieb er von diesem Aufblick zu Jesus, der ihn von allen gesetzlichen Kämpfen befreite: *Ich besuchte den guten Ludwig Hofacker. Er redete mit mir vom Glauben ans Wort auch ohne Gefühl als vom sichersten Weg.*

Mit Begeisterung verfolgte Albert Knapp jetzt auch die eben erwachende große Missionsbewegung in Württemberg. Als Vikar reichte das Geld nicht für die Reise nach Basel. So sandte er sein Lied zum großen Jahresfest der Basler Mission 1823 mit der Post in die Schweiz. Es war das Lied *Der du zum Heil erschienen:*

Drum kann nicht Ruhe werden,
bis deine Liebe siegt,
bis dieser Kreis der Erden
zu deinen Füßen liegt,
bis du im neuen Leben
die ausgesöhnte Welt
dem, der sie dir gegeben,
vors Angesicht gestellt.

So sprich dein göttlich Werde!
Lass deinen Odem wehn,
dass auf der finstern Erde
die Toten auferstehn;
dass, wo man Götzen frönet
und vor den Teufeln kniet,
ein willig Volk versöhnet
zu deinem Tempel zieht.

Wir rufen, du willst hören;
wir fassen, was du sprichst.
Dein Wort muss sich bewähren,
womit du Fesseln brichst.
Wie viele sind zerbrochen!
Wie viele sind's noch nicht!
O du, der's uns versprochen,
werd aller Heiden Licht!

Über Sulz am Neckar, Kirchheim unter Teck, Hospital- und Stiftskirche in Stuttgart kam Albert Knapp schließlich 1836 an die Leonhardskirche, wo einst sein Freund Ludwig Hofacker so eindrücklich gepredigt hatte. Obwohl Knapp auch in Verwaltungsfragen erstaunlich kundig und erfahren war, wollte er doch kein *Komiteemann* sein. Er hatte die weise Einsicht gewonnen, dass aus *dem Unmaß konferenzlicher Debatten und Beschlussnahmen kein entsprechendes Resultat herauskäme*. Je älter er wurde, umso mehr konzentrierte er sich auf den Kern seines Amtes. Die Mitte wurde ihm immer wichtiger, nämlich das Kreuz Jesu: *Nichts in der Welt verträgt weniger unseren armseligen Redeschmuck als das Kreuz des Sohnes Gottes.*

Wieder für ein Missionsfest der Basler Mission schrieb er das Lied *Einer ist's, an dem wir hangen:*

Nicht wir haben dich erwählet,
du selbst hast unsre Zahl gezählet
nach deinem ewgen Gnadenrat;
unsre Kraft ist schwach und nichtig,
und keiner ist zum Werke tüchtig,
der nicht von dir die Stärke hat.
Drum brich den eignen Sinn;
denn Armut ist Gewinn
für den Himmel;
wer in sich schwach, folgt, Herr, dir nach
und trägt mit Ehren deine Schmach.

Sieh auf deine Millionen,
die noch im Todesschatten wohnen,
von deinem Himmelreiche fern.
Seit Jahrtausenden ist ihnen
kein Evangelium erschienen,
kein gnadenreicher Morgenstern.
Glanz der Gerechtigkeit,
geh auf, denn es ist Zeit!
Komm, Herr Jesu,

zieh uns voran und mach uns Bahn,
gib deine Türen aufgetan.

Heiland, deine größten Dinge
beginnest du still und geringe.
Was sind wir Armen, Herr, vor dir?
Aber du wirst für uns streiten
und uns mit deinen Augen leiten;
auf deine Kraft vertrauen wir.
Dein Senfkorn, arm und klein,
wächst ohne großen Schein
doch zum Baume,
weil du, Herr Christ, sein Hüter bist,
dem es von Gott vertrauet ist.

Insgesamt 1200 Lieder hat er verfasst. Viele ältere Lieder hat er bearbeitet und dadurch verbessert und verständlicher gemacht. In *Knapps Liederschatz*, einer von ihm 1837 erstmals mit 10 000 Exemplaren gedruckten Sammlung, sind 3590 Lieder aufgenommen, die er aus insgesamt 80 000 unermüdlich zusammengetragenen Liedern auswählte. Waschkörbeweise mussten die Blätter dafür gesichtet werden.

Viele haben ihm übel genommen, dass er ältere Choräle stilistisch und dichterisch dem sprachlichen Verständnis der Zeit anpasste. Mag dieses Verfahren von der künstlerischen Seite her unerlaubt sein, so hat Knapp doch viele Lieder älterer Zeit dadurch erhalten und singbar gemacht. Als Beispiel mag das Morgenlied *Wach auf, mein Herz, und singe* von Paul Gerhardt dienen, wo Knapp Worte wie *Heint; hat Satan mein begehret; Mein Kind, nun liege, trotz dem der dich betrüge; und Weihrauch und Widder* so umdichtete:

Heut, als die dunklen Schatten / mich ganz umgeben hatten,
bedecktest du mich Armen / mit göttlichem Erbarmen.

Du sprachst: Mein Kind, nun schlafe, ich hüte deine Schafe;
schlaf wohl, lass dir nicht grauen, du sollst die Sonne schauen.

Du willst ein Opfer haben, hier bring ich meine Gaben:
In Demut fall ich nieder und bring Gebet und Lieder.

Knapp spielte meisterhaft Klavier, am liebsten Beethoven, und komponierte auch selbst. In seinem Haus verkehrten bekannte Leute, weil er auch das literarische Jahrbuch *Christoterpe* herausgab. Schubart und Schelling, Ernst Moritz Arndt und Wichern, ja auch der vom Weltschmerz angerührte ungarische Dichter Nikolaus Lenau standen mit Knapp in Verbindung. Nach seinem letzten Besuch bei Knapp schrieb Lenau: *Zu Albert Knapp gehe ich nicht wieder. Er war liebevoll, aber er hat einen Frieden, den ich nicht habe, und das ertrage ich nicht.* Wenig später wurde Lenau geisteskrank.

Albert Knapp musste aber auch schweres Leid ertragen. Seine Frau, die Generalstochter Christiane geb. von Beulwitz, die er im April 1828 heiratete, war viel krank. Nach der Geburt ihres einzigen Kindes, einer Tochter, gesundete sie nicht mehr und starb nach siebenjähriger Ehe in der großen Gewissheit: *Das Blut Jesu Christi ist mein fester, einziger Lebensgrund, und durch seinen Geist weiß ich, dass ich ein Kind Gottes bin. Nun darf ich zum Heiland!*

Auch seine zweite Frau und drei seiner Kinder musste Knapp beerdigen. Am schwersten traf ihn der Tod seines Sohnes Paul Stephan, der eben sein theologisches Studium begonnen hatte.

Die Trauer machte ihn krank und raubte ihm die Kraft. Die Erblindung seines rechten Auges behinderte ihn schwer und an einem Bronchialkatarrh wäre er fast erstickt.

Einst als junger Pfarrer in Sulz am Neckar hatte er das Lied gedichtet:

Dass ich dein auf ewig sei,
sei die größte meiner Sorgen,
dass ich einst verklärt und frei
steh am Auferstehungsmorgen:
diese Bitte, dieser Sinn
nehme mich, o Jesu, hin.

Alle Lebensfreudigkeit
ruhet nur in einer Frage:
ob ich dich in Freud und Leid
glaubensvoll im Herzen trage.
Hör ich hier des Geistes Ja,
dann ist volle Gnüge da.

Alle Sterbensfreudigkeit
ruhet nur in einer Frage:
ob du mich im Ehrenkleid
finden wirst an jenem Tage.
Hör ich hier des Geistes Nein,
dann ist alles lauter Pein.

Lass, o Herr, durch deinen Geist
mir die Antwort niemals fehlen,
dass, wie es dein Wort verheißt,
er im Grunde meiner Seelen
mir bezeuge klar und treu,
dass ich dein auf ewig sei.

Am Ende seines Lebens sagte er: *Mein Leben liegt hinter mir wie eine zerbrochene Scherbe.* Dann erinnerte er an das Glaubensbekenntnis von Jesus Christus und bekräftigte, dass er es auch jetzt in der vom Rationalismus geprägten Zeit aus der Tiefe seines Herzens ganz unterschreibe, *denn ich bin ein verlorener Mensch, der Erlösung bedürftig.*

Seine Freude war, dass Jesus Christus mit seinen Plänen des Heils in aller Welt zum Ziel kommen wird. Darum hatte er einst dem Missionslied von Karl Heinrich von Bogatzky *Wach auf, du Geist der ersten Zeugen* noch die Strophe hinzugefügt:

Du wirst dein herrlich Werk vollenden,
der du der Welten Heil und Richter bist;
du wirst der Menschheit Jammer wenden,
so dunkel jetzt dein Weg, o Heilger, ist.
Drum hört der Glaub nie auf, zu dir zu flehn;
du tust doch über Bitten und Verstehn.

Am 10. Juni 1864 verstarb Albert Knapp nach mehrjähriger Krankheit und Schwäche im Alter von 65 Jahren. Auf seinem Grabstein steht das Wort: *Ich ruhe aus in Christi Blut.*

Zu dem Lied *Der Herr ist gut* hatte er noch die Strophe gedichtet:

Der Herr ist gut und bleibt es bis zum Tod.
Wir sollen ihm in seinen Armen sterben;
er will uns führen aus der letzten Not
und alles, was er hat, uns lassen erben
und Ruhe geben, wie er selber ruht.
Der Herr ist gut.

Karl Bernhard Garve – als Lehrer gescheitert

Geborgen in den Armen Jesu

Mit 21 Jahren wurde Karl Bernhard Garve als Lehrer an das Theologische Seminar der Herrnhuter Brüdergemeine in Barby berufen. Der begabte und geistreiche junge Mann hatte eben seine Ausbildung im Seminar von Niesky abgeschlossen und wurde unmittelbar danach schon mit Lehraufgaben betraut. Er unterrichtete auch sehr gerne, besonders in historischen und philosophischen Fächern.

Schmerzlich und verletzend wurde es für Garve, als man ihn im Alter von 34 Jahren als Lehrer absetzte. Man kritisierte ihn offen und machte ihn für die Zustände unter den jungen Schülern verantwortlich. Diese jungen Leute waren an allem interessiert, nur nicht an einem späteren Dienst in der Herrnhuter Brüdergemeine. Garve muss dieses Misstrauen, dass er daran schuld sei, tief getroffen haben.

Frieden fand Garve nur im Schauen auf den gekreuzigten Jesus. Im Erkennen der Liebe Jesu schuf er das Lied der Nächsten- und Feindesliebe: *Liebe, du ans Kreuz für uns erhöhte Liebe.* Dort heißt es:

Du Versöhner, mach auch uns versöhnlich.
Dulder, mach uns dir im Dulden ähnlich,
dass Wort und Taten
wahren Dank für deine Huld verraten.

Lehr uns auch der Feinde Bestes suchen;
lehr uns segnen, die uns schmähn und fluchen,
mit deiner Milde.
O gestalt uns dir zum Ebenbilde.

Als Ersatz bot man Garve einen stillen Posten als Bibliothekar an der Universität von Zeist in Holland an. Als Dozent jedenfalls wollte man ihn nicht mehr einsetzen, obwohl ihm das doch besondere Freude machte.

Weil Garve aber lieber mit Menschen arbeiten wollte, als nur mit Büchern, ließ er sich schon bald als Diakon der Brüderkirche ordinieren. 1800 finden wir ihn als Prediger in Amsterdam, bald darauf als Inspektor der Erziehungsanstalt von Ebersdorf. Über die Gemeinde in Norden kam er nach Berlin, wo er einen weiten Wirkungskreis in der dortigen Brüdergemeine fand.

Durch die napoleonischen Kriege gab es damals viele verarmte Leute, Kranke und auch verwundete Soldaten. Garve baute für sie eine Anzahl von diakonischen Hilfsdiensten auf.

Sein letztes Gemeindepfarramt war in Neusalz an der Oder. Hier wirkte er 20 Jahre lang. Seine körperlichen Beschwerden und Schmerzen wurden im Alter immer schlimmer.

Tief mitgenommen hat ihn auch der frühe Tod seiner ersten Frau nach nur fünf Ehejahren. Als er wieder heiratete, war auch diese

Frau sehr viel krank. In einem alten Bericht heißt es: Seine Ehe wurde *zu einer besonderen Erziehungsanstalt fürs Himmelreich, in der sein Glaube hart und lang geprüft wurde, aber auch um so gründlicher geläutert.*

Durch wie viel tiefe Kämpfe und Anfechtungen er in seinem Leben ging, davon spricht am besten das wahrscheinlich bekannteste und beliebteste Lied von ihm:

Stark ist meines Jesu Hand,
und er wird mich ewig fassen,
hat zuviel an mich gewandt,
um mich wieder loszulassen.
Mein Erbarmer lässt mich nicht;
das ist meine Zuversicht.

Sieht mein Kleinmut auch Gefahr,
fürcht ich auch zu unterliegen,
Christus reicht die Hand mir dar,
Christus hilft der Ohnmacht siegen.
Dass mich Gottes Held verficht,
das ist meine Zuversicht.

Wenn der Kläger mich verklagt,
Christus hat mich schon vertreten;
wenn er mich zu sichten wagt,
Christus hat für mich gebeten.
Dass mein Bürge für mich spricht,
das ist meine Zuversicht.

Würd es Nacht vor meinem Schritt,
dass ich keinen Ausgang wüsste
und mit ungewissem Tritt
ohne Licht verzagen müsste,
Christus ist mein Stab und Licht;
das ist meine Zuversicht.

Seiner Hand entreißt mich nichts!
Wer will diesen Trost mir rauben?
Mein Erbarmer selbst verspricht's;
sollt ich seinem Wort nicht glauben?
Jesus lässt mich ewig nicht,
das ist meine Zuversicht.

Trotz dieser anhaltenden Belastungen setzte sich Garve erst im Alter von 73 Jahren nach fünfzigjährigem Dienst in der Brüdergemeine zur Ruhe.

Der bedeutende Theologieprofessor und Philosoph Friedrich Schleiermacher war von den 300 Liedern, die Garve dichtete, ungewöhnlich tief angesprochen. Allein 36 nahm er in das 1829 entstandene Berliner Gesangbuch auf.

Das mitreißende Missionslied wird heute noch gerne in Gemeinschaftskreisen gesungen:

Reich des Herrn, Reich des Herrn,
brich hervor in vollem Tag!
Deiner Strahlen Macht erhelle,
was in Todesschatten lag.
Wolk und Zweifelsnebel fälle;
sende Licht und Wärme nah und fern,
Reich des Herrn, Reich des Herrn!

Welch ein Herr, welch ein Herr!
Ihm zu dienen, welch ein Stand!
Wenn wir seines Dienstes pflegen,
lohnt er unsrer schwachen Hand
armes Werk mit reichem Segen.
Wallen wir, so wallt sein Friede mit
Schritt für Schritt, Schritt für Schritt.

Bekannt bis heute ist auch das Lied *Dein Wort, o Herr, ist milder Tau,* in dem Garve die wirksame Kraft des Wortes Gottes besingt:

Dein Wort ist, Herr, ein Flammenschwert,
ein Keil, der Felsen spaltet,
ein Feuer, das im Herzen zehrt
und Mark und Bein durchschaltet.
O lass dein Wort noch fort und fort
der Sünde Macht zerscheitern
und alle Herzen läutern!

Ich suchte Trost und fand ihn nicht;
da ward das Wort der Gnade
mein Labsal, meine Zuversicht,
die Fackel meiner Pfade.
Sie zeigte mir den Weg zu dir
und leuchtet meinen Schritten
bis zu den ewgen Hütten.

Auf immer gilt dein Segensbund,
dein Wort ist Ja und Amen.
Nie weich es uns aus Geist und Mund
und nie von unserm Samen.
Lass immerfort dein helles Wort
in allen Lebenszeiten
uns trösten, warnen, leiten!

So sende bald von Ort zu Ort
den Durst nach deinen Lehren,
den Hunger aus, dein Lebenswort
und deinen Geist zu hören;
und send ein Heer von Meer zu Meer,
der Herzen Durst zu stillen
und dir dein Reich zu füllen.

Noch fünf Jahre lebte Garve still zurückgezogen in Herrnhut. Oft wurde er von schweren Anfechtungen geplagt, bis ihn Gott 1841 im Alter von 78 Jahren heimrief.

Sein Lied klingt bis heute fort:

Ach sei mit deiner Gnade
bei uns, Herr Jesu Christ,
auf dass uns nimmer schade
des bösen Feindes List.

Ach sei mit deiner Liebe,
Gott Vater, um uns her.
Wenn diese uns nicht bliebe,
fiel uns die Welt zu schwer.

Ach Heilger Geist, behalte
Gemeinschaft allezeit
mit unserm Geist und walte
du bis in Ewigkeit.

Das gar nicht fröhliche Leben des Johannes Daniel Falk

Durch Gottes Härte barmherzig geworden

Man schrieb das Jahr 1813. Es war eine schlimme Zeit. Die französischen Truppen Napoleons und ihre Verbündeten hatten Weimar besetzt. In Nachbarorten hausten spanische Truppen wie die Barbaren. Häuser wurden angezündet, Vieh geraubt und geschlachtet, der Hausrat geplündert. Die brutale Besatzung durch fremde Truppen brachte unvorstellbares Leid über die Bevölkerung.

Zu allem brach auch noch die Pest aus. Im Haus des Legationsrates Johannes Daniel Falk erkrankten alle sechs Kinder. Zuerst starb der einjährige Roderich, dann die zwei Monate alte Cäcilie. Wenig später war die sechsjährige Eugenie tot, zwei Wochen darauf auch der dreijährige Guido. Der kranke Vater lag wochenlang im Bett.

In dieser furchtbaren Verzweiflung und Trauer kam es zu einer durchgreifenden Wende im Leben Johannes Falks. Nachdem er sein Theologiestudium abgebrochen hatte, war er viele Jahre ein gefeierter Dichter und Literat in Weimar gewesen, ein Freund der berühmten Geistesgrößen Goethe, Wieland und Herder. Am liebsten dichtete er ironische und satirische Spottverse. Mehrere Bücher füllte er damit.

Unter dem Eindruck dieser erschütternden Erlebnisse schrieb er: *Erst als ich merkte, wie hart Gott gegen mich sein musste, da bin ich barmherzig geworden.* Der Mann der spöttischen Satire wurde zum feinfühlenden Helfer in der Not.

Jetzt kamen bei Johannes Falk auch alte Erinnerungen aus seiner Heimat Danzig wieder hoch. Seine Mutter war eine gläubige Frau und treue Beterin gewesen. Er aber hatte später mit dem christlichen Glauben ganz gebrochen.

In Danzig war Johannes Falk 1768 im Haus eines Perückenmachers geboren worden. Die Familie mit sieben Kindern war arm. So musste der Vater den jungen Johannes schon mit zehn Jahren von der Schule nehmen. Die Stadtväter von Danzig aber boten dem begabten Jungen den kostenlosen Besuch der Lateinschule an und finanzierten ihm auch später das Universitätsstudium.

Als Johannes Falk 1791 das Stipendium übergeben wurde, schärften ihm die Stadtväter ein: *Geh mit Gott! Du bleibst unser Schuldner. Zahlen musst du diese Schuld. Wir haben dich als Kind mit Liebe gepflegt. Wenn ein armes Kind an deine Tür klopft, vergiss nie, wie arm du selbst warst!*

Und jetzt in dem schlimmen Elend des napoleonischen Krieges irrten Tausende von Waisenkindern unversorgt und hilflos, bettelnd und stehlend durchs Land. Johannes Falk, tief getroffen vom schweren Verlust seiner Kinder, kamen die Mahnungen von damals wieder in Erinnerung. Da standen wirklich zerlumpte Kinder an seiner Tür. Jetzt nahm er sie bei sich auf.

Johannes Falk gründete den Verein der *Freunde in der Not.*

Bald mietete er ein leerstehendes Haus an. Seine Schriftstellerei war ihm plötzlich nicht mehr wichtig.

Er nahm die hungernden und herumstreunenden Kinder nicht nur auf, sondern fand bei diesen Kindern auch seine pädagogische Lebensaufgabe. Der hilflose Staat sperrte damals, weil er sich nicht anders zu wehren wusste, die streunenden Kinder einfach ein. Falk aber setzte auf Erziehung statt auf Strafe und begeisterte die Kinder mit Spielen, Liedern und seinen meisterhaften Erzählungen. Daneben baute er für seine Kinder eine eigene Schule auf und bemühte sich um Ausbildungsplätze für Lehrlinge in handwerklichen Berufen. Die damals unglaublich große Zahl von über 100 Kindern wurde versorgt. So hat Johannes Falk mehr als 500 Kinder für ihr ganzes Leben entscheidend geprägt.

Rückschläge blieben aber nicht aus. Das gemietete Haus musste zurückgegeben werden, weil ein rücksichtsloser Makler das Grundstück aufgekauft und gekündigt hatte. Noch acht Tage vor dem Kündigungstermin wussten Falk und seine Kinder nicht, wohin sie ziehen sollten. Schließlich bot man ihnen ein uraltes, ziemlich verfallenes Haus in der Luthergasse an. Obwohl Falk bis zum Schluss äußerte, *nicht tot wünsche ich mich in dieses Haus,* gab es keinen anderen Ausweg für ihn.

Schließlich nahm Falk es als Gottes Fügung an. Er gab dem neuen Heim den Namen *Lutherhof* und renovierte in jahrelanger Arbeit mit seinen Jugendlichen und anderen Helfern das halb verfallene Haus, das eigentlich unbewohnbar war. Da der Platz nicht ausreichte, entschloss er sich noch zu einem Neubau. Jetzt war in diesem Rettungshaus Platz für 200 Kinder geschaffen – gleichzeitig als Modell für andere pädagogische Anstalten.

Falk erkannte, wie wichtig es neben einer soliden Berufsausbildung ist, diese Kinder in einem lebendigen und tätigen Glauben zu Jesus Christus hin zu erziehen. *Kinder von Räubern und Mördern singen Psalmen und beten,* schrieb Falk. *Knaben verfertigen Schlösser aus dem schmählichen Eisen, das für ihre Hände und Füße bestimmt war, und bauen Häuser, die sie früher nur aufzubrechen verstanden. Ja, es ist wahrlich so, wo Ketten und Fußblöcke, wo Peitsche und Gefängnis nichts vermögen, trägt die Liebe den Sieg davon.*

Mittwochs und samstags gab es an den Nachmittagen die unvergesslichen Jugendstunden. Falk konnte meisterhaft erzählen. Er verarbeitete dazu Erinnerungen aus seiner Jugend an der Ostsee. Er erzählte von untergehenden Schiffen, Blitzen und tosenden Wellen und wie Gott betende Leute im Boot mitten im Sturm vor dem Untergang bewahrte. Die Kinder trugen ihre freiwillig auswendig gelernten Bibelworte vor. Dann wurden mitreißende Lieder gesungen, die Falk selbst für die Kinder gedichtet hatte. Wie sprechend ist das Bild der Männer im Seesturm:

Wie mit grimmgem Unverstand
Wellen sich bewegen!
Nirgends Rettung, nirgends Land
vor des Sturmes Schlägen!
Einer ist's, der in der Nacht,
einer ist's, der uns bewacht.
Christ Kyrie, du wandelst auf der See!

Wie vor unserm Angesicht
Mond und Sterne schwinden!
Wenn des Schiffleins Ruder bricht,
wo dann Rettung finden?
Keine Hilf als bei dem Herrn,
er ist uns der Morgenstern.
Christ Kyrie, erschein uns auf der See!

Nach dem Sturme fahren wir
sicher durch die Wellen,
lassen, großer Schöpfer, dir
unser Lob erschallen.
Lobet ihn mit Herz und Mund,
lobet ihn zu jeder Stund!
Christ Kyrie, ja, dir gehorcht die See!

Einst in meiner letzten Not
lass mich nicht versinken;

soll ich von dem bittern Tod
Well auf Welle trinken,
reiche mir dann liebentbrannt,
Herr, Herr, deine Glaubenshand.
Christ Kyrie, komm zu uns auf die See!

Das Leid lag weiter schwer über der Familie Falk. 1819 starb der 17-jährige hoffnungsvolle Sohn Eduard an Hirnhautentzündung, als er eben sein Studium an der Universität beginnen wollte. Im Tagebuch schrieb Falk: *Den folgenden Tag kamen noch vier Kinder mit einem Empfehlungsschreiben ihres Pastors. Mein Sohn Eduard stand noch auf der Bahre. Wir haben sie nicht abgewiesen. Der Name des Herrn sei hochgelobt!*

Bald nach dem Einzug im Lutherhof starb die sechsjährige Angelika, sein Sonnenschein.

Ich habe den Herrn Jesus erst recht unter dem Kreuz erkannt, schrieb Johannes Falk einmal. *So geben meine Lieder einen anderen Klang als früher. Und ich freue mich, dass ich auch den Ton treffe, der den Kindern an das Herz geht. Ich freue mich an der Geschwindigkeit, mit der sie meine Lieder lernen.*

Der Höhepunkt der Feste war der Weihnachtsabend. Aus den Werkstätten und Häusern kamen die Kinder durch den Schnee in den Saal, in dem drei Christbäume geschmückt waren. Auf der langen Tafel waren viele Geschenke.

Falk legte Wert darauf, dass nicht nur reiche Bürger der Stadt die Kinder beschenkten, sondern die Kinder selbst einander erfreuten. *Geben ist seliger als nehmen!* Nach diesem Bibelwort handelten die Kinder. Schon Monate vor Weihnachten dachten sie sich Überraschungen aus. Da wurde heimlich gewebt und gestrickt, gebastelt und gedrechselt.

Falk erzählte einmal: *Nimmer hätte ich's geglaubt, dass mir mein Gott die Gabe der volkstümlichen, kindlichen Rede verliehen hätte. Ich danke ihm dafür von Herzen. Sie ist mir so wert, wie dem Schreiner der Hobel und dem Jäger das Gewehr. Mir gehen die Augen über, wenn nun die Kinder mit ihren glückselig strahlenden Augen das Lied anstimmen, das ich für sie gedichtet habe.*

An Weihnachten 1816 war Johannes Falk krank. Für das Fest mit seinen Kindern hatte er nur die eine Strophe gedichtet: *O du selige, o du fröhliche, freudenbringende Weihnachtszeit.* Dazu kamen zwei weitere Verse für die großen christlichen Feste.

Der Pädagoge und Begründer der Inneren Mission, Hinrich Wichern, hat für seine Arbeit mit verwahrlosten Kindern in Hamburg viele Anregungen von Johannes Falk erhalten. Dabei hat er auch dieses Lied übernommen und erstmals als dreistrophiges Weihnachtslied umgedichtet.

Später brachte Heinrich Holzschuher, der früher bei Falk in Weimar in der Erziehungsarbeit half und dann als Fürsorger in Gefängnissen und Erziehungsheimen wirkte, das Lied in die jetzige Form:

O du fröhliche, o du selige,
gnadenbringende Weihnachtszeit!
Welt ging verloren, Christ ist geboren:
Freue, freue dich, o Christenheit.

O du fröhliche, o du selige,
gnadenbringende Weihnachtszeit!
Christ ist erschienen, uns zu versühnen:
Freue, freue dich, o Christenheit!

O du fröhliche, o du selige,
gnadenbringende Weihnachtszeit!
Himmlische Heere jauchzen dir Ehre:
Freue, freue dich, o Christenheit!

Johannes Falk starb 1826 im Alter von 57 Jahren unter großen Schmerzen an einer Blutvergiftung. Unweit der Gräber Goethes und Schillers findet sich auf dem alten Friedhof von Weimar der Grabstein mit der ungewöhnlichen Inschrift, die Falk selbst verfasste:

Unter diesen grünen Linden
ist durch Christus frei von Sünden
Herr Johannes Falk zu finden…

Bei seiner Frau Karoline geb. Rosenfeld, die nach Johannes Daniel Falks Tod das Kinderheim weiterführte, heißt es:

Während Gott ihr sieben der eigenen Kinder nahm, ward sie fremden Kindern eine Mutter. Gott wird abwischen alle Tränen von ihren Augen.

Matthias Claudius –
der Literat in der Stille von Wandsbek

Wie Kinder fromm und fröhlich sein!

Zu den ganz großen deutschen Literaten gehört Matthias Claudius. Der berühmte Dichter Friedrich Gottlieb Klopstock oder der gefeierte Philosoph und Dichter Gotthold Ephraim Lessing zählten ihn zu ihren Freunden. Johann Gottfried Herder nannte Claudius gar *das größte Genie, das ich kennen gelernt habe.* Mit Hamann und Lavater verband Claudius eine enge Freundschaft. Er schrieb vielbeachtete Kritiken großer Theateraufführungen. Er wurde ein erfolgreicher Schriftsteller. Goethe war gespannt, den berühmten Mann kennen zu lernen.

Und doch stand das Leben von Matthias Claudius in einem ganz eigentümlichen Gegensatz zu jener bewunderten und glänzend aufleuchtenden Geisteswelt. Er wohnte abgeschieden in Wandsbek, dem dörflichen Vorort der Weltstadt Hamburg. Er freute sich wie wenig andere an seiner Familie, besonders an seiner Frau Rebekka, die er bewundernd ein *Bauernmädchen* nannte. Er tollte mit seinen

Kindern auf der Wiese und sang staunend vom ersten Zahn seines Säuglings. Mit dem modisch Künstlichen und Gestelzten einer aufgeklärten neuen Zeit konnte er sich nicht befreunden. *Ich bin ein Bote und nichts mehr!* So schätzte er sich selbst ein.

Er freute sich an der schönen Welt in seinem *Bauernlied*, das in einer längeren Erzählung *Paul Erdmanns Fest* vorgestellt wird:

Wir pflügen, und wir streuen
den Samen auf das Land,
doch Wachstum und Gedeihen
steht in den Himmels Hand:
der tut mit leisem Wehen
sich mild und heimlich auf
und träuft, wenn heim wir gehen,
Wuchs und Gedeihen drauf.
Alle gute Gabe kommt her von Gott, dem Herrn,
drum dankt ihm, dankt, und hofft auf ihn!

Er sendet Tau und Regen
und Sonn- und Mondenschein
und wickelt seinen Segen
gar zart und künstlich ein,
und bringt ihn dann behende
in unser Feld und Brot:
es geht durch unsre Hände,
kommt aber her von Gott.
Alle gute Gabe …

Obwohl Claudius mit seinem juristischen Studium und seinen Verwaltungskenntnissen hätte hohe Stellungen bekleiden können, lebte er ein Leben lang finanziell äußerst beengt und doch immer fröhlich und fast sorglos. So drückt er es selbst aus:

Gott gebe mir nur jeden Tag
so viel ich b'darf zum Leben;
er gibt's dem Sperling auf dem Dach;
wie sollt er's mir nicht geben!

Tat sich eine sichere Anstellung auf, dann war er es selbst, der sich nach kurzer Zeit mit seinem freien Drang gegen diese enge Bindung sträubte.

So wurde er Schriftleiter des *Wandsbeker Boten*. Allerdings dauerte diese literarische Tätigkeit mit dem viermal wöchentlich erscheinenden Blatt nur vier Jahre. Als Claudius die Schriftleitung übernahm, war die Zeitung ein übles Klatschblättchen. Nun sollte Claudius ein geistvolles Niveau hineinbringen mit Rezensionen von philosophischen und mathematischen Büchern. Wen wundert es, dass ein Jahr nach seinem Amtsantritt das Blatt nur noch 400 Bezieher hatte? Was Claudius schrieb, war nicht nach der reißerischen Mode der Zeit. So musste das Blatt 1775 endgültig eingestellt werden.

Matthias Claudius war von Haus aus Niedersachse. Er wurde als Sohn eines Pfarrers am 15. August 1740 in Rheinfeld bei Lübeck geboren. Zusammen mit seinem Bruder Josias begann er das Theologiestudium in Jena, wandte sich dann dem Jurastudium und der Kameralistik, der Verwaltung öffentlicher Haushalte, zu. Am meisten interessierte ihn die Literaturwissenschaft.

Schwer erschütterte den jungen Studenten der Tod seines Bruder Josias, der an den Blattern starb. Tief musste Claudius dann viel später auch den grausamen Schmerz beim Tod seines Sohnes Matthias empfinden: *Ich dachte lange schon, mein Glaube sei fest und stark; in der Stunde aber, in der ich meinen Matthias in den Sarg legte, da wollte Ergebung und Demut fast nicht halten. Der Glaube wurde hart geprüft. Da erst lernte ich verstehen, was es mit dem Menschenleben auf sich hat. Was vorherging, war nur ein Kinderspiel.*

Und weiter schrieb er: *Über kräftige Kirchenlieder geht nichts, es ist ein Segen darin, und sie sind in Wahrheit Flügel, darauf man sich in die Höhe heben und eine Zeitlang über dem Jammertal schweben kann … So ein ›Befiehl du deine Wege‹ zum Beispiel, das man in seiner Jugend oft und andächtig mit der Mutter gesungen hat, ist wie ein alter Freund im Haus, dem man vertraut, und bei dem man in ähnlichen Fällen Rat und Trost sucht.*

Als 1796 die 20-jährige Tochter Christine starb, litt Matthias Claudius furchtbar an dem schweren Verlust. In seinen Briefen an Andres, wie er seine literarischen Plaudereien über Gott und alle möglichen Dinge der Welt nannte, schrieb er eindeutig von seiner Hoffnung auf Jesus Christus im Sterben:

Wer nicht an Christus glauben will, der muss sehen, wie er ohne ihn raten kann. Ich und du können das nicht. Wir brauchen jemand, der uns hebe und halte, weil wir leben, und uns die Hand unter den Kopf lege, wenn wir sterben sollen; und das kann er überschwänglich, nach dem, was von ihm geschrieben steht, und wir wissen keinen, von dem wir's lieber hätten. Die Zeit wird kommen, wo sie auch uns in den Sarg legen. Lass uns tun, was wir dann gern möchten getan haben, und unser Vertrauen auf Gott setzen.

Beim Tod seines Vaters 1773 dichtete Matthias Claudius die berühmten Zeilen *Bei dem Grabe meines Vaters*:

Friede sei um diesen Grabstein her!
Sanfter Friede Gottes! Ach, sie haben
einen guten Mann begraben,
und mir war er mehr;
träufte mir von Segen, dieser Mann,
wie ein milder Stern aus bessern Welten!
Und ich kann's ihm nicht vergelten,
was er mir getan.
Er entschlief; sie gruben ihn hier ein.
Leiser, süßer Trost, von Gott gegeben,
und ein Ahnen von dem ewgen Leben
düft' um sein Gebein!
Bis ihn Jesus Christus, groß und hehr!
freundlich wird erwecken – ach, sie haben
einen guten Mann begraben,
und mir war er mehr.

Viele meinten es gut mit Matthias Claudius und wollten ihm freundschaftlich helfen. So auch, als ihm die ehrenvolle Stellung als Oberlandkommissarius in Darmstadt angetragen wurde. Nach kurzer Zeit ödete ihn die Atmosphäre der Amtsstuben an.

So wechselte er und schrieb seine Beiträge für eine hessische Landzeitung. Aber auch diese Arbeit empfand er als einen *Frondienst.*

Als seine Vorgesetzten ihn zurechtwiesen, litt er unsagbar darunter und kündigte.

Aber konnte Claudius nach so kurzer Zeit wieder als ein Gescheiterter vor seinen Freunden in Hamburg erscheinen? Wer bezahlte die Kosten der Heimfahrt? Claudius erkrankte schwer. Durch die seelischen Demütigungen stand er am Rand des Todes.

Matthias Claudius dankte Gott, wie er ganz knapp dem Tod entrinnen konnte: *Wie sollt ich Gott nicht loben?* Im Vertrauen auf Gott fand er wieder Ruhe. Er bekam eine Stelle als Revisor der Holsteinischen Bank. Daneben blieb viel Zeit für seine Schriftstellerei. Unter dem Namen des *Wandsbeker Boten* schrieb er seine Gedanken nieder. So kehrte er in sein kleines Häuschen nach Wandsbek zurück, das für viele Freunde gastfrei offen stand, und versorgte seine sechsköpfige Familie.

Hier entstand sein schönstes Lied:

Der Mond ist aufgegangen,
die goldnen Sternlein prangen
am Himmel hell und klar.
Der Wald steht schwarz und schweiget,
und aus den Wiesen steiget
der weiße Nebel wunderbar.

Wie ist die Welt so stille
und in der Dämmrung Hülle
so traulich und so hold
als eine stille Kammer,
wo ihr des Tages Jammer
verschlafen und vergessen sollt.

Seht ihr den Mond dort stehen?
Er ist nur halb zu sehen,
und ist doch rund und schön.
So sind wohl manche Sachen,
die wir getrost belachen,
weil unsre Augen sie nicht sehn.

Wir stolzen Menschenkinder
sind eitel arme Sünder
und wissen gar nicht viel.
Wir spinnen Luftgespinste
und suchen viele Künste
und kommen weiter von dem Ziel.

Gott, lass uns dein Heil schauen,
auf nichts Vergänglichs trauen,
nicht Eitelkeit uns freun;
lass uns einfältig werden
und vor dir hier auf Erden
wie Kinder fromm und fröhlich sein.

Wollst endlich sonder Grämen
aus dieser Welt uns nehmen
durch einen sanften Tod;
und wenn du uns genommen,
lass uns in Himmel kommen,
du unser Herr und unser Gott.

So legt euch denn, ihr Brüder,
in Gottes Namen nieder;
kalt ist der Abendhauch.
Verschon uns, Gott, mit Strafen
und lass uns ruhig schlafen.
Und unsern kranken Nachbarn auch!

Schon zu Lebzeiten von Claudius wurde dieses Abendlied in das Glaucha-Hallesche Gesangbuch übernommen. Leider aber hat das damals sich so fortschrittlich und aufgeklärt wähnende Geschlecht die Tiefe der Aussagen von Claudius nicht verstehen können. So wurde der eindrückliche Satz *sind eitel arme* Sünder verfälscht in das nichtssagende *wir fehlen mehr und minder.* Dabei hatte Claudius genau diese arroganten Zeitgenossen mit seinem Wort zur Besinnung bringen wollen.

Ob es vielleicht mehr als eine Vernunft gibt? Ich kann in die heutige mich nicht hineinfinden. Sie nennen Dinge vernünftig, die ich unvernünftig, und Dinge unvernünftig, die ich vernünftig finde. Da bin ich nun zwischen Tür und Angel, und weiß nicht, ob ich eine unvernünftige Vernunft oder eine vernünftige Unvernunft vorziehen soll.

So kritisch stand Claudius der neuen aufgeklärten Zeit gegenüber. Gottes Offenbarung nach der Vernunft zu meistern, erinnerte ihn an Leute, die den Lauf der Sonne nach ihrer hölzernen Wanduhr richten wollten.

Claudius war kein Freund neuer theologischer Auslegungen und hielt fest am Wort der Heiligen Schrift. So schrieb er in seinen Briefen an Andres:

Da nehmen sie alles zu Hilfe, Gelehrsamkeit und Redekunst, Altertümer und Sprachgebrauch, Angleichung und babylonische Teufel, Volkssinn und Volksunsinn, um den offenbaren Verstand und die klaren Worte der Heiligen Schrift unmündig und aus Schwarz Weiß zu machen. Und andere, die noch wohl lieber beim Weißen blieben, laufen mit, weil sie den Wert ihrer Sache nicht kennen und es ihnen an Kraft und Mut fehlt, den Verdacht der alten Einfalt und des Zurückbleibens auf sich zu laden.

Aber du bist der Meinung, es sei immer solcher Unfug gewesen; man solle schweigen und zusehen, bis auch dieser Schwindel vorübergehe und sie aus Schaden klug werden.

Der Meinung bin ich aber nicht. Schweigen ist freilich das Sicherste und Bequemste, auch die meiste Zeit das Gescheiteste; aber ich denke, in einer Sache, die alle Menschen so nahe angeht, kann man nicht zu früh und zu viel widersprechen; ich denke, in einer solchen Sache darf kein ehrlicher Mann schweigen.

In seinem *Valet an seine Leser* schrieb er: *Das Zeitliche und Sichtbare an uns selbst hat nicht Bestand und Wert, ist nur ein brechlicher Verschlag, und inwendig wohnen wir. Was unsichtbar und geistig ist, das nur ist fest und ewig, und der Art sind auch die rechten Schätze, die der Rost nicht frisst. Und die sammelt der Glaube. Aber Glaube ist in der gelehrten Welt ein unbekannt Ding.*

Immer mehr rückte Claudius deshalb schon in seinen früheren Briefen an *Vetter Andres* Jesus Christus in den Mittelpunkt. Man muss sich dabei vergegenwärtigen, dass die Gebildeten damals kaum mehr eine Bibel in die Hand nahmen. So erzählte Claudius ihnen von den herrlichen Taten Jesu aus dem Neuen Testament.

In seinem 75. Lebensjahr nahm die Lebenskraft von Matthias Claudius rasch ab. Kurz zuvor hatte er noch als mittelloser Flüchtling Hamburg verlassen müssen, als die französischen Truppen unter Napoleon in der Stadt eine Schreckensherrschaft errichteten. Jahre früher hatte er das bekannte *Motet* geschrieben, das so beginnt:

Der Mensch lebt und bestehet
nur eine kleine Zeit;
und alle Welt vergehet
mit ihrer Herrlichkeit.
Es ist nur Einer ewig und an allen Enden
und wir in seinen Händen.

Am 21. Januar 1815 ging Matthias Claudius in Hamburg friedlich heim zu seinem Herrn.

Friedrich von Hardenbergs Leben im Schatten des Todes

Die romantische Liebe eines Künstlers zu Christus

Ausgerechnet Friedrich von Hardenberg haben viele wegen seiner Lieder verdächtigt, ihm sei das Weitersagen des Evangeliums nicht wichtig gewesen. Man hat dazu einfach nur eine einzige Zeile seines Liedes bis zum Überdruss zitiert: *Lasse still die andern breite, lichte, volle Straßen wandern.* So ist ihm bis heute unter Christen der Makel eines bösen Egoisten geblieben, der nur an seinem eigenen Heil interessiert sei.

Genau das Gegenteil entspricht aber der Wahrheit. Friedrich von Hardenberg, der sich selbst nach einem seiner Familiengüter

Neubruch = Novalis nannte, hatte in besonderer Weise die Gebildeten und Künstler seiner romantischen Zeit erreicht. Seine Lieder glühender Jesusliebe waren ganz anders als die kühlen Weisen, die man früher sang. Hardenberg sprach Menschen durch sein warmes und unmittelbares Gefühl tief an. Viel wurde bei ihm lebendig, was er in seiner Kindheit in der Herrnhuter Brüdergemeine gelernt hatte.

Dass das missverständliche Zitat allein so nicht stehen gelassen werden darf, das zeigt etwa das Lied *Was wär ich ohne dich gewesen?* Dort geht Hardenberg kühn werbend und herzhaft einladend auf andere zu:

O geht hinaus auf allen Wegen
und ruft die Irrenden herein,
streckt jedem eure Hand entgegen
und ladet froh sie zu uns ein.
Der Himmel ist bei uns auf Erden,
im Glauben schauen wir ihn an;
die eines Glaubens mit uns werden,
auch denen ist er aufgetan.

Oder im Osterlied:

Ich sag es jedem, dass er lebt und auferstanden ist,
dass er in unsrer Mitte schwebt und ewig bei uns ist.

Ich sag es jedem, jeder sagt es seinen Freunden gleich,
dass bald an allen Orten tagt das neue Himmelreich.

Friedrich von Hardenberg wurde 1772 als Sohn eines adligen Landbesitzers in der Grafschaft Mansfeld geboren. Er studierte bei Friedrich Schiller Geschichte und Philosophie, begeisterte sich für alles Schöne und Gute und legte ein juristisches Examen ab.

Im Alter von 22 Jahren lernte er die damals noch keine 13 Jahre alte Sophie von Kühn kennen und verlobte sich heimlich mit ihr. In heißer Liebe verehrte er sie, auch nachdem sich ihre schwere Erkrankung eines gefährlichen Lebergeschwürs herausstellte. Zwei Tage nach ihrem 16. Geburtstag starb das geliebte Mädchen, wenig später auch ihr Bruder. Novalis war tief getroffen und erschüttert.

Jetzt vertiefte er sich umso mehr in seine Dichtung, in philosophische und naturwissenschaftliche Betrachtungen. Er war ein Universalgenie und studierte weiter. In der Salinenverwaltung, wo schon sein Vater als Direktor tätig war, bekam er als gelernter Bergbauingenieur eine Stellung.

Begeistert schrieb der Literat Friedrich Schlegel an den Theologen Friedrich Schleiermacher über Novalis: *Auch christliche Lieder hat er uns gelesen; die sind nun das Göttlichste, was er je gemacht hat. Die Poesie darin hat mit nichts Ähnlichkeit als mit dem Innigsten und Tiefsten unter Goethes früheren kleinen Gedichten.* Schon wurden Pläne eines neuen Gesangbuches mit den Liedern von Novalis entworfen. Es kam aber nicht mehr dazu.

Seine Gesundheit war schon schwach und angeschlagen. Novalis starb 1801 im Alter von 28 Jahren an Tuberkulose.

Sein wohl bekanntestes Lied:

Wenn ich ihn nur habe,
wenn er mein nur ist,
wenn mein Herz bis hin zum Grabe
seine Treue nie vergisst,
weiß ich nichts von Leide,
fühle nichts als Andacht, Lieb und Freude.

Wenn ich ihn nur habe,
lass ich alles gern;
folg an meinem Wanderstabe

treugesinnt nur meinem Herrn,
lasse still die andern,
breite, lichte, volle Straßen wandern.

Wo ich ihn nur habe,
ist mein Vaterland;
und es fällt mir jede Gabe
wie ein Erbteil in die Hand.
Längst vermisste Brüder
find ich nun in seinen Jüngern wieder.

Wenn ich ihn nur habe,
ist der Himmel mein;
ewig wird zu süßer Labe
seiner Liebe Flut mir sein,
wenn er wird in Freuden
mich auf grünen Lebensauen weiden.

Der geistreiche Prediger Johann Kaspar Lavater in Zürich

Für Leute, die ganz von Gott verlassen zu sein glauben

Eine furchtbare Katastrophe brach am 11. November 1755 über die portugiesische Hauptstadt Lissabon herein. Ein Erdbeben vernichtete in wenigen Augenblicken ein Drittel der schönen Stadt. 30 000 Menschen kamen in den Trümmern ums Leben.

Wie kein anderes Ereignis hat dieses plötzliche Erdbeben die Menschen aufgeschreckt und tief erschüttert. Wie kann Gott das zulassen? Die aufgeklärte Religion des bloßen Vernunftglaubens war angetreten, alle unheimlichen und dunklen Dinge zwischen Himmel und Erde verständlich erklären zu können. Jetzt aber konnte die Vernunft keine sinnvolle Antwort mehr geben.

Auch Johann Kaspar Lavater, damals ein 14-jähriger Junge, wurde durch dieses erschütternde Unglück aufgewühlt. Später, im Alter von 30 Jahren, veröffentlichte er als Pfarrer in Zürich unter der Überschrift *Stärkung in tiefer Dunkelheit* das Mut machende Christenlied:

Fortgekämpft und fortgerungen,
bis zum Lichte durchgedrungen
muss es, bange Seele, sein.
Durch die tiefsten Dunkelheiten
kann dich Jesus hinbegleiten;
Mut spricht er den Schwachen ein.

Bei der Hand will er dich fassen;
scheinst du gleich von ihm verlassen,
glaube nur und zweifle nicht!
Bete, kämpfe ohne Wanken;
bald wirst du voll Freude danken,
bald umgibt dich Kraft und Licht.

Weg von aller Welt die Blicke!
Schau nicht seitwärts, nicht zurücke,
nur auf Gott und Ewigkeit;
nur zu deinem Jesus wende
Aug und Herz und Sinn und Hände,
bis er himmlisch dich erfreut.

Aus des Jammers wilden Wogen
hat dich oft herausgezogen
seiner Allmacht treue Hand.
Nie zu kurz ist seine Rechte;
wo ist einer seiner Knechte,
der bei ihm nicht Rettung fand?

1771 war ein schlimmes Jahr für die Schweiz. Durch Missernten brachen Hungersnöte über das Land herein. Immer mehr Bauern verarmten. Bald sollte in Frankreich aus diesen sozialen Unruhen heraus die Französische Revolution losbrechen. Lavater schrieb zu seiner Sammlung mit 50 Liedern, die er veröffentlichte, als Vorwort: *Dies sind Lieder für Leute, die von Gott verlassen zu sein glauben und keines heiteren Gedankens, keines Trostes fähig sind.*

Bis heute findet sich in den Gesangbüchern das Lied:

Von dir, o Vater, nimmt mein Herz
Glück, Unglück, Freuden oder Schmerz,
von dir, der nichts als lieben kann,
vertrauensvoll und dankbar an.

Ist alles dunkel um mich her,
die Seele müd und freudenleer,
bist du doch meine Zuversicht,
bist in der Nacht, o Gott, mein Licht.

Verzage, Herz, verzage nie;
Gott legt die Last auf, Gott kennt sie.
Er weiß den Kummer, der dich quält,
und geben kann er, was dir fehlt.

Oft sah ich keinen Ausweg mehr;
dann weint ich laut und klagte sehr:
Wo bist du, mein Gott? Schauest du
denn meinem Elend gar nicht zu?

Dann hörtest du, o Herr, mein Flehn
und eiltest, bald mir beizustehn;
du öffnetest mein Auge mir,
ich sah mein Glück und dankte dir.

Und helfen will er, zweifle nicht.
Er hält getreu, was er verspricht:
‚Nicht lassen will ich, Seele, dich;
sei guten Mutes, glaub an mich!'

Der Andrang zu den Predigten Lavaters in Zürich, zuerst in der Waisenhauskirche, dann an der Peterskirche, war riesengroß. Unerschrocken stellte er sich gegen die aufgeklärte Vernunftmode seiner Zeit. Leidenschaftlich kämpfte er, der den Leuten nicht nach dem Mund redete, gegen ein *christusloses Christentum* und eine *vernunftlose Schwärmerei.* Ihm ging es um Jesus Christus allein, der *sein Alles und Einziges* war.

Der geistreiche und originelle Johann Kaspar Lavater war der Anziehungspunkt für die bekanntesten Kulturgrößen, Künstler, Philsophen und Ärzte seiner Zeit. Goethe nannte den Besuch in Zürich die *oberste Spitze der ganzen Reise,* auch wenn er ihn später wegen seines christlichen Glaubens als Stachel im freigeistigen Gewissen empfand. Lavater selbst verstand sich als Literat, Dichter und Philosoph, aber auch als Forscher und Entdecker. Vor allem aber wollte er evangelischer Pastor sein. Bis tief in die Nacht hinein wandte er als feinfühlender Menschenkenner viel Zeit an Seelsorge, Predigt und Hausbesuche.

Seine großen Hoffnungen auf die Französische Revolution wurden durch die blutige Realität in Paris und die überhebliche Gottlosigkeit, die die Freiheit anderer brutal zertrat, bitter enttäuscht. Jetzt schrieb Lavater das Wort eines freien Schweizers an die große Nation: *Irreligion, die Gräuel häufte, sei ein Gräuel uns!*

Ob dies der Grund war, dass Soldaten der französischen Besatzungstruppen Lavater 1799 in Zürich ermorden wollten? Wir wissen es nicht. Lavater wollte den siegreichen Truppen Frankreichs an seiner Haustür Wein bringen. Zwei Nachbarsfrauen waren zuvor von den Soldaten bedrängt worden. Ob er von denen als der Verfasser eines Aufrufs gegen die Französische Revolution erkannt wurde, wie manche meinen? Wir wissen es nicht. Jedenfalls richtete einer der Franzosen sein Gewehr auf den Pfarrer und drückte völlig unerwartet und grundlos ab.

Ein schweres Siechtum folgte, von dem sich Lavater nicht mehr erholte. Der sterbende Pfarrer verbot, den Namen des Täters zu erforschen. *Ich verzeihe ihm von Herzen; ich verdanke meinem jetzigen schweren, unsäglichen Leiden viel.* Für Lavater war jedes Leiden und jeder noch so schwere Schmerz nur ein immer neuer Ruf, in die

Fußstapfen des gekreuzigten Jesus zu treten und sich seiner Liebe zu erinnern.

Johann Kaspar Lavater, 1741 in Zürich als Arztsohn geboren, starb Anfang 1801 an den Folgen des Attentats.

Karl Friedrich Harttmann legt unter Protest sein Amt nieder

Im Schmelztiegel heftiger Leiden und Schmerzen

Eigentlich begann alles mit einer ehrenvollen Berufung, als 1774 der württembergische Herzog Karl Eugen Vikar Karl Friedrich Harttmann zum Prediger und Professor an der neu gegründeten Akademie und Militärschule auf Schloss Solitude ernannte. Die Predigten in der Schlosskapelle waren regelmäßig überfüllt. Viele Stuttgarter wanderten sonntags durch die Wälder hinaus auf die Solitude, um den jungen Prediger zu hören.

Nach kurzer Zeit wurde die später *Hohe Karlsschule* genannte aufgeklärte Bildungsstätte, hauptsächlich für Kavalierssöhne, in die Kasernen unmittelbar hinter dem Neuen Schloss in Stuttgart verlegt. Auch der Dichter Friedrich Schiller gehörte zu den Schülern Harttmanns.

Die freimütigen Predigten Harttmanns mit ihrer offenen Kritik an dem maßlos freizügigen Luxus waren aber für den absolutistisch regierenden Herzog unerträglich. Mit seiner liberal aufgeklärten Religiosität empfand der hemmungslose Fürst den biblisch gewissenhaften Harttmann immer mehr als unbequeme Last. So versetzte der diktatorisch regierende Herzog Karl Eugen Harttmann nach drei Jahren Lehrtätigkeit kurzerhand hinaus in die Provinz, in das Dorf Illingen.

Man war meiner Tätigkeit für das Reich Christi überdrüssig, schrieb Harttmann. Weil er in der Versetzung *ein Spiel menschlicher Leidenschaften* sah, ging er nur widerwillig auf den neuen Platz. *Mit meiner törichten Gereiztheit konnte ich zuerst nicht erkennen, dass diese Promotion ein Dekret aus dem oberen Kabinett Gottes war.*

Karl Friedrich Harttmann wurde 1742 als Sohn eines Forstverwalters im württembergischen Adelberg geboren. In der traditionsreichen Begabtenförderung der evangelischen Klosterschulen Blaubeuren und Bebenhausen erhielt er seine Schulbildung und dann den Freiplatz zum theologischen Studium am Tübinger Stift. Anschließend wurde er für sechs Jahre dort Studienleiter, Repetent genannt. Hier im Tübinger Stift belebte Harttmann die für Stiftsstudenten bestehende Erbauungsstunde wieder.

Schon in seiner Schulzeit in der Klosterschule von Bebenhausen entschied sich Harttmann für eine bewusste Jesusnachfolge. Er sprach später von der *herumholenden Liebe Christi*, die ihn stark bestimmt habe. Es waren sechs Schüler, die damals unabhängig voneinander zum lebendigen Glauben kamen und miteinander über der Bibel Gemeinschaft pflegten. Sie waren alle vom geistreichen Bibeltheologen Prälat Friedrich Christoph Oetinger beeinflusst, der ein Gesamtsystem der Wahrheit aller Wissenschaften suchte. Er wurde den jungen Leuten Vorbild, Lehrer und Ratgeber.

1787 starb Harttmanns Frau, die Mutter von zwei Söhnen nach sechsjähriger Ehe. Er selbst war kurz vorher wieder schwer krank. Seit Jahren plagte ihn ein blutiger Husten mit Fieber. Vor dem Sarg seiner Frau erkannte Harttmann: *Ich habe das Leiden wegbeten wollen ohne zu fragen, warum Gott es sendet, und als ob es an uns nichts zu läutern gäbe.*

Weit bekannt wurde Harttmann durch ein von ihm verfasstes Lied, das die biblischen Aussagen vom Segen des Leidens bündelt.

Albert Knapp hat das Lied durch sprachliche Veränderungen für die Gemeinde singbar gemacht. Leider ist manchen das Lied schwer zugänglich, weil uns das Bild von der Läuterung im Schmelztiegel in der ersten Strophe fremd geworden ist:

Endlich bricht der heiße Tiegel
und der Glaub empfängt sein Siegel
als im Feur bewährtes Gold,
da der Herr durch tiefe Leiden
uns hier zu den hohen Freuden
jener Welt bereiten wollt.

Das Lied entstand 1782 beim Tod eines Freundes. In biblischer Tiefe zeigt Harttmann eindrücklich, wie Gott durch das Leiden Menschen verändert und seine heilende Ordnung in dem verwirrten Inneren schaffen will:

Unter Leiden prägt der Meister
in die Herzen, in die Geister
sein allgeltend Bildnis ein.
Wie er dieses Leibes Töpfer,
will er auch des künftgen Schöpfer
auf dem Weg der Leiden sein.

Leiden sammelt unsre Sinne,
dass die Seele nicht zerrinne
in den Bildern dieser Welt,
ist wie eine Engelwache,
die im innersten Gemache
des Gemütes Ordnung hält.

Leiden macht das Wort verständlich,
Leiden macht in allem gründlich;
Leiden, wer ist deiner wert?
Hier heißt man dich eine Bürde,
droben bist du eine Würde,
die nicht jedem widerfährt.

Im Todesjahr seiner Frau wechselte Harttmann auf die Pfarrstelle nach Kornwestheim als Nachfolger des bekannten Technikers und Erfinders Philipp Matthäus Hahn, der dort schon mit einer blühenden Bibelstunde begonnen hatte. Weitere Stationen waren die Leitung des Kirchenbezirks in Blaubeuren, dann in Neuffen, wo er zusammen mit Schulmeister Kullen in Hülben die Bibelgläubigen der Gegend sammelte, und schließlich 1803 in Lauffen am Neckar.

Als treuer Seelsorger litt er schwer an dem überheblichen Unglauben, der sich immer stärker ausbreitete. Auch Missstände in der Kirche griff er ungeniert an und zog gegen das üblich gewordene *Gewäsch von Moral, Tugend und Religion* zu Felde. Er nannte es ein *Hauptzeichen unserer Zeit, dass man immer weniger nach einem Heiland fragt.*

Von Karl Friedrich Harttmann stammt die Strophe, die in das Zinzendorflied *Herz und Herz vereint zusammen* eingefügt wurde:

Friedefürst, lass deinen Frieden
stets in unsrer Mitte ruhn;
Liebe, lass uns nie ermüden,
deinen selgen Dienst zu tun.
Denn wie kann die Last auf Erden
und des Glaubens Ritterschaft
besser uns versüßet werden
als durch deiner Liebe Kraft?

Große Unruhen löste 1791 die Einführung eines ganz vom Vernunftglauben verfälschten Gesangbuches aus, das viele liebgewordene biblische Kernaussagen ausmerzte. Manchen Gemeinden, die sich gegen die Änderungen wehrten, wurde das neue Gesangbuch sogar mit dem Einsatz von Militär regelrecht aufgezwungen.

Als der württembergische König Friedrich I. 1809 dann auch noch eine neue Liturgie nach aufgeklärtem rationalistischem Geist einführte, konnte sich Harttmann nicht mehr fügen. Besonders empörte ihn, dass in der Tauf- und Konfirmationsordnung die Realität des Teufels zugunsten einer farblosen Absage an den Aberglauben gestrichen wurde. Das bibeltreue Volk hatte richtig erkannt, dass im

Rationalismus alles, was der Vernunft nicht zugänglich war, schlicht als Aberglauben geleugnet werden sollte. So praktizierte Harttmann einfach die alte Ordnung weiter.

Das wäre wohl auch gut gegangen, wenn Harttmann nicht einen jüngeren Pfarrkollegen gehabt hätte, der sich ganz bewusst gegen Harttmann profilieren wollte. Mit einer Theologen manchmal eigenen Sturheit in formalen Dingen, wollte er nur noch die neue Ordnung praktizieren – auch wenn Gemeindeglieder unbedingt die alte Form verlangten. So kam es zum Konflikt. Der eifrige Kollege sorgte auch dafür, dass Harttmann bei der Kirchenbehörde angezeigt wurde.

Völlig unerwartet erreichte Harttmann aber bei der Kirchenleitung durch seine verbindliche und doch eindeutige Position, dass er die alte Ordnung weiter benutzen durfte, und ebenso auch alle Pfarrer Württembergs, die vor der Einführung der neuen Ordnung angestellt worden waren.

1811 legte Harttmann dennoch mit einem großen Protestschritt sein Dekansamt nieder. Der Anlass dazu war vergleichsweise harmlos und unbedeutend. Der König hatte eine neue Kleiderordnung für Pfarrer verfügt. Von den Knöpfen bis zum Haarschnitt war alles fest geregelt. Das Volk schätzte die ganze Sache wohl richtig ein, wenn man sagte, dass dies alles nur eine Intrige der Höflinge gegen die Kirche sei, um die Pfarrer in den Augen der Welt lächerlich zu machen. Auch Harttmann konnte es sich nur so erklären. Besonders erregte die Gemüter, dass hier das sonderbare Barett als Kopfbedeckung zur Pflicht gemacht wurde. Seltsam bleibt, wie solche ungewöhnlichen Äußerlichkeiten bis heute eine fast unantastbare Geltung zu haben scheinen, obwohl sie doch einst durch äußerst umstrittene Anlässe und unter Protest eingeführt wurden.

Drei Jahre später, 1815, ging Karl Friedrich Harttmann im Alter von 72 Jahren heim. In Tübingen hatte er im Haus seines Schwiegersohns, des Theologieprofessors Ernst Gottlieb Bengel, einem Enkel des großen Johann Albrecht Bengel, eine letzte Bleibe gefunden.

In seinem wichtigsten Lied, dem er den Titel gab *Vom Heiligungsgeschäft des Herrn Jesu an den Seinen,* beschreibt Harttmann, was für Christen das Sterben bedeutet:

Im Gefühl der tiefsten Schmerzen
dringt das Herz zu Jesu Herzen
immer liebender hinan;
und um eins nur fleht es sehnlich:
Mache deinem Tod mich ähnlich,
dass ich mit dir leben kann!

Endlich mit der Seufzer Fülle
bricht der Geist durch jede Hülle,
und der Vorhang reißt entzwei.
Wer ermisset dann hienieden,
welch ein Meer von Gottesfrieden
droben ihm bereitet sei?

Jesu, lass zu jenen Höhen
heller stets hinauf uns sehen,
bis die letzte Stunde schlägt,
da auch uns nach treuem Ringen
heim zu dir auf lichten Schwingen
eine Schar der Engel trägt.

Der unbeugsame Johann Jakob von Moser – gefangen auf dem Hohentwiel

Euer Durchlaucht werden einen ehrlichen Mann finden!

Man schrieb den 12. Juli 1759. Der württembergische Herzog Carl Eugen ließ am frühen Morgen den Landschaftskonsulenten Dr. Johann Jakob von Moser aus dem Bett reißen und im prunkvollen Barockschloss von Ludwigsburg, das nach dem prächtigen Vorbild von Versailles gebaut war, vorführen. Der Konflikt schwelte schon lange. Der leichtsinnige und verschwenderische Herzog Carl Eugen brauchte für seine Prunkbauten und Feste, Jagden und Theater, und nicht zuletzt für seine Soldaten, unheimlich viel Geld.

Zuvor schon hatte der Herzog wider jedes verbriefte Recht 4000 junge Männer gewaltsam rekrutiert und unter den französischen Oberbefehl nach Frankreich verkauft, um sich so das nötige Geld zu beschaffen. Weitere 6000 junge Männer sollten folgen.

Ohne jede Rücksicht auf das Volk regierte dieser katholische Herzog Carl Eugen über das evangelische Württemberg. Völlig eigenmächtig, nur bestimmt von seinen grenzenlosen und ausschweifenden Wünschen, beutete er das Land aus. Das Volk von Württemberg aber hatte sich seit 300 Jahren wichtige Rechte der Mitbestimmung vertraglich gesichert.

Nach dem Gesetz Württembergs konnte nun als Einziger nur noch der Landschaftskonsulent dem Herzog Widerstand leisten. Um sein bedrängtes Volk in der Heimat zu schützen, hatte sich Moser acht Jahre zuvor wieder ins Schwabenland zurückrufen lassen. Hier wurde er gebraucht, um als Vertreter der württembergischen Landstände dem Herzog entgegenzutreten. *Ehe ich wider Pflicht und Eid handeln wollte, wollte ich lieber meinen grauen Kopf hergeben*, war die Überzeugung Mosers.

Für dieses schwierige Amt war Moser als Staatsmann, Gelehrter und Christ bestens geeignet. Als Staatsrechtler war er ein glänzender Jurist. Insgesamt 500 Bücher soll er geschrieben haben, darunter viele große Folianten juristischer Staatslehre, die in ganz Europa geschätzt wurden.

An diesem frühen Morgen im Juli 1759 im Ludwigsburger Schloss wollte der württembergische Herzog nun mit massivstem Druck Johann Jakob von Moser zu einem Rechtsbruch, dem Griff in die Landschaftskasse, zwingen.

Weil das Volk im Land immer mehr verarmte, konnte Johann Jakob von Moser nicht anders, als unbeugsam Herzog Carl Eugen die Unterschrift zu verweigern. Der Herzog hatte schon, weil er wegen seines ausschweifenden Lebens dauernd in Finanznot war, vollendete Tatsachen geschaffen und die Kasse der Landstände beschlagnahmt. Wie sollte es Moser jetzt wagen können, dem mächtigen Herzog zu trotzen?

Tage zuvor schon hatte der Herzog durch einen machtgierigen Minister versucht, Moser zur Unterschrift für diesen ungeheuerlichen Rechtsbruch zu überreden. Dabei ließ ihm der Herzog große persönliche Vorteile versprechen. Moser aber lehnte alle Bestechungsversuche entschieden ab.

Nun spielte der Herzog seine ganze Macht mit brutaler Einschüchterung aus. Zunächst ließ er den einflussreichen Landschaftskonsulenten lange im Vorzimmer warten. Dort sagte Moser zu einem geheimen Sekretär die Worte Paul Gerhardts: *Unverzagt und ohne Grauen soll ein Christ, wo er ist, stets sich lassen schauen!*

Dann wurde Johann Jakob von Moser erregt und heftig vom Herzog zur Rede gestellt: *Ich werde die Sache durch allerschärfste Inquisition untersuchen lassen!* Mosers Antwort war einfach: *Euer Durchlaucht werden einen ehrlichen Mann finden*!

Damit war die Unterhaltung beendet und Moser ohne Richterspruch verhaftet. Man verfrachtete ihn in 30-stündiger Fahrt auf die riesige Festung Hohentwiel, nicht weit vom Westufer des Bodensees entfernt. Soldaten mit aufgepflanzten Bajonetten und sechs Husaren begleiteten die Kutsche.

Fünf Jahre war Moser unter härtesten Haftbedingungen auf dem Hohentwiel eingekerkert. Außer dem Kommandanten durfte in den ersten vier Jahren niemand zu ihm kommen – auch kein Arzt oder Seelsorger. Das Essen war schlecht. Der Raum feucht und eisig kalt. Der starke, kräftige Moser wurde gichtkrank und konnte sich kaum mehr rühren.

Man verweigerte dem geistreichen Gelehrten selbst Papier, Feder und Tinte. So kritzelte er zuerst mit seiner Schuhschnalle Liedverse auf die Steinwände. Dann benützte er den Lichtdocht zum Schreiben. Endlich bekam er eine Bibel ausgehändigt.

So entstanden Mosers Lieder, insgesamt 1200. Bis heute wird noch sein Gebetslied um die Einheit der Christen gesungen:

Großer Hirte aller Herden
in dem Himmel und auf Erden,
liebster Heiland, Jesu Christ:
Lass in diesen letzten Zeiten
sich dein Reich noch mehr ausbreiten,
als bisher geschehen ist.

Lass dein Wort die Toten wecken
und die Sicheren erschrecken;
stürz die Selbstgerechtigkeit.
Mach die geistlich Blinden sehend,
mach die geistlich Lahmen gehend,
mach dir selbst den Weg bereit.

Herr, so sammle alle Glieder;
alsdann komm und zeig dich wieder
als der ewig gute Hirt,
da aus so viel tausend Herden
eine Gottesherde werden
und um dich sich scharen wird.

Ein harter Schlag war für Moser die Nachricht vom Tod seiner geliebten Ehefrau. Nicht einmal jetzt durfte er Besuch empfangen.

Für Moser war es ein unbegreifliches Wunder Jesu, wie die schlimme Gicht ohne irgendwelche Medikamente wieder ganz verschwand. Als die Schmerzen in Hüfte und Gliedern unerträglich geworden waren, betete er beim Lesen der Geschichte vom Gichtbrüchigen um Gesundung und konnte anschließend wieder ohne Krücken gehen.

Nach fünf Jahren endlich hatten die vielen Proteste, auch von europäischen Mächten, Erfolg. Der Kaiser verlangte durch Klage beim Reichshofrat in Wien, die Festungshaft für Moser aufzuheben. Der Herzog probierte zunächst, von Moser vor seiner Freilassung noch ein Schuldeingeständnis zu erpressen. Moser aber lehnte kategorisch ab. Endlich im September 1764 wurde er entlassen.

Die schwere Gefangenschaft hatte keine bleibenden Leiden hinterlassen. Moser meinte, es sei ihm gegangen wie Daniel, *den sie aus dem Graben zogen, und man spürte keinen Schaden an ihm, denn er hatte Gott vertraut.*

Die Nachricht von der Befreiung Mosers verbreitete sich wie ein Lauffeuer durch das ganze Land. Die Rückkehr nach Stuttgart wurde zum Triumphzug. In den Dörfern und Städten standen die Leute am Straßenrand und sangen Paul Gerhardts Liedvers:

> Unverzagt und ohne Grauen
> soll ein Christ, wo er ist,
> stets sich lassen schauen.
> Wollt ihn auch der Tod aufreiben,
> soll der Mut dennoch gut
> und fein stille bleiben.

Das Opfer, das Moser für das Land gebracht hatte, war nicht umsonst. Der Herzog musste nachgeben und sich auf Drängen des Kaisers verpflichten, die Zahl seiner Soldaten zu beschränken. Auch strenge Kürzungen im Staatsetat wurden angeordnet und der Luxus begrenzt. Die Rechte der Landstände wurden wieder festgelegt, und der Landesherr versprach Besserung.

Das war wohl die eindrücklichste gewaltlose Demonstration gegen den eigensinnigen Tyrannen im Ludwigsburger Schloss. Sie trug sicher dazu bei, dass Carl Eugen sich später wirklich änderte und ein guter Landesvater wurde.

Johann Jakob von Moser, 1701 in Stuttgart geboren, kam schon mit 16 Jahren als Student an die Universität Tübingen. Mit 19 Jahren wurde er außerordentlicher Professor der Rechte in Tübingen. Als 20-jähriger Rechtsgelehrter mit dem verliehenen Titel eines Regierungsrates am Kaiserlichen Hof in Wien, hatte er eine glänzende Karriere vor sich. Ein Prälat bot ihm im Auftrag des Reichskanzlers ein hohes Amt an, außerdem 100 000 Gulden, verbunden mit einer guten Ehepartie, wenn er nur seinen evangelischen Glauben aufgeben und katholisch würde.

Arm war ich, berichtete Moser selbst über diesen miesen Bestechungsversuch, *und ich hatte keinen Funken wahrer Religion. Dennoch merkte ich, dass an diesem Handel etwas faul sein musste. Ich lachte also herzlich und sagte dem Herrn Prälaten, der Handel käme mir verdächtig vor. Warum?,* fragte der Prälat. *Ich meinte, da werde mir für meinen Luther so viel zusätzlich geboten. Wenn man gefragt hätte, ob ich nicht einfach tauschen wolle, so hätte man sich das ja überlegen können. Wenn er nun solch einen hohen Aufpreis dazugebe, so müsse offensichtlich seine Ware schlechter sein.*

Schon zu dieser Zeit hatte Moser eine Braut in Stuttgart, die er heiratete, als er 21 Jahre alt war. Mit 25 Jahren wurde er als Landrat nach Stuttgart gerufen. Weil er gerecht, aber auch pünktlich und genau sein wollte, kam er schon bald in Konflikt mit der berüchtigten Mätresse des Herzogs Eberhard Ludwig, *der Grävenitz.* Immer wieder wurde ihm vorgeworfen: *Sie sind zu ehrlich!*

Die entscheidende Wende in seinem Glauben als Christ erlebte Moser über dem Wort Jesu: *Wenn jemand dessen Willen tun will, wird er innewerden, ob diese Lehre von Gott ist...* (Johannes 7, 17). Moser hörte, dass es Philipp Jakob Spener einem Zweifler zugerufen hatte. Das war für ihn der entscheidende Anstoß.

Er begriff, dass er die Probe machen müsste. *So ergab ich meinen Willen darein, der Lehre Jesu in meinem Leben und Wandel zu folgen.*

Die ersten Schritte der bewussten Nachfolge Jesu setzten Moser bösen Angriffen aus, nur weil er in seiner Wohnung einen Bibelhauskreis begann. Er suchte die Gemeinschaft mit anderen Christen über dem Wort Gottes. Unwahre Verdächtigungen und Unterstellungen zwangen Moser schon bald, seine Professur wieder aufzugeben. Aber auch in der erneuten Berufung als Regierungsrat an den Hof in Stuttgart wurde er wegen seiner unbestechlichen Aufrichtigkeit heftig angefeindet. Der Herzog hatte, ohne Rücksicht auf das verarmte Volk, mit ungeheuren Geldsummen den Karneval eingeführt. Allen Regierungsmitgliedern wurde bei Strafandrohung befohlen, an den zwielichtigen Festlichkeiten teilzunehmen. Moser aber blieb mit seiner ganzen Familie fern.

Bevor er 1751 nach Stuttgart als Landschaftskonsulent berufen wurde, wirkte er als Professor und Geheimrat in Frankfurt an der

Oder und am Hof der Grafschaft von Reuß im sächsischen Vogtland.

84 Jahre alt war Moser, als er 1785 sich – wie er selbst sagte – *in die Arme seines Vaters legte* und starb.

Christian Fürchtegott Gellerts Ehrfurcht vor Gottes Wunder

Tief verwurzeltes Gottvertrauen gegen den modischen Gotteshass

An Deutschlands Universitäten feierten die Studenten begeistert. Sie jubelten der *herrlichen Morgenröte der Freiheit* zu. Am 14. Juli 1789 hatte die europäische revolutionäre Geisteswende mit der Erstürmung der Bastille in Paris einen ersten Höhepunkt erreicht.

Im Kampf gegen die Tyrannen wurde König Ludwig XVI. auf dem Schafott hingerichtet. Mit Sehnsucht sah man ein neues Zeitalter nahen, die Herrschaft der Vernunft. Die Französische Revolution löste einen Sturm aus, der das Alte wegfegte. Das Christentum wurde abgeschafft, und an Gottes Stelle wurde die menschliche Vernunft auf den Thron gehoben.

Dieser Sturm fegte auch durch Deutschland. Studenten trugen auch hier den revolutionären Umbruch. Nur einer wirkte noch lange nach seinem Tod gegen den modischen Zeitgeist der gottlosen Spötter. Es war der Sachse Christian Fürchtegott Gellert.

Kein anderer deutscher Schriftsteller hatte damals solch eine weite Ausstrahlung wie er. Seine Schriften mit ihren Ermahnungen, Warnungen und Bitten galten als das Fundament einer neuen Menschlichkeit. Im gefälligen Plauderton entlarvte Gellert Überheblichkeit und Hinterhältigkeit und zeigte, wie schön Anstand, Gelassenheit und Selbstbeherrschung sein können. So rühmte auch Goethe an Gellert, dass er *das Fundament der deutschen sittlichen Kultur* gelegt habe.

Es war Gellerts Verdienst, dass sich die revolutionären Gedanken mit der antichristlichen Spitze in Deutschland an den Universitäten nur sehr eingeschränkt entfalten konnten. Durch seine Schriften, besonders die in aller Welt beliebten Fabeln und bürgerlichen Lustspiele, gab Gellert viele praktische Anstöße zu menschlichen Pflichten, vermittelte auch manche wichtige Lebensweisheit. Man sagt, dieses Buch mit Gellerts Fabeln sei das *einzige wirklich allgemein und in allen Ständen gelesene Buch des Jahrhunderts* gewesen.

Vielleicht aber hat Gellert am meisten durch seine eindrücklichen christlichen Lieder gewirkt und ethische Normen und tief menschliches Empfinden im Volk geprägt. Mit seinen 54 Glaubensliedern bewahrte er bei unzähligen Gebildeten der damaligen Zeit den oft überheblich belächelten und verspotteten schlichten Bibelglauben.

Bezeichnend für seine demütige Anbetung der Wunder Gottes und der Kraft der Heilstatsache ist sein Weihnachtslied:

Dies ist der Tag, den Gott gemacht,
sein werd in aller Welt gedacht;
ihn preise, was durch Jesus Christ
im Himmel und auf Erden ist.

Die Völker haben dein geharrt,
bis dass die Zeit erfüllet ward;
da sandte Gott von seinem Thron
das Heil der Welt, dich, seinen Sohn.

Wenn ich dies Wunder fassen will,
so steht mein Geist vor Ehrfurcht still;
er betet an und er ermisst,
dass Gottes Lieb unendlich ist.

Gellert war zwar Theologe, wollte aber in seiner Schüchternheit und Bescheidenheit keinen Pfarrdienst übernehmen. Schuld daran war ein traumatisches Erlebnis beim Begräbnis seines Patenkindes. Gellert war damals 14 Jahre alt. Er wollte beim Gottesdienst in der Kirche den Nachruf halten, blieb aber mitten in seiner Rede stecken und musste erst umständlich sein großformatiges Manuskript aus der Tasche holen und entfalten. Die Furcht vor einem solchen *Blackout* ließ ihn zeitlebens nicht mehr los.

Nach einer längeren Bedenkzeit begann er im Alter von 30 Jahren mit Vorlesungen als Privatdozent über philosophische Themen, 1751 dann als Professor der Poesie und Rhetorik, später auch der Ethik. Das sollte Gellerts Lebensaufgabe werden.

Der preußische König Friedrich der Große suchte das Gespräch mit Gellert. Goethe saß zu seinen Füßen im Hörsaal und berichtete darüber: *Ich musste erleben, wie meine Prosa wenig Gnade vor seinen Augen fand.* Goethes Texte wurden von Gellert unerschrocken mit roter Tinte korrigiert und *hier und da eine sittliche Anmerkung hinzugefügt.*

Gellert erlebte ungeheure Zustimmung und Beifall, wenn er *mit dem Geschmack zum Schönen zugleich die Neigung zum Guten* wecken wollte. Harmonisch wollte er Vernunft und christlichen Glauben, Gemüt, Herz und Geist so verbinden, dass dadurch ein neuer Mensch geformt werde, der von seinen Fehlern lernt. Darin hatte Gellert einen ungebrochenen Optimismus, der ansteckend wirkte. Das zeigt etwa das Lied Gellerts *So jemand spricht: Ich liebe Gott,* das zu einer verantwortlichen Nächstenliebe aufruft:

Wer seines Nächsten Ehre schmäht
und gern sie schmähen höret,
sich freut, wenn sich sein Feind vergeht,
und nichts zum Besten kehret,

nicht dem Verleumder widerspricht,
der liebt auch seinen Bruder nicht.

Ganz ähnlich spricht es Gellert in dem Morgenlied *Mein erst Gefühl sei Preis und Dank* aus, was die Pflicht des Menschen sei:

dass ich, dem Nächsten beizustehn,
nie Fleiß und Arbeit scheue,
mich gern an andrer Wohlergehn
und ihrer Tugend freue.

Gellert war 1715 als Pfarrerssohn in Hainichen bei Freiberg im Erzgebirge geboren worden. Schon der Vater dichtete gern und führte den Sohn Christian Fürchtegott in die Kunst der Reime ein. Die Kinder lernten aber auch in der großen Familie mit 13 Kindern, mit Wenigem zufrieden zu sein. Schon als 11-jähriger Junge musste Christian Fürchtegott durch Abschreiben von Gerichtsakten Geld für den Unterhalt der Familie verdienen. Zeitlebens blieb er sehr bescheiden.

In der elitären Fürstenschule von Meißen wurde er für die Universität vorbereitet. 1734 kam er nach Leipzig, um dort Philosophie und Theologie zu studieren.

Gerade in der kritischen Welt der Universität bekannte sich der tief fromme Gellert unerschrocken zum biblischen Glauben. Gottesfurcht hatten ihn schon seine Eltern gelehrt.

Zeitlebens hat Gellert mitten in einer Zeit des überheblichen Rationalismus das Wunder des Glaubens bewahrt und nicht im Zeitgeist der Vernunft aufgelöst. In dem Passionslied *Herr, stärke mich, dein Leiden zu bedenken* dichtet Gellert:

Seh ich dein Kreuz den Klugen dieser Erden
ein Ärgernis und eine Torheit werden:
so sei's doch mir, trotz allen frechen Spottes,
die Weisheit Gottes.

Gellerts Wort ist eindeutig und klar: *Bete, ringe mit Gott! Werde nicht müde! Kämpfe, dort ist die offene Pforte, dort der Hafen, dort der Kranz!*

Auch als Professor für Poesie, Literatur und Redegabe ist sein Glaubenszeugnis eindeutig und klar. Am Schluss einer Vorlesung erklärte er: *Ich habe mehr als einmal an den Pforten des Todes gestanden und erkannt, dass nichts als der heilige Glaube an unseren Heiland und Erlöser den bangen Geist bei dem entscheidenden Schritt in die Ewigkeit stärken und das anklagende Gewissen stillen kann.*

Davon spricht sein sieghaftes Osterlied:

Jesus lebt, mit ihm auch ich!
Tod, wo sind nun deine Schrecken?
Er, er lebt und wird auch mich
von den Toten auferwecken.
Er verklärt mich in sein Licht;
dies ist meine Zuversicht.

Jesus lebt! Wer nun verzagt,
lästert ihn und Gottes Ehre.
Gnade hat er zugesagt,
dass der Sünder sich bekehre.
Gott verstößt in Christus nicht;
dies ist meine Zuversicht.

Jesus lebt! Ich bin gewiss,
nichts soll mich von Jesus scheiden,
keine Macht der Finsternis,
keine Herrlichkeit, kein Leiden.
Seine Treue wanket nicht;
dies ist meine Zuversicht.

Jesus lebt! Nun ist der Tod
mir der Eingang in das Leben.
Welchen Trost in Todesnot
wird er meiner Seele geben,
wenn sie gläubig zu ihm spricht:
Herr, Herr, meine Zuversicht!

In den letzten Lebensjahren hatte Gellert in großer Schwäche viel Krankheit zu ertragen. Von Kindheit an war er schon krank und schwächlich. Ab seinem 40. Lebensjahr litt er unter Depressionen. In diesem bedrückenden Dunkel wurde das Wort Gottes allein Halt und Mitte seines Lebens.

Kurz vor seinem Tod sagte er: *Ich kann nicht viel mehr fassen, aber rufen Sie mir nur den Namen meines Erlösers zu; wenn ich den nenne und höre, so fühle ich neue Kraft und Freudigkeit in mir!* Am 13. Dezember 1769 rief ihn Gott heim. Gellert war erst 54 Jahre alt.

Ganz lebendig klingen heute noch seine Lieder. Sie wurden auch ins Französische, Russische, Dänische und Holländische übertragen. Komponisten wollten immer neue Melodien zu seinen Liedern schaffen. Lange nach Gellerts Tod schuf Joseph Haydn drei Kompositionen. Beethoven vertonte mit mächtigen Klängen:

Die Himmel rühmen des Ewigen Ehre;
ihr Schall pflanzt seinen Namen fort.
Ihn rühmt der Erdkreis, ihn preisen die Meere;
vernimm, o Mensch, ihr göttlich Wort!

Neben dem Schöpfungslied *Wenn ich, o Schöpfer, deine Macht* wird heute noch besonders gern das staunende Danklied gesungen:

Wie groß ist des Allmächtgen Güte!
Ist der ein Mensch, den sie nicht rührt,
der mit verhärtetem Gemüte
den Dank erstickt, der ihm gebührt?
Nein, seine Liebe zu ermessen
sei ewig meine größte Pflicht.
Der Herr hat mein noch nie vergessen;
vergiss, mein Herz, auch seiner nicht!

Wer hat mich wunderbar bereitet?
Der Gott, der meiner nicht bedarf.
Wer hat mit Langmut mich geleitet?
Er, dessen Rat ich oft verwarf.

Wer stärkt den Frieden im Gewissen?
Wer gibt dem Geiste neue Kraft?
Wer lässt mich so viel Glück genießen?
Ist's nicht sein Arm, der alles schafft?

Und diesen Gott sollt ich nicht ehren
und seine Güte nicht verstehn?
Er sollte rufen, ich nicht hören,
den Weg, den er mir zeigt, nicht gehn?
Sein Will ist mir ins Herz geschrieben,
sein Wort bestärkt ihn ewiglich:
Gott soll ich über alles lieben
und meinen Nächsten gleich als mich.

Als Philipp Friedrich Hiller plötzlich seine Stimme verlor

Man kann den Kummer sich vom Herzen singen

In dem kleinen Dorf Steinheim auf der rauen Schwäbischen Ostalb bei Heidenheim verlor der dortige Pfarrer Philipp Friedrich Hiller 1751 seine Stimme. Die Krankheit kündigte sich ein halbes Jahr vorher an. Er wurde heiser. Die Ärzte waren hilflos. Die Symptome dieser seltsamen Krankheit steigerten sich, bis schließlich die Stimmbänder keinen klaren Laut mehr hervorbringen konnten. Nur im Einzelgespräch in nächster Nähe konnte er sich noch mühsam verständlich machen.

Mit einem Mal war alles öffentliche Wirken für den redebegabten Philipp Friedrich Hiller unmöglich geworden. Alle empfohlenen Medikamente besserten nichts. Immer bedrückter und verzweifelter wurde Hiller.

Natürlich hatte er viel gebetet. Auch Freunde haben seiner fürbittend gedacht. In einem Brief an seinen verehrten Lehrer Johann Albrecht Bengel schrieb er: *Ich schütte mein Herz aus, und unter dem Gebet werde ich ruhig. Aber unversehens kehrt die Bangigkeit zurück, die Wogen brechen wieder herein, und ich hänge zwischen Furcht und Hoffnung. Ich stütze mich auf das Wort: Alles, was ihr bittet im Gebet, wenn ihr glaubt, werdet ihr's empfangen – aber ach, welche Einwendungen erheben sich dagegen! Du betest um Irdisches und nicht nach dem Willen Gottes, es ist zu groß, was du begehrst! Aber was ist dem Allmächtigen zu groß? Hätte er selbst nicht das Wort gesprochen, ich wagte nicht zu bitten. Nach der Ruhe folgt ein neuer Sturm: Lass ab mit Bitten, wenn Gott hören wollte, wäre die Krankheit längst gewichen. Doch wehrt er selbst dem Lasswerden bei Lukas im 18.Kapitel. So fahre ich denn getrost mit Beten fort.*

Hillers Krankheit wurde nicht geheilt. 18 lange Jahre – bis zu seinem Tod – blieb dieses Leiden ohne jede Besserung.

Im Lied *Wer ausharrt bis ans Ende* betete Hiller:

Herr, du kennst meine Schwäche,
nur deiner harre ich.
Nicht das, was ich verspreche,
was du sprichst, tröstet mich.
Richt auf die lassen Hände
und stärk die müden Knie
und sage mir am Ende:
Die Seligkeit ist hier!

Er empfand das ganze Leben nur als Wunder Gottes und dichtete das Lied *Die ihr bei Jesus bleibet*:

Was speist euch doch, ihr Armen?
Das göttliche Erbarmen;

das segnet ganz verborgen
auch ohne eure Sorgen.

Wenn wir von Tag zu Tagen,
was da ist, überschlagen
und rechnen dann die Menge,
so sind wir im Gedränge.

Doch wenn wir mit Vertrauen
ihm auf die Hände schauen,
so nähret allerwegen
uns ein geheimer Segen.

Hiller hat auch niedergeschrieben, dass er in diesen Jahren von seiner Gemeinde nicht nur liebevolle Anteilnahme bekommen hat, sondern auch *etlichen heimlichen Ränken* ausgesetzt war, in denen er Gottes Schutz erlebte. Weil es damals keine Pension gab, behielt ein kranker Pfarrer die Einkünfte der Gemeinde, auch wenn er selbst den Dienst nicht mehr versehen konnte, sondern sich durch einen Vikar vertreten ließ.

Eine Gruppe von Gemeindegliedern wollte nun beim Dekan die Absetzung Hillers erreichen. Unterwegs sollen sie – so wird berichtet – ein Blatt mit einer Lieddichtung gefunden haben. Sie nahmen das zum Anlass, dem Dekan vorzuschlagen, ihnen anstelle von Hiller doch solch einen begabten Pfarrer zu geben. Es muss eine ziemliche Überraschung gewesen sein, als herauskam, dass dieses Lied von ihrem stimmlosen Pfarrer stammte.

Hiller wurde am 6. Januar 1699 in Mühlhausen an der Enz als Sohn eines Pfarrers geboren. Sein Vater starb schon zwei Jahre nach seiner Geburt. Als Schüler wurde er in Denkendorf von dem bekannten Bibeltheologen Johann Albrecht Bengel unterrichtet. Nach dem Studium in Tübingen und verschiedenen Stationen als Vikar und Hauslehrer wurde er Pfarrer, zuerst in Neckargröningen, wo er sich auch verheiratete, dann in seinem Geburtsort Mühlhausen. Er hatte eine schwächliche, kleine Statur, war aber um so aktiver und lebhafter in seinen Äußerungen.

Dreimal musste er mit seiner Familie vor den eingefallenen Franzosenheeren fliehen, die eine schreckliche Spur von Brandschatzen und Morden zurückließen. Seine Ehe war harmonisch. Als Zeichen des engen Vertrauens wird erzählt, er hätte 37 Jahre lang mit seiner Frau aus einem Teller gegessen.

Nach allem, was wir wissen, hat Hiller als Pfarrer keinen besonderen Eindruck als Prediger hinterlassen. Als später sein Dekan dem württembergischen Oberkirchenrat seinen Tod mitteilen musste, zählte er sehr exakt alle Stationen des Lebens Hillers, auch die Anschriften seiner sieben Kinder und ein *mittelmäßiges Vermögen* auf. Über seine Amtstätigkeit vermeldete er allein: *ein rechtschaffener und gelehrter Pfarrer.* Mehr nicht!

Um so weiter wirkten Hillers Lieder, die bis heute, besonders in Württemberg, gern gesungen und auch als Andacht gelesen werden. Insgesamt 1073 Lieder hat Hiller gedichtet. Mit ihnen erreichte er unzählige Menschen, unendlich viel mehr, als ihm je mit seiner Stimme möglich gewesen wäre.

Auf dem Hintergrund seines schweren Krankheitsleidens dichtete er:

Es jammre, wer nicht glaubt!
Ich will mich stillen;
mir fällt kein Haar vom Haupt
ohn Gottes Willen.
In Jesus hab ich hier
das beste Leben;
und sterb ich, wird er mir
ein bessers geben.

Es sorge, wer nicht traut!
Mir soll genügen;
wovor mir jetzo graut,
das wird Gott fügen.
Er weiß, was nötig sei,
so mag er sorgen;
mir ist des Vaters Treu
auch nicht verborgen.

Es zage, wer nicht hofft!
Ich will mich fassen;
er hat mich's schon so oft
erfahren lassen:
Er hört Gebet in Not,
wenn sie am größten;
sein Geist kann auch im Tod
mit Jesus trösten.

So wein ich, wenn ich wein,
doch noch mit Loben;
das Loben schickt sich fein
zu solchen Proben.
Man kann den Kummer sich
vom Herzen singen.
Nur Jesus freuet mich.
Dort wird es klingen!

Hillers Lieder gingen ihren Weg. Wie sie im Volk aufgenommen wurden, zeigen eindrückliche Erzählungen, die mündlich über Generationen weitergegeben wurden. So geschah es in jenen schrecklichen Tagen, als 1860 die schwäbische Kolonie Madschar bei Karas im Kaukasus von den räuberischen Kerkessen überfallen wurde. Die jungen Söhne und Töchter wurden aus den Armen ihrer Eltern gerissen und als Sklaven geraubt. Die verzweifelten Väter und Mütter konnten nur noch zwei Ausgaben der Lieder Hillers auseinanderreißen und jeweils einige Blätter ihren weinenden Kindern mitgeben: *damit sie in der Wüste, wohin sie nun pilgerten, noch einen Halt für die Seele und ein himmlisches Manna hätten.*

Von der festen Gnadenzusage Gottes, die nicht wanken kann, dichtet Hiller:

Weicht ihre Berge, fallt, ihr Hügel!
Gottes Gnade weicht mir nicht;
und der Friede hat dies Siegel,
dass Gott seinen Bund nicht bricht.

Dieses macht mich unverzagt,
weil es mein Erbarmer sagt.

Das sind Worte für die Schwachen,
die sind aller Annahm wert;
das heißt Herzen freudig machen,
das ist Trost, wie man begehrt.
Gottes Gnade weicht dir nicht,
weil es dein Erbarmer spricht.

Hier ist Kraft für alle Müden,
die so manches Elend beugt;
man findt Gnade, man hat Frieden,
welcher alles übersteigt.
Mein Erbarmer, sprich mir du
dies in allen Nöten zu.

Gib mir einen starken Glauben,
der dein Wort mit Freuden fasst;
so kann mir der Tod nicht rauben,
was du mir geschenket hast.
Auch die Hölle nimmt mir nicht,
was mir mein Erbarmer spricht.

Schon vor seinen schweren Krankheitsjahren hatte Philipp Friedrich Hiller mehrere Schriften verfasst. Jetzt aber in der Krankheit wurde der stumme Prediger zum fruchtbaren Schriftsteller. Am weitesten bekannt wurde seine Liedersammlung, die in zwei *Liederkästlein* für jeden Tag des Jahres zusammengefasst sind. Dazu wurde er durch das 1718 herausgegebene *Geistliche Liederkästlein zum Lobe Gottes* von Karl Heinrich von Bogatzky in Halle angeregt. Bis heute sind Hillers volkstümliche Andachtsbücher in Württemberg und weit darüber hinaus verbreitet und beliebt.

So bemerkt Hiller zu dem Bibelwort: *Mir ist Barmherzigkeit widerfahren* (1.Timotheus 1,13):

Ein Unbekehrter ist in seinem Sinn viel zu hochmütig, dass er sagen sollte von Herzen: ›Mir ist Barmherzigkeit widerfahren‹; aber ein Bekehrter spricht vor Gott und Menschen davon.

Dazu dichtete er das weltweit gesungene Lied:

Mir ist Erbarmung widerfahren,
Erbarmung, deren ich nicht wert;
das zähl ich zu dem Wunderbaren,
mein stolzes Herz hat's nie begehrt,
Nun weiß ich das und bin erfreut
und rühme die Barmherzigkeit.

Das muss ich dir, mein Gott, bekennen,
das rühm ich, wenn ein Mensch mich fragt;
ich kann es nur Erbarmung nennen,
so ist mein ganzes Herz gesagt.
Ich beuge mich und bin erfreut
und rühme die Barmherzigkeit.

Dies lass ich kein Geschöpf mir rauben,
dies soll mein einzig Rühmen sein;
auf dies Erbarmen will ich glauben,
auf dieses bet ich auch allein,
auf dieses duld ich in der Not,
auf dieses hoff ich noch im Tod.

Man muss bedenken, dass Hiller in der Zeit rationalistischer Aufklärung lebte. Die radikale Bibelkritik erschütterte die bislang geltende orthodoxe Lehre von der göttlichen Inspiration der Schrift.

In dieser Zeit wirkte Hiller nicht nur als bescheidener Dorfpfarrer, sondern auch als leidenschaftlicher und kenntnisreicher Theologe, der mit lauter Stimme aus der zurückgezogenen Stille wirkte. Hiller bezog eindeutig Position: *Man rühmt unsere Zeiten, sie seien so erleuchtet. Dieser Ruhm ist falsch; denn die sich nach der Vernunft am meisten Erleuchtung einbilden, lassen dem Geist am wenigsten Raum, dass er Jesus verkläre. Man will alle Tage weniger von Christus wissen. Finsternis!*

Nun versuchte Hiller nicht, die Bibel durch schützende Lehrsätze zu verteidigen, sondern erkannte, dass die Schrift ihre Autorität selbst erweist. *Die Schrift hat ihresgleichen nicht wie die Sonne. Sie wird auch noch sein, wenn alle Bücher der Welt verbrannt sind. Die ganze Heilige Schrift, vom Anfang bis zum Ende, im Klaren und im Dunkeln, im Großen und im Kleinen, ist göttlich. Das wird man beim Bibelstudium erkennen. Und rechte Theologen erklären die Bibel aus der Bibel. Jede andere Methode, die bei der Bibelauslegung angewandt wird, ist nicht schriftgemäß.*

Überall in der Heiligen Schrift, besonders im Alten Testament, suchte Hiller auch versteckte Hinweise auf Jesus Christus. In ihm hat die Schrift ihren Mittelpunkt. *Da hängt Anfang, Mitte und Ende fest zusammen. Auf Jesus fällt der Mittelpunkt, auf ihn zielt alles Vorige, und aus ihm fließt alles Künftige.* Das biblische Wort und Christus in diesem Wort, war für Hiller die Mitte und Tiefe seines Glaubens.

So wundert es nicht, wenn alle Lieder Hillers auf Jesus ausgerichtet sind. Ganz besonders strich Hiller immer die versöhnende Kraft und das königliche Amt Jesu heraus. Seine Dichtungen sind Loblieder, aber auch Lieder der Anbetung:

Jesus Christus herrscht als König;
alles wird ihm untertänig,
alles legt ihm Gott zu Fuß.
Aller Zunge soll bekennen,
Jesus sei der Herr zu nennen,
dem man Ehre geben muss.

Nur in ihm, o Wundergaben,
können wir Erlösung haben,
die Erlösung durch sein Blut.
Hört's: das Leben ist erschienen,
und ein ewiges Versühnen
kommt in Jesus uns zugut.

Gebt, ihr Sünder, ihm die Herzen,
klagt, ihr Kranken, ihm die Schmerzen,
sagt, ihr Armen, ihm die Not.

Wunden müssen Wunden heilen;
Heilsöl weiß er auszuteilen,
Reichtum schenkt er nach dem Tod.

Unter den 26 Strophen dieses Liedes sind auch viele originelle, für Hiller typische Formulierungen. Dazu gehört auch die Strophe über die Gemeinde, die von den Pforten der Hölle nicht überwunden werden kann:

Trachten irdische Monarchen
dieses Herdlein anzuschnarchen:
o, sein Hirte lacht dazu!
Er lässt diese kleinen Großen
sich die Köpfe blutig stoßen,
und den Schafen gibt er Ruh.

Hiller erkannte sehr wohl die Spannung zwischen dem vollbrachten Heil und der noch ausstehenden Erlösung. Diese findet sich schon in der Heiligen Schrift. Hiller stellte den Gegensatz zwischen dem eigenen Streben nach dem Heil und dem Wissen, dass alle Errettung nur allein aus Gnade empfangen werden kann, ungemein eindrücklich dar:

Ich will streben nach dem Leben, wo ich selig bin.
Ich will ringen, einzudringen, bis dass ich's gewinn.
Hält man mich, so lauf ich fort;
bin ich matt, so ruft das Wort:
Fortgerungen, durchgedrungen bis zum Kleinod hin!

Als berufen zu den Stufen vor des Lammes Thron,
will ich eilen; das Verweilen bringt oft bösen Lohn.
Wer auch läuft und läuft zu schlecht,
der versäumt sein Kronenrecht.
Was dahinten, das mag schwinden! Ich will nichts davon.

Jesus, richte mein Gesichte nur auf jenes Ziel;
lenk die Schritte, stärk die Tritte, wenn ich Schwachheit fühl!
Lockt die Welt, so sprich mir zu,

schmäht sie mich, so tröste du;
deine Gnade führ gerade mich aus ihrem Spiel!

Du musst ziehen, mein Bemühen ist zu mangelhaft.
Wo ihr's fehle, fühlt die Seele, aber du hast Kraft,
weil dein Wort ein Leben bringt
und dein Geist das Herz durchdringt.
Dort wird's tönen bei dem Krönen:
Gott ist's, der es schafft!

Wer ohne Heiland dahingeht, geht verloren, sagt Hiller. *Wer mit Werken sein eigener Heiland sein will, wird mit Schanden betrogen. Der Herr Jesus ist mein Heil!*

Eindrücklich weist er darauf hin: *Zwischen einem, der verloren ging, und einem, der errettet ward, hing der gekreuzigte Jesus als beider Heiland und der aller Welt. Aber die Buße und der Glaube machen den großen Unterschied zwischen den beiden.*

Er hat das Lied *Wenn ich an mir selbst verzage* gedichtet, das dem schwerkranken Ludwig Hofacker, der schon mit 30 Jahren starb, zum Lieblingslied wurde:

Gottes Macht, die mich bekehrte,
die den Glauben in mir schuf,
beten, kämpfen, dulden lehrte,
ist mir nahe, wenn ich ruf.
Dass ich schwach bin, wird er wissen;
dass er stark ist, weiß auch ich.
Der mich aus dem Tod gerissen,
ist noch dieser Gott für mich.

Hang, mein Herz, an seinen Händen!
Was du nicht kannst, wird er tun;
was er anfing, wird er enden,
bälder wird er ja nicht ruhn.
Herr, ich glaube deinen Worten,
deiner Macht vertrau ich noch:

streiten auch der Höllen Pforten,
sieget deine Rechte doch.

Hiller sagte einmal, es sei *eine erquickliche und nützliche Vorbereitung auf die Ewigkeit, sich in der Zeit in Gottes Lob zu üben.* Davon spricht auch sein Lied *Wir warten dein, o Gottes Sohn:*

Wir warten dein, du kommst gewiss,
die Zeit ist bald vergangen;
wir freuen uns schon überdies
mit kindlichem Verlangen.
Was wird geschehn, wenn wir dich sehn,
wann du uns heim wirst bringen,
wann wir dir ewig singen!

Bis zu seinem 70. Lebensjahr blieb Hiller körperlich und geistig *grünend und frisch.* Er starb, ohne langes Krankenlager, an einem Schlaganfall am 24. April 1769 und wurde in Steinheim am Albuch beigesetzt.

In dem Lied *Der Hirt am Kreuz gestorben* hat Hiller eindrücklich vom Sterben gesprochen:

Sie gehn nicht als Verbrecher
zur Strafe vor den Rächer,
sie gehn nur hin und liegen,
wie Streiter nach den Kriegen.

Ohn Angst vor ewgem Jammer
gehn sie in ihre Kammer,
zur Ruh sich zu begeben
auf frohes Wiederleben.

Sie legen ihre Glieder
in Ruhebettlein nieder
und fallen ohne Kummer
wie Kindlein in den Schlummer.

Auf göttliches Erbarmen
in des Erlösers Armen,
erwählt zu Gottes Erben
lässt sich's gar sanft hinsterben.

Bei Beerdigungen von Gemeinschaftsleuten wird heute gerne am Grab das Lied Hillers angestimmt:

Tod, mein Hüttlein kannst du brechen,
das ein Werk von Erde ist!
Aber du hast nichts zu rächen;
meine Schulden sind gebüßt,
ja, gebüßt, doch nicht von mir:
nein, der Mittler starb dafür.

Ja, er ist auch auferstanden,
mir auch zur Gerechtigkeit.
Unter Christi Blutsverwandten
ist mir eine Stell bereit't.
Jesus ging mit Blut hinein,
wo auch ich soll lebend sein.

Wirk es, o du Geist des Glaubens,
dass ich mutig sterben kann!
Die Verheißungen erlauben's,
die der Heiland uns getan.
Wer gerecht ist, stirbt nicht mehr;
denn durch Christus lebet er.

Steh mir in den Todesstunden,
Jesus, treuer Mittler, bei,
dass mein End auf deine Wunden
mehr ein Schlaf als Sterben sei.
Gib mir dort ein weißes Kleid,
welches ist Gerechtigkeit.

Gerhard Tersteegen in der Gegenwart des ewigen Gottes

Ein merkwürdiger Einsiedler zieht Unzählige an

Selten hat ein Christ so eigenartig sein Leben gestaltet wie Gerhard Tersteegen. Ohne danach zu fragen, wie lächerlich er damit in den Augen der Menschen erscheinen könnte, ging er konsequent und geradlinig seinen Weg. Er machte es seinen Gegnern leicht, ihn zu verspotten und als Sonderling abzustempeln.

Genau darin aber liegt Gerhard Tersteegens große Ausstrahlung und Wirkung auf unzählige Menschen bis heute. Sein Leben war aus einem Guss. Er hatte sich Jesus Christus völlig ausgeliefert und sich ihm hingegeben. In seiner Nachfolge fand er die lohnende Lebensmitte, ganze Sicherheit und volle Erfüllung. Mit dieser Gotteserkenntnis prägte und beeinflusste er sehr viele Menschen tief.

Dabei begann Tersteegens Leben nicht außergewöhnlich. Am 25. November 1697 wurde er in Moers am Niederrhein als achtes Kind in einer frommen Kaufmannsfamilie geboren. Kurz bevor er mit sechs Jahren in die Lateinschule aufgenommen wurde, starb sein Vater. Der begabte Junge, der neben Französisch und Holländisch auch rasch Latein, Griechisch und Hebräisch lernte, verfasste lateinische Verse, die bei einer öffentlichen Schulveranstaltung mit großem Beifall aufgenommen wurden. Alle waren sich sicher, dass dieses Kind unbedingt zum Studium auf die Universität müsste. Aber seine Mutter, die arme Witwe, konnte die Mittel dafür nicht aufbringen. So entschied sie: Er soll Kaufmann werden – wie der Vater.

Als Lehrling siedelte Tersteegen zu seinem Schwager nach Mülheim an der Ruhr über. Dieser Ort sollte ihm fortan zur Heimat werden, auch wenn ihm die vier Jahre der Ausbildung zum Kaufmann unsagbar schwer fielen. Nebenher suchte er die Gemeinschaft mit wirklich gläubigen Menschen. Er brauchte Beistand, weil er sein Leben bis in die Tiefe seiner Sinne zu ändern versuchte. Deshalb las und betete er viel und anhaltend, oft die ganze Nacht hindurch. Kein Wunder, dass sein Lehrherr dafür wenig Verständnis hatte und ihn mit allerhand Aufträgen und sinnlosen Arbeiten von seinen Büchern abbringen wollte. Aber auch seine eigentlich christlich gesinnte Familie konnte ihn nicht mehr verstehen und wandte sich von ihm ab. Er wurde nicht einmal eingeladen, als das Erbe der Mutter verteilt werden musste. Zum Ärger seiner Verwandtschaft gab er seinen Anteil sofort an die Armen weiter.

Tersteegen hielt aber die Lehrjahre durch und eröffnete mit 20 Jahren einen eigenen Krämerladen. Er verkaufte Gemüse und Heringe. Die Geschäfte gingen aber schlecht. Es war nicht zu übersehen, dass Tersteegen für den Kaufmannsberuf nicht geschaffen und begabt war.

Endlich konnte Gerhard Tersteegen nun sein Leben neu gestalten. Er tat es mit dem ihm typischen Zug seines Wesens. Er suchte ganz die Stille und Einsamkeit, weil ihn die betriebsamen Geschäfte unerträglich unter Druck setzten. Er versuchte es erst mit der Leinenweberei, aber auch das war für seinen kranken Körper zuviel. So kaufte er sich eine Maschine und betrieb ganz allein in der Stille das Handwerk der textilen Bandwirkerei.

Die einzigen, mit denen Tersteegen Gemeinschaft pflegte, waren seine Glaubensbrüder. Diese fest im biblischen Wort verwurzelten Christen waren wegen ihrer konsequenten Nachfolge Jesu von den damaligen Kirchen abgelehnt und ausgestoßen worden. Sie lebten in einer sehr direkten, tiefen und innigen Glaubensbeziehung mit Jesus Christus.

So verbrachte Gerhard Tersteegen die nächsten fünf Jahre in fast völliger Abgeschiedenheit und Stille. Von fünf Uhr in der Frühe bis 9 Uhr am Abend wirkte er seine seidenen Bänder. Davon musste er schließlich leben.

Schon von Jugend an schwer leidend, wurde er auch jetzt von Krankheiten geplagt. Manchmal lag er bis zu 12 Wochen hilflos im Bett, ohne dass jemand nach ihm schaute. Er meinte in seiner bescheidenen Art, so müsse er es eben ertragen. Schließlich wollte er auch ganz bedürfnislos werden. Darum verzichtete er zeitlebens auf die Ehe. In allem suchte er der Armut Jesu gleich zu werden. Nur einmal am Tag aß er eine einfache Mehlsuppe und verzichtete konsequent auf Kaffee und Tee.

Aus Bescheidenheit ließ er sich in seinem ganzen Leben nie porträtieren. So gibt es von Gerhard Tersteegen überhaupt kein Bild.

In diesen Jahren tobte ein schwerer geistlicher Kampf im Herzen Tersteegens. Man hat ihn oft als Mystiker bezeichnet. Mit diesem Begriff wird aber genau das verdeckt, was Tersteegen wichtig war. Voller Erschrecken misstraute er seinem eigenen bösen Herzen. Ihm ging es gerade nicht um mystische Selbsterlösung durch tiefsinnige Versenkung in das eigene Ich. Nach allem Ringen fand er Frieden, nicht in der völligen Abkehr und mystischen Verneinung der Welt, sondern in der neu entdeckten, befreienden und versöhnenden Gnade Jesu.

Es war am Abend des Gründonnerstags im Jahr 1724, als der 26-jährige Gerhard Tersteegen mit seinem eigenen Blut folgende Erklärung niederschrieb:

Meinem Jesus! Ich verschreibe mich dir, meinem einzigen Heiland und Bräutigam Jesus Christus, zu deinem völligen und ewigen Eigentum. Er sagte sich gleichzeitig los von *allem Recht und aller Macht* Satans. Er erinnerte an den Todeskampf Jesu an diesem Gründonnerstag. Durch seinen *Todeskampf, Ringen und Blutschwitzen im Garten Gethsemane* sei er *zum Eigentum erkauft, die Pforten der Hölle zersprengt und das liebevolle Herz* des ewigen Vaters ihm geöffnet worden. *Von diesem Abend an sei dir mein Herz und meine ganze Liebe auf ewig zum schuldigen Dank ergeben und aufgeopfert von nun an bis in Ewigkeit; nicht mein, sondern dein Wille geschehe! Befehle, herrsche, regiere in mir! Ich gebe dir Vollmacht über mich und verspreche, mit deiner Hilfe und Beistand eher dieses mein Blut bis auf den letzten Tropfen vergießen zu lassen, als mit deinem Willen und Wissen in – oder auswendig dir untreu oder ungehorsam zu werden. Siehe, da hast du mich ganz, süßer Seelenfreund, in keuscher, jungfräulicher Liebe dir stets anzuhangen. Dein Geist weiche nicht von mir, und dein Todeskampf unterstütze mich! Ja, Amen!*

Dein Geist versiegle es, was in Einfalt geschrieben dein unwürdiges Eigentum Gerhard Tersteegen.

Nicht sein frommes Ich, sondern die *versöhnende Gnade Gottes in Jesus Christus wurde ihm so überzeugend groß.* Sein geängstigtes Herz wurde ruhig und fand Frieden. Er erlebte in der Tiefe seines

Herzens, wie die Liebe des ewigen und lebendigen Gottes ihn berief und bekehrte. Nicht in sich suchte er Erlösung, sondern im Blut Jesu Christi fand er die Gnade, die auch ihn allein aus aller Verkehrtheit der Sünde befreite. Immer wieder betonte er zeitlebens das *Unvermögen des gefallenen Menschen, sich selbst wieder aufzurichten.* Dieses nüchterne Reden von der Macht der Sünde und das Wissen um die böse Art seines Wesens bewahrte Tersteegen vor aller Schwärmerei.

Voll Anbetung dichtete er das Lied, das vielleicht am besten seine neue Glaubenserkenntnis ausdrückt:

Wie bist du mir so innig gut,
mein Hohepriester du!
Wie teur und kräftig ist dein Blut!
Es bringt mich stets zur Ruh.

Wenn mein Gewissen zagen will
vor meiner Sündenschuld,
so macht dein Blut mich wieder still,
setzt mich bei Gott in Huld.

Es gibet dem bedrückten Sinn
Freimütigkeit zu dir,
dass ich in dir zufrieden bin,
wie arm ich bin in mir.

Umsonst will ich auch lieben dich,
mein Gott, mein Trost, mein Teil,
ich will nicht denken mehr an mich,
in dir ist all mein Heil.

Aber auch im Lied *Gott ist gegenwärtig* spürt man die staunende Ehrfurcht, mit der Tersteegen der heiligen Macht und Größe Gottes begegnet.

Die völlige Absage an sich selbst sowie die opfernde Hingabe münden in das Gebet:

Du durchdringest alles;
lass dein schönstes Lichte,
Herr, berühren mein Gesichte.
Wie die zarten Blumen
willig sich entfalten
und der Sonne stille halten,
lass mich so still und froh
deine Strahlen fassen
und dich wirken lassen.

Mache mich einfältig,
innig, abgeschieden,
sanft und still in deinem Frieden;
mach mich reines Herzens,
dass ich deine Klarheit
schauen mag in Geist und Wahrheit;
lass mein Herz überwärts
wie ein Adler schweben
und in dir nur leben.

Herr, komm in mir wohnen,
lass mein Geist auf Erden
dir ein Heiligtum noch werden;
komm, du nahes Wesen,
dich in mir verkläre,
dass ich dich stets lieb und ehre.
Wo ich geh, sitz und steh,
lass mich dich erblicken
und vor dir mich bücken.

Für Tersteegen war das Leben angebrochen. Das helle Licht des Tages war – wie der Sonnenaufgang – in seiner verzweifelten Dunkelheit erschienen:

Siegesfürste, Ehrenkönig,
höchstverklärte Majestät,
alle Himmel sind zu wenig,
du bist drüber hoch erhöht:

sollt ich nicht zu Fuß dir fallen
und mein Herz vor Freude wallen,
wenn mein Glaubensaug betracht,
deine Glorie, deine Macht?

Du kannst alles allerorten
nun erfülln und nahe sein;
meines armen Herzens Pforten
stell ich offen, komm herein!
Komm, du König aller Ehren,
du musst auch bei mir einkehren;
ewig in mir leb und wohn
als in deinem Himmelsthron!

Natürlich änderte Gerhard Tersteegen jetzt seinen Lebensstil. Er nahm einen Glaubensbruder als Zimmergenossen bei sich auf. Nach dem Bandwirken benützte er die Abendstunden zur Schriftstellerei. Er schrieb einen Katechismus für Kinder, den *Unparteiischen Abriss christlicher Grundwahrheiten*. Selbst mit der freisinnigen Religionsphilosophie des preußischen Königs, dem alten Fritz, setzte er sich mit der Schrift *Gedanken über die Werke des Weltweisen zu Sanssouci* mutig und ohne jede Polemik auseinander. Als der preußische König ihn voll Anerkennung zum Gespräch bat, schlug Tersteegen die Einladung stolz aus. Das Gespräch hätte auch nur die klaren Gegensätze verwischen können.

Mit seiner enormen Sprachbegabung übersetzte Tersteegen auch die fast ganz vergessenen Erkenntnisse und Wahrheiten der Gotteszeugen wie Madame de la Mothe Guyon, Jean de Labadie, die spanischen Karmeliter Theresa von Jesus und Johannes vom Kreuz. Darunter war auch *Das verborgene Leben mit Christus in Gott* des Katholiken Johann von Bernières Louvigny. Auch das Buch des mittelalterlichen Thomas vom Kempen von der *Nachfolge Christi* brachte Tersteegen neu heraus. Was ihn dabei so sehr anzog, war das gründliche Absterben des alten Menschen. Ihm war der Gedanke so wichtig, dass die kurzen Tage unseres Lebens darin ihren Sinn haben, frei von der Sünde, von rasch vergehender Lust, Jesus nachzufolgen.

Er bringt uns durch diese Wüste heim in sein ewiges Vaterland. So schließt Tersteegens Abendlied *Nun sich der Tag geendet*:

Ich schließe mich aufs Neue
in deine Vatertreue
und Schutz und Herze ein;
der Finsternis Geschäfte
und alle bösen Kräfte
vertreibe durch dein Nahesein.

Dass du mich stets umgibest,
dass du mich herzlich liebest
und rufst zu dir hinein,
dass du vergnügst alleine
so wesentlich, so reine,
lass früh und spät mir wichtig sein.

Ein Tag, der sagt dem andern,
mein Leben sei ein Wandern
zur großen Ewigkeit.
O Ewigkeit, so schöne,
mein Herz an dich gewöhne,
mein Heim ist nicht in dieser Zeit.

1740 veröffentlichte Tersteegen das *Ermunterungslied für Pilger: Kommt, Kinder, lasst uns gehen.* Auch für uns weltverhaftete Leute heute macht dieses Lied herausfordernd deutlich, dass wir in unserem Leben *Fremdlinge und Pilger* sind:

Man muss wie Pilger wandeln,
frei, bloß und wahrlich leer;
viel sammeln, halten, handeln
macht unsern Gang nur schwer.
Wer will, der trag sich tot;
wir reisen abgeschieden,
mit wenigem zufrieden;
wir brauchen's nur zur Not.

Drauf wollen wir's denn wagen,
es ist wohl wagenswert,
und gründlich dem absagen,
was aufhält und beschwert.
Welt, du bist uns zu klein;
wir gehn durch Jesu Leiten
hin in die Ewigkeiten:
es soll nur Jesus sein.

Alle Befriedigung liegt allein in Gott. Nichts sonst kann das dürstende und hungernde Herz befriedigen:

Allgenugsam Wesen,
das ich hab erlesen
mir zum höchsten Gut,
du vergnügst alleine
völlig, innig, reine
Seele, Geist und Mut.
Wer dich hat, ist still und satt;
wer dir kann im Geist anhangen,
darf nichts mehr verlangen.

Was genannt mag werden
droben und auf Erden,
alles reicht nicht zu.
Einer kann mir geben
Freude, Ruh und Leben;
Eins ist not: nur du!
Hab ich dich nur wesentlich,
so mag Leib und Seel verschmachten,
ich will's doch nicht achten.

Zwanzig Jahre lang arbeitete Tersteegen am *Leben heiliger Seelen,* einem dreibändigen Werk mit 25 Lebensbildern, lauter *katholische, mönchische, einsiedlerische, quietistische Ordensleute,* wie ihm von seinen Kritikern vorgeworfen wurde. Über alle Konfessionsgrenzen hinweg interessierte ihn das Leben der wirklich Gläubigen mit Gott. Er nannte es *verborgen*, weil die natürliche Vernunft des Menschen es nicht erkennt, obgleich es doch ganz real ist.

Vielleicht seine wichtigste Schrift war das *Geistliche Blumengärtlein inniger Seelen* mit kurzen Reimen und Liedern zur *Erweckung, Stärkung und Erquickung in dem verborgenen Leben mit Christus in Gott.*

Die Melodie aus einer russischen Messe von Dimitri Bortnjansky machte mit ihrer slawischen Weichheit das Anbetungslied Tersteegens weit bekannt:

Ich bete an die Macht der Liebe,
die sich in Jesus offenbart.
Ich geb mich hin dem freien Triebe,
wodurch auch ich geliebet ward.
Ich will, anstatt an mich zu denken,
ins Meer der Liebe mich versenken.

O Jesu, dass dein Name bliebe
im Grunde tief gedrücket ein!
Möcht deine süße Jesusliebe
in Herz und Sinn gepräget sein!
Im Wort, im Werk und allem Wesen
sei Jesus und sonst nichts zu lesen!

Oder mit jubelnder Weihnachtsfreude, ganz bewusst zu Joachim Neanders strahlender Freudenmelodie *Lobe den Herren, den mächtigen König der Ehren* gedichtet:

Jauchzet, ihr Himmel,
frohlocket, ihr Engel, in Chören,
singet dem Herren,
dem Heiland der Menschen, zu Ehren!
Sehet doch da:
Gott will so freundlich und nah
zu den Verlornen sich kehren.

Sehet dies Wunder,
wie tief sich der Höchste hier beuget;
sehet die Liebe,
die endlich als Liebe sich zeiget:
Gott wird ein Kind,
träget und hebet die Sünd!
Alles anbetet und schweiget.

Süßer Immanuel,
werd auch in mir nun geboren;
komm doch, mein Heiland,
denn ohne dich bin ich verloren!
Wohne in mir,
mach mich ganz eines mit dir,
der du mich liebend erkoren.

In dem Pfingstlied spürt man sein Ergriffensein:

O Gott, o Geist, o Licht des Lebens,
das uns im Todesschatten scheint,
du scheinst und lockst so lang vergebens,
weil Finsternis dem Lichte feind.
O Geist, dem keiner kann entgehen,
ich lass dich gern den Jammer sehen.

Entdecke alles und verzehre,
was nicht in deinem Lichte rein,
wenn mir's gleich noch so schmerzlich wäre;
die Wonne folget nach der Pein:
du wirst mich aus dem finstern Alten
in Jesu Klarheit umgestalten.

Du Atem aus der ewgen Stille,
durchwehe sanft der Seele Grund;
füll mich mit aller Gottesfülle,
und da, wo Sünd und Gräuel stund,

lass Glauben, Lieb und Ehrfurcht grünen,
in Geist und Wahrheit Gott zu dienen.

Dadurch, dass man Gerhard Tersteegen mit dem missverständlichen Begriff *Mystiker* abstempelte, konnte man nicht mehr erkennen, wie offen und natürlich sein Blick gerade für die Welt als Schöpfung Gottes war. Wir finden bei ihm, angeregt durch Joachim Neander, wunderbare Lieder, die die Schönheit der Natur besingen. Die Jahreszeitenlieder schuf er aus Worten der Bibel heraus. So dichtete er nach dem Hohenlied 7,12 ein Lied mit vielen Strophen:

Komm, lass uns gehn, mein Freund, hinaus aufs Feld,
lass uns besehn des Frühlings Pracht und Freude,
schau da dein Werk, die Erd in neuem Kleide!
Es grünt, es blüht, dir jauchzet alle Welt.

Viele lieben auch das Abendlied:

Nun schläfet man; und wer nicht schlafen kann,
der bete mit mir an den großen Namen,
dem Tag und Nacht wird von der Himmelswacht
Preis, Lob und Ehr gebracht: o Jesu, Amen.

Weg, Phantasie! Mein Herr und Gott ist hie;
du schläfst, mein Wächter, nie,
dir will ich wachen. Ich liebe dich,
ich geb zum Opfer mich
und lasse ewiglich dich mit mir machen.

Es leuchte dir der Himmelslichter Zier;
ich sei dein Sternlein, hier und dort zu funkeln.
Nun kehr ich ein, Herr, rede du allein
beim tiefsten Stillesein zu mir im Dunkeln.

Das besondere Kennzeichen des 30-jährigen Gerhard Tersteegen war jetzt die Gemeinschaft. Man fand ihn, den Mann der Stille und

Einsamkeit, nun meist am Sonntagnachmittag in Bauernhäusern der Umgebung Mülheims, im Bergischen Land und im niederrheinischen Land um Cleve herum.

In den vielen Hausversammlungen traf viele Zuhörer das schlichte Wort und die innerlich bezwingende Kraft des Redens Tersteegens. Viele bekehrten sich umfassend und auf Dauer.

Im Bergischen Land bei Heiligenhaus an der Straße nach Velbert entstand 1727 die *Pilgerhütte*. Eine Bruderschaft junger Männer zog hier ein, die miteinander christliches Leben verwirklichen wollten. Aber auch in Wuppertal, Krefeld, Amsterdam, Frankfurt/Main, im Siegerland, in der Wetterau, in Franken und der Pfalz sammelten sich Freunde, die sich zu Tersteegen hingezogen fühlten, seine Seelsorge suchten und sein geistliches Wort hören wollten.

Seine umfangreiche und seelsorgerliche Korrespondenz geht bis Dänemark, Schweden und ins amerikanische Pennsylvania.

Wie wichtig ihm die Gemeinschaft mit gläubigen Menschen war, zeigt die Strophe:

Ich umfasse, die dir dienen;
ich vereinge mich mit ihnen,
und vor deinem Angesicht
wünsch ich Zion tausend Segen;
stärke sie in deinen Wegen,
leite sie in deinem Licht.

Doch mit der verfassten Kirche kam es zum Zusammenstoß. 1740 erließ die kurpfälzische Regierung, vermutlich auf Betreiben der Kirche, ein Verbot der Hausversammlungen. Der preußische König Friedrich II. schloss sich für seine rheinischen Gebiete an. Auch jetzt erbitterte sich Tersteegen nicht.

Einen der zuständigen Beamten erinnerte Tersteegen daran, dass er dieses Verbot einst auf seinem Totenbett noch werde verantworten müsse. Jede öffentliche Veranstaltung von Gauklern und Seiltänzern, ja auch Saufgelage würden erlaubt, gute Versammlungen dagegen verboten.

Tersteegen wohnte 20 Jahre lang in Mülheim direkt gegenüber der Petrikirche, aber betreten hat er sie in der ganzen Zeit nie. Er sah in der verweltlichten evangelischen Kirche eine wirkungslose *Erb-Religion*, ein gedankenloses *Namens-Christentum*. Er wollte keinen Kampf, weil die eigentliche Scheidung ganz anders verläuft: *Ich glaube, dass in den Augen Gottes nur zwei Parteien auf Erden seien, nämlich die Kinder der Welt, in welchen die Weltliebe herrscht, und dann die Kinder Gottes, in welche die Liebe Gottes ausgegossen ist durch den Heiligen Geist.* Nur auf diesen einen Unterschied schaue Gott.

Dabei hatte Tersteegen den klaren Durchblick, dass in allen Konfessionen *die meisten Prediger und Zuhörer zu der Partei der Welt und des Antichristen gehörten*, auch wenn im Verborgenen Gott immer noch seine Leute hat. Tersteegen fällte dies Urteil nicht überheblich und stolz, sondern im Wissen um die Macht der Sünde und die Verlorenheit des Menschen. Deshalb wollte sich Tersteegen weder an eine Konfession binden, noch sich sektiererisch von ihr abspalten lassen. Die ganze konfessionelle Frage trat bei ihm zurück gegenüber dem völligen Gehorsam in der Nachfolge Jesu. Selbst die reine Lehre kann kein gottseliges Leben garantieren, weil der wahre Glaube nicht an irgendwelche Konfessionen, aber auch niemals an eine sich abspaltende Splittergruppe gebunden ist.

Tersteegen war bereit, sich an Gottesdiensten zu beteiligen, wenn der Prediger *meinen Glauben weder ermüdet noch ärgert.* Bei heftigen und polemischen Angriffen riet Tersteegen einfach zum geduldigen Ausharren. Er erkannte richtig: *Das Lästern widriggesinnter Prediger macht keine Wunden, man beantwortet's mit Stillschweigen und sieht nicht danach um.* Viel wichtiger sei, dass man selbst gemäß dem Evangelium richtig wandle. *Dann mögen auch die, so jetzt von uns afterreden als von den Übeltätern, noch wohl dem Herrn gewonnen werden, wenn sie unsere guten Werke sehen und nicht nur gute Worte hören. Lasst uns die Gnadenkräfte nicht verschwenden in Nebensachen, in Äußerlichkeiten, in neuen Meinungen und Parteilichkeiten, da man am Ende konfus, zerstreut und matt sitzen bleibt. Die Welt beschäftigt sich mit ihren Sachen, lasst sie machen. Wir sollen uns nur beschäftigen mit unserer Sache, die den ganzen Menschen dergestalt erfordert, dass man nicht Zeit zum Umsehen hat.*

Tersteegen suchte keine vollkommene Gemeinde zu organisieren, sondern freute sich an der erlebten Gemeinschaft mit Menschen, die Gott lieben. Dies war der Tempel, der Ort der Gegenwart Gottes.

1750, nach zehn Jahren, nahm ein Freund Tersteegens, der Theologiestudent Jakob Chevalier, die öffentlichen Versammlungen am Niederrhein wieder auf. Auch Tersteegen hielt wieder stark besuchte Versammlungen in seinem Haus.

Seine Freunde vertrauten ihm große Summen Geld an. In der Nacht verteilte er alles unter den Armen. Er selbst lebte in ärmlichsten Verhältnissen.

Neben allen anderen Tätigkeiten betrieb er, der selbst so viel krank war, *die Nebenarbeit, einfache Medikamente zu verfertigen.* Er meinte, *die Medizin gibt viel zum Nachdenken, viel Verdruss und viel Verantwortung. Ich brauche nur ein paar Sorten Pillen, einige Pulver und Essenzen, alle von einfacher Komposition. Außerordentliche, geheime und chemische, ungewisse Seltenheiten macht Gott zuschanden und segnet verachtete Kräutlein. Traue den Laboratorienbüchern nicht und forsche nicht täglich in alchimistischen Irrgärten.*

Am 3. April 1769 rief ihn der Herr nach längerer Krankheit und Leidenszeit heim in seinen Frieden.

Graf von Zinzendorfs einzige Leidenschaft: Er – Jesus

Hört ihr seiner Räder sausendes Getön?

Man schrieb das Jahr 1726. Im sächsischen Großhennersdorf in der Oberlausitz starb die Landvögtin, Henriette Freifrau von Gersdorf.

An ihrem Grab trauerte Nikolaus Ludwig Graf von Zinzendorf um seine heiß und innig geliebte Großmutter. Sie war ihm viel näher gestanden als seine eigenen Eltern. Sein Vater, kursächsischer Geheimer Rat und Staatsminister, war schon zehn Wochen nach seiner Geburt gestorben. Als seine Mutter später den preußischen Generalfeldmarschall von Natzmer heiratete, war der kleine Lutz, wie man ihn nannte, gerade vier Jahre alt.

Die verwitwete Großmutter Henriette Freifrau von Gersdorf zog den kleinen Lutz bis zu seinem zehnten Lebensjahr auf. Mit ihrer biblischen Liebe zum Heiland Jesus hat sie ihn für sein ganzes Leben tief geistlich geprägt.

Frau von Gersdorf war eine äußerst begabte und hochgebildete Frau. Im Haus betrieb sie ein Alchemistenlabor. Mit dem Philosophen Leibniz wechselte sie Briefe. Ihre Bibel las sie täglich nur in den Ursprachen. Auch Aramäisch und Chaldäisch lernte sie.

Zu ihrem Begräbnis dichtete der Enkel das Lied:

Die Christen gehn von Ort zu Ort
durch mannigfaltgen Jammer
und kommen in den Friedensport
und ruhn in ihrer Kammer.
Gott nimmt sie nach dem Lauf
in seinen Armen auf;
das Weizenkorn wird in sein Beet
auf Hoffnung schöner Frucht gesät.

Wie seid ihr doch so wohl gereist!
Gelobt sei'n eure Schritte,
du friedevoll befreiter Geist,
du jetzt verlassne Hütte!
Du, Seele, bist beim Herrn;
dir glänzt der Morgenstern;
euch Glieder deckt mit sanfter Ruh
der Liebe stiller Schatten zu.

Wir freun uns in Gelassenheit
der großen Offenbarung;
indessen bleibt das Pilgerkleid
in heiliger Verwahrung.
Wie ist das Glück so groß
in Jesu Arm und Schoß!
Die Liebe führ uns gleiche Bahn:
so tief hinab, so hoch hinan.

Von seiner Großmutter hatte Zinzendorf 1722 unter großen Anstrengungen den Gutsbezirk Berthelsdorf abgekauft. Wenig später, noch im gleichen Jahr, baten böhmische Flüchtlinge, die um ihres Glaubens willen vertrieben waren, Zinzendorf um Asyl.

Er willigte ein. Schon im Juni 1722 bauten die ersten Flüchtlinge am Hutberg mitten im Wald ihre Häuser. Die Siedlung Herrnhut war gegründet.

Aber nicht nur aus Mähren, sondern aus allen Winkeln Deutschlands strömten Sonderlinge und Eigenbrötler, die man als merkwürdige Sektierer und Separatisten beschimpfte. Hier in Herrnhut durften sie ihres Glaubens leben. Unter der genialen Leitung Zinzendorfs schloss sich 1727 dieser bunt zusammengewürfelte Haufen eigenwilliger und unerschütterlicher Glaubensstreiter zur sogenannten Brüdergemeine zusammen. Die Liebe Jesu sollte das einzige Bindeglied sein, das sie *unter der Hut des Herrn* zusammenhält.

Der originelle Graf Zinzendorf dichtete das Gemeinschaftslied:

Herz und Herz vereint zusammen
sucht in Gottes Herzen Ruh.
Lasset eure Liebesflammen
lodern auf den Heiland zu.
Er das Haupt, wir seine Glieder,
er das Licht und wir der Schein,
er der Meister, wir die Brüder,
er ist unser, wir sind sein.

Legt es unter euch, ihr Glieder,
auf so treues Lieben an,
dass ein jeder für die Brüder
auch das Leben lassen kann.
So hat uns der Freund geliebet,
so vergoss er dort sein Blut;
denkt doch, wie es ihn betrübet,
wenn ihr euch selbst Eintrag tut.

Liebe, hast du es geboten,
dass man Liebe üben soll,
o so mache doch die toten,
trägen Geister lebensvoll.
Zünde an die Liebesflamme,
dass ein jeder sehen kann:
wir, als die von einem Stamme,
stehen auch für einen Mann.

Lass uns so vereinigt werden,
wie du mit dem Vater bist,
bis schon hier auf dieser Erden
kein getrenntes Glied mehr ist,
und allein von deinem Brennen
nehme unser Licht den Schein;
also wird die Welt erkennen,
dass wir deine Jünger sein.

Die meisten Lieder, die Zinzendorf dichtete, sind unmittelbar und direkt in den Versammlungen entstanden. Der geniale Graf brauchte weder Papier noch Überarbeitungen. Alles ging bei ihm spontan, *wie bei einem Fass, wo man den Spunden aufmacht.* So hat er es selbst erzählt. In den Singstunden, die den Tag beschlossen, sagte er die Texte vor, und die Gemeinde folgte ihm. Weit über 2000 Lieder soll er so gedichtet haben. Vor allem Christian Gregor, der Musikdirektor und Organist der Brüdergemeine in Herrnhut, glättete später die Texte und korrigierte dabei auch sonderbare Formulierungen. So auch bei dem bekannten Lied, das Zinzendorf im Alter von 21 Jahren gedichtet hatte:

Jesu, geh voran auf der Lebensbahn!
Und wir wollen nicht verweilen,
dir getreulich nachzueilen;
führ uns an der Hand bis ins Vaterland.

Soll's uns hart ergehn, lass uns feste stehn
und auch in den schwersten Tagen
niemals über Lasten klagen;
denn durch Trübsal hier geht der Weg zu dir.

Rühret eigner Schmerz irgend unser Herz,
kümmert uns ein fremdes Leiden,
o so gib Geduld zu beiden;
richte unsern Sinn auf das Ende hin.

Ordne unsern Gang, Jesu, lebenslang.
Führst du uns durch raue Wege,
gib uns auch die nötge Pflege;
tu uns nach dem Lauf deine Türe auf.

Zinzendorf gab 1727 sein Amt als Hof- und Justizrat in Dresden auf und zog ganz nach Berthelsdorf, um sich dem Aufbau der Brüdergemeine zu widmen. Genial organisierte er eine aktive Dienstgruppe. Der gekreuzigte Jesus bildete die Mitte der Gemeinschaft. Lebendige Gemeinden sind immer singende Gemeinden. Das zeigen Zinzendorfs Lieder, die in der Gemeinschaft gesungen wurden:

Der du noch in der letzten Nacht,
eh du für uns erblasst,
den Deinen von der Liebe Macht
so schön gepredigt hast:

erinnere deine kleine Schar,
die sich so leicht entzweit,

was deine letzte Sorge war:
der Glieder Einigkeit.

Schon 1732 brachen seine ersten Missionare zu den schwarzen Sklaven auf den dänischen Inseln in der Karibik auf. Man findet sie später in den extremsten und schwierigsten Gebieten der damals bekannten Welt. Zinzendorfs *Streiterlieder* erinnerten sie an den Glauben, der Berge versetzt, der auch das Martyrium des eigenen Lebens nicht scheut:

Der Glaube bricht durch Stahl und Stein
und kann die Allmacht fassen;
er wirket alles und allein,
wenn wir ihn walten lassen.
Wenn einer nichts als glauben kann,
so kann er alles machen;
der Erde Kräfte sieht er an
als ganz geringe Sachen.

Die Zeugen Jesu, die vordem
auch Glaubenshelden waren,
hat man in Armut wandeln sehn,
in Trübsal und Gefahren.
Und des die Welt nicht würdig war,
der ist im Elend gangen;
den Fürsten über Gottes Schar
hat man ans Kreuz gehangen.

Gelobet sei die Tapferkeit
der Streiter unsres Fürsten;
verlacht sei die Verwegenheit,
nach ihrem Blut zu dürsten!
Wie gut und sicher dient sich's nicht
dem ewigen Monarchen!
Im Feuer ist er Zuversicht,
fürs Wasser baut er Archen.

Drum wolln wir unter seinem Schutz,
den Satan zu vertreiben
und seinem Hohngeschrei zum Trutz,
mit unsern Vätern gläuben.
Wenn man den Herrn zum Beistand hat
und 's Herz voll seiner Freuden,
so lässt sich's auch durch seine Gnad
um seinetwillen leiden.

Zinzendorf war ein Mann der Tat. *Wir wolln uns gerne wagen, in unsern Tagen der Ruhe abzusagen, die's Tun vergisst,* zeigt die Dynamik Zinzendorfs. Er ließ sich aber nicht von seinem eigenen Temperament reiten, sondern allein durch Jesu Befehle zum Dienst führen:

Hier hast du uns alle zu deinen Befehlen!
Je mehr du befiehlst, je mehr Siege wir zählen.
Denn deine Befehle sind lauter Versprechen,
durch alle verhauenen Bahnen zu brechen.

Aus den Singstunden heraus entstanden die Losungen der Herrnhuter Brüdergemeine, die bis heute weit verbreitet sind. 1728 gab Zinzendorf abends beim Singen ein Losungswort für den nächsten Tag mit. Das waren dann die Parolen, die morgens in die Türen der Häuser gerufen wurden.

Der Aufruf zum Kampf und Streit war Zinzendorf auch wichtig:

O ihr Gottesstreiter, wisst ihr, was ihr sollt?
Ihr seid Wegbereiter, wo sein Wagen rollt,
dass er desto gräder könne vor sich gehn.
Hört nur seiner Räder sausendes Getön!

Zinzendorf wollte weder mit Gedanken der Vernunft spekulieren, noch seinen Gefühlen freien Raum lassen. Ihm ging es um die Heilige Schrift, *das Arzneibuch, darin ein jeder das Mittel zu seiner Genesung finden kann.* Und das Hauptkennzeichen der wahren Gemeinde war für ihn *die herzliche, innige, zärtliche Neigung zur Heiligen Schrift.* Da werden die einfältigen Wahrheiten zur größten *Delikatesse.*

So dichtet Zinzendorf:

Herr, dein Wort, die edle Gabe,
diesen Schatz erhalte mir;
denn ich zieh es aller Habe
und dem größten Reichtum für.
Wenn dein Wort nicht mehr soll gelten,
worauf soll der Glaube ruhn?
Mir ist's nicht um tausend Welten,
aber um dein Wort zu tun.

Heftig und vielfach wurde Zinzendorf sein Leben lang wegen seines Glaubens angefeindet. Schon sein Vormund wollte ihn als Student nicht länger unter dem Einfluss der Halleschen Pietisten lassen und schickte ihn zum theologischen Studium nach Wittenberg. Zinzendorf entdeckte dort aber nur die *Eitelkeit der Welt,* die er immer mehr verachtete. Er wollte nur ein *Werkzeug zur göttlichen Ehre werden, welches durch Hass, Neid und Rachgier dringen wird.*

Der Widerstand gegen die Gründung der Herrnhuter Brüdergemeine wuchs von Jahr zu Jahr. Zunächst war der sächsische Hof misstrauisch gegen die Flüchtlinge und fürchtete, die Gemeine hätte die lutherische Lehre verlassen. Die Feindschaft führte bis zum Aufenthaltsverbot Zinzendorfs in ganz Sachsen, das elf Jahre lang aufrecht erhalten wurde. Zinzendorf nahm den schweren Schlag zum Anlass eines neuen Missionseifers: *Jetzt müssen wir der Welt den Heiland verkündigen. Das wird nun unsere Heimat!*

Es ist unglaublich, wie der Graf jetzt reiste. Die vielfachen und oft endlos weiten Wege können hier nicht aufgelistet werden. Mit Pferd, Kutsche oder zu Fuß war er in ganz Europa unterwegs. Er besuchte seine Missionare in der Karibik. Dann brach er nach Amerika, Dänemark, Lappland und dem Baltikum auf. Mehrere Jahre, von 1749 - 1755, wohnte er in London, in einem Haus unmittelbar an der Themse.

Eindrücklich erzählte der englische Erweckungsprediger und Begründer des Methodismus, John Wesley, wie er 1735/36 auf dem Schiff nach Amerika 26 Angehörige der Herrnhuter Brüdergemeine traf. Bei einem heftigen Wintersturm auf dem Atlantik konnte er ihren Glauben in der Bewährung beobachten. Die Wogen schlugen über dem Schiffsdeck zusammen. Das Hauptsegel riss. Alle Reisenden hatten Angst. Nur die Herrnhuter waren ruhig und hielten wie gewohnt ihre Singstunde. Wesley schrieb in sein Tagebuch: *Das war der herrlichste Tag, den ich bisher erlebt habe.* Von ihrem Singen war er so beeindruckt, dass er Deutsch lernte und gleich nach seiner Landung in Amerika mit dem Übersetzen deutscher Lieder begann. Über den Methodismus haben die Herrnhuter die weltweite Singbewegung stark beeinflusst.

Das Denken Zinzendorfs kreiste immer nur um den gekreuzigten Jesus. Schon als Kind im Haus der Großmutter hatte er den *Senfkornorden* gegründet. Sein Wappen war das Bild des dorngekrönten Jesus mit der Unterschrift: *Seine Wunden unsere Heilung.*

Als sich Zinzendorf in Begleitung seines Hofmeisters auf eine eineinhalbjährige Kavaliersreise begab, die ihn über Holland und die Schweiz bis nach Paris führte, erlebte er den größten Eindruck in der Düsseldorfer Gemäldegalerie. Das Bild des dornengekrönten Jesus von Domenico Feti fesselte ihn, besonders die Unterschrift: *Das tat ich für dich, was tust du für mich?*

Viel später, auf der Rückreise von der fieberheißen Insel St. Thomas dichtete er das Lied:

Christi Blut und Gerechtigkeit,
das ist mein Schmuck und Ehrenkleid,
damit will ich vor Gott bestehn,
wenn ich zum Himmel werd eingehn.

So will ich, wann ich zu ihm komm,
nicht denken mehr an gut noch fromm,
sondern: Da kommt ein Sünder her,
der gern fürs Lösgeld selig wär.

1760 starb Zinzendorf im Alter von 60 Jahren. Bis heute wird in Gemeinschaften sein Lied gesungen:

Aller Gläubgen Sammelplatz
ist da, wo ihr Herz und Schatz,
wo ihr Heiland Jesus Christ
und ihr Leben hier schon ist.

Eins geht da, das andere dort,
in die ewge Heimat fort,
ungefragt, ob die und der
uns nicht hier noch nützlich wär.

Manches Herz, das nicht mehr da,
geht uns freilich innig nah;
doch, o Liebe, wir sind dein,
und du willst uns alles sein.

Benjamin Schmolcks Glaubensmut vor der Feinde Toben

Als in Schlesien mehr als tausend Kirchen geraubt wurden

Unbeschreibliches Elend hatte der Dreißigjährige Krieg auch in Schlesien hinterlassen. Nach dem Ende des grausamen Zerstörens und verheerenden Mordens aber führten römische Jesuiten in Schlesien brutal die Gegenreformation durch. Allein in den Jahren 1653/54 ließ der Kaiser in seinen Gebieten den Evangelischen mehr als 1200 Kirchen wegnehmen. Davor waren schon mehrere hundert Kirchen enteignet worden. Viele Pfarrer mit ihren Familien mussten flüchten. Wenig später verließen auch die meisten evangelischen Lehrer Schlesien. Ihre Schulen waren geschlossen worden. Eine große Flüchtlingsbewegung um des evangelischen Glaubens willen begann.

Nur an drei Orten, wo katholische Fürsten waren, durften außerhalb der Stadtmauer ganz einfache Kirchsäle errichtet werden. Zum Bauen durfte man nur Holz und Lehm verwenden, Türme und Glocken waren nicht erlaubt.

Zu diesen Orten gehörte Schweidnitz in Niederschlesien. Die drei vorhandenen Hauptkirchen und acht Nebenkirchen der Stadt blieben den Evangelischen verschlossen, obwohl nur 30 Katholiken in der Stadt lebten. Nur die schlichte Friedenskirche vor den Toren der Stadt wurde den Evangelischen überlassen.

Dort trat 1702 Benjamin Schmolck sein Amt als Pfarrer unter unendlichen Schwierigkeiten an. Dazu war eine tüchtige Portion Glaubensmut nötig. Schmolck war damals 29 Jahre alt und stammte aus dem schlesischen Fürstentum Liegnitz, wo sein Vater in Brauchitschdorf Pfarrer war. In diesem Dorf war Schmolck am 21. Dezember 1672 geboren worden. Ein tiefer Einschnitt bedeutete für ihn der Tod der Mutter, als er vier Jahre alt war.

Obwohl er nun in Schweidnitz 14 000 Gemeindeglieder betreuen musste, die in 36 Dörfern zerstreut wohnten, erlaubte man ihm nur zwei Vikare zur Seite. Die Arbeit gestaltete sich durch die vielen Einschränkungen äußerst schwierig. Für manche Dienste brauchten sie besondere behördliche Genehmigungen.

Im Neujahrslied *Jesus soll die Losung sein* dichtete Schmolck die zuversichtliche Strophe:

> Unsre Wege wollen wir
> nur in Jesu Namen gehen.
> Geht uns dieser Leitstern für,
> so wird alles wohl bestehen
> und durch seinen Gnadenschein
> alles voller Segen sein.

Die schlesischen Christen waren mutig. Viele versammelten sich in Wäldern und verborgenen Tälern und feierten heimlich mit sogenannten *Heckenpredigern* Gottesdienste. Andere suchten die Zufluchts- und Grenzkirchen an der sächsischen und brandenburgischen Grenze auf. Benjamin Schmolck dichtete das Lied:

Der beste Freund ist in dem Himmel,
auf Erden sind nicht Freunde viel;
denn bei dem falschen Weltgetümmel
steht Redlichkeit oft auf dem Spiel.
Drum hab ich's endlich so gemeint:
Mein Jesus ist der beste Freund.

Besonders schwierig war es in den ersten Jahren der Gegenreformation mit Taufen, Trauungen und Beerdigungen, die eigentlich nur von katholischen Priestern vollzogen werden durften. Waren sie doch unter großen Schwierigkeiten von evangelischen Pfarrern gehalten worden, so stand den katholischen Priestern dennoch die Gebühr zu. Oft mussten die Eltern mit den Paten weite Wege, manchmal sogar eine ganze Tagereise, zurücklegen, um eine evangelische Kirche zu erreichen.

Von Schmolck stammt das Tauflied *Liebster Jesu, wir sind hier,* das mit seinen einprägsamen biblischen Bildern bis heute sehr oft gesungen wird:

Hirte, nimm das Schäflein an;
Haupt, mach es zu deinem Gliede;
Himmelsweg, zeig ihm die Bahn;
Friedefürst, sei du sein Friede;
Weinstock, hilf, dass diese Rebe
auch im Glauben dich umgebe.

Die letzte Strophe schließt mit der Bitte:

Ja den Namen, den wir geben,
schreib ins Lebensbuch zum Leben!

Erst als 1707 der schwedische König über die Polen siegte, bekamen die evangelischen Christen wieder mehr Freiheit. Der schwedische

König verlangte von Kaiser Josef I., die Gegenreformation zu stoppen. Insgesamt ließ durch diese politische Wende der Druck auf die evangelischen Gemeinden nach. Viele der früher weggenommenen oder geschlossenen Kirchen wurden für die Evangelischen wieder geöffnet. Sechs sogenannte Gnadenkirchen konnten zur Erinnerung an dieses Edikt gebaut werden.

Aus der großen Freude darüber, dass sich hier endlich wieder die Gemeinde Gottes versammeln konnte, entstand Benjamin Schmolcks Lied, das er kurz vor seinem Tod dichtete:

Tut mir auf die schöne Pforte,
führt in Gottes Haus mich ein;
ach wie wird an diesem Orte
meine Seele fröhlich sein!
Hier ist Gottes Angesicht,
hier ist lauter Trost und Licht.

Mache mich zum guten Lande,
wenn dein Samkorn auf mich fällt.
Gib mir Licht in dem Verstande
und, was mir wird vorgestellt,
präge du im Herzen ein,
lass es mir zur Frucht gedeihn.

Stärk in mir den schwachen Glauben,
lass dein teures Kleinod mir
nimmer aus dem Herzen rauben,
halte mir dein Wort stets für,
dass es mir zum Leitstern dient
und zum Trost im Herzen grünt.

Insgesamt 35 Jahre lang diente Benjamin Schmolck demütig und bescheiden an seiner Schweidnitzer Kirche. 1 200 Lieder schuf er in dieser Zeit, mit denen er die bedrängten Gemeinden aufrichtete. Es gab viel Not, so z. B. 1716 , als die halbe Stadt Schweidnitz in einem furchtbaren Feuer niederbrannte. Zu den volkstümlichen Liedern

Schmolcks gehört auch das Adventslied *Hosianna! Davids Sohn, kommt in Zion eingezogen.* Bis heute findet sich in den Gesangbüchern auch das Fürbittelied *Herr, höre, Herr, erhöre* für Staat und Öffentlichkeit, wo eine Strophe lautet:

> Lass alle, die regieren,
> ihr Amt getreulich führen,
> schaff jedermann sein Recht,
> dass Fried und Treu sich müssen
> in unserm Lande küssen,
> und segne beide, Herrn und Knecht.

In den Gesangbüchern des 19. Jahrhunderts standen mehr als 20 Lieder von Benjamin Schmolck. Er dichtete auch *für die Traurigen in Zion* das großartige Lied vom Leiden *Je größer Kreuz, je näher Himmel,* in dem es heißt:

> Das Kreuz vermehrt der Liebe Glut
> gleich wie das Öl im Feuer tut.

Mit zunehmendem Alter wurde Schmolck leidend. Mehrere Schlaganfälle machten ihn gebrechlich. Er erblindete. Das schwache Gefäß seines Leibes zerbrach. Seine eindrücklichen Lieder aber klingen weiter. So auch das jubelnde Pfingstlied *Schmückt das Fest mit Maien,* das noch den Kampf um das Evangelium spüren lässt:

> Lass die Zungen brennen,
> wenn wir Jesus nennen,
> führ den Geist empor;
> gib uns Kraft zu beten
> und vor Gott zu treten,
> sprich du selbst uns vor.
> Gib uns Mut, du höchstes Gut,
> tröst uns kräftiglich von oben
> bei der Feinde Toben.

Hilf das Kreuz uns tragen,
und in finstern Tagen
sei du unser Licht;
trag nach Zions Hügeln
uns mit Glaubensflügeln
und verlass uns nicht,
wenn der Tod, die letzte Not,
mit uns will zu Felde liegen,
dass wir fröhlich siegen.

Im Abendlied *Hirte deiner Schafe* wird die Geborgenheit unter dem guten Hirten besungen:

Decke mich von oben
vor der Feinde Toben
mit der Vaterhuld.
Ein versöhnt Gewissen
sei mein Ruhekissen;
drum vergib die Schuld,
denn dein Sohn hat mich davon
durch die tiefgeschlagnen Wunden
gnädiglich entbunden.

Lass auch meine Lieben
keine Not betrüben,
sie sind mein und dein.
Schließ uns mit Erbarmen
in den Vaterarmen
ohne Sorgen ein.
Du bei mir und ich bei dir;
also sind wir ungeschieden,
und ich schlaf im Frieden.

Am Buß- und Bettag 1735 stand Schmolck zum letzten Mal auf seiner Kanzel. Danach ließ er sich noch mehrfach in die Kirche tragen und segnete die Gläubigen. Am 12. Februar 1737 ging er sanft heim zu seinem Herrn.

Von der Kanzel hatte Schmolck nach der Predigt viele seiner Lieder, so auch dieses Osterlied vorgetragen:

Willkommen, Held im Streite,
aus deines Grabes Kluft!
Wir triumphieren heute
um deine leere Gruft.

Der Feind wird schaugetragen
und heißt nunmehr ein Spott;
wir aber können sagen:
Mit uns ist unser Gott.

Schwing deine Siegesfahne
auch über unser Herz
und zeig uns einst die Bahne
vom Grabe himmelwärts.

Der Tod kann uns nicht schaden,
sein Pfeil ist nunmehr stumpf;
wir sind bei Gott in Gnaden
und rufen schon: Triumph!

Johann Mentzers Schmerz an zwölf Familiengräbern

Im Himmel soll das arme Lob viel besser werden!

Die Witwe, die am Anfang des 18. Jahrhunderts im Wasserschloss von Großhennersdorf in der Oberlausitz als Landvögtin residierte, war in jeder Beziehung eine außergewöhnliche Frau: Henriette Katharina Freifrau von Gersdorf. Sie half entscheidend mit, dass auch Mädchen eine höhere Schulbildung bekommen konnten. Sie sprach Französisch und Italienisch, daneben die alten Sprachen Hebräisch, Chaldäisch und Syrisch. Mit Professoren führte sie schon als junge Frau intensive lateinische Briefwechsel. Dazu gehörte auch der berühmte Philosoph Leibniz. In ihrem Schloss betrieb sie ein chemisches Labor. Daneben musizierte und dichtete sie und malte auch Ölbilder.

Diese Frau nannte man im Volk damals nach ihrem Mädchennamen von Friesen voll Bewunderung *die gelehrte Friesin.* Mit ihrem weiten Geist war sie gleichzeitig ein tief gläubiger Mensch. Sie übernahm die Aufgabe, ihren Enkel Nikolaus Ludwig Reichsgraf von Zinzendorf zu erziehen, weil dessen Mutter sich nach dem frühen Tod des Vaters mit dem preußischen Generalfeldmarschall von Natzmer vermählte. Zinzendorf hat von seiner begabten und geistreichen Großmutter viel mitbekommen. Vor allem ihre biblisch verwurzelte Jesusliebe prägte ihn tief.

Leider nur im Gesangbuch der Herrnhuter Brüdergemeine findet sich die von ihr gedichtete Weihnachtsbitte:

Ich will nicht kleine Gaben,
du Gotteskind, von dir;
dich selber will ich haben
und bitten, dass auch mir
du magst geboren heißen,
der Welt und Sünde mich
auf ewiglich entreißen
und ziehen ganz an dich.

Schon ihr verstorbener Ehemann, Freiherr Nikolaus von Gersdorf, der geheimer kursächsischer Ratsdirektor und Landvogt in Dresden war, hatte 1693 den 35-jährigen Pfarrer Johann Mentzer in den kleinen Ort Kemnitz, ganz in der Nähe von Herrnhut, gerufen. Für Mentzer, der in einer schwierigen Gemeinde unter den in der Oberlausitz ansässigen, rauen slawischen Sorben tätig war, bedeutete diese neue geistliche Gemeinschaft mit der Familie des Freiherrn von Gersdorf eine wunderbare Lebensführung.

Johann Mentzer war im sorbischen Sprachgebiet geboren, obwohl die Familie seiner Eltern selbst nicht aus slawischen Wurzeln stammte. Die Verhältnisse daheim waren armselig und dürftig. Der Vater scheint ein kleiner Beamter gewesen zu sein. Erst mit 33 Jahren hatte Mentzer die erste Pfarrstelle bekommen. Vorher hatte er sich als Hauslehrer durchgeschlagen.

In der *historischen Nachricht vom Brüdergesangbuch des Jahres* wird von einem schweren Brandunglück berichtet, bei dem Johann Mentzer 1704 all sein Hab und Gut verloren haben soll. Noch auf den verkohlten Balken sitzend, mitten in den Trümmern seines abgebrannten Hauses, habe er das Lied angestimmt:

O dass ich tausend Zungen hätte
und einen tausendfachen Mund,
so stimmt ich damit um die Wette
vom allertiefsten Herzensgrund
ein Loblied nach dem andern an
von dem, was Gott an mir getan.

O dass doch meine Stimme schallte
bis dahin, wo die Sonne steht;
o dass mein Blut mit Jauchzen wallte,
solang es noch im Laufe geht;
ach wär ein jeder Puls ein Dank
und jeder Odem ein Gesang!

Wer überströmet mich mit Segen?
Bist du es nicht, o reicher Gott?

Wer schützet mich auf meinen Wegen?
Du, du, o Herr Gott Zebaoth!
Auch in der größesten Gefahr
ward deines Trostes ich gewahr.

Ich will von deiner Güte singen,
solange sich die Zunge regt;
ich will dir Freudenopfer bringen,
solange sich mein Herz bewegt;
ja wenn der Mund wird kraftlos sein,
so stimm ich doch mit Seufzen ein.

Ach nimm das arme Lob auf Erden,
mein Gott, in allen Gnaden hin.
Im Himmel soll es besser werden,
wenn ich bei deinen Engeln bin.
Da sing ich dir im höhern Chor
viel tausend Halleluja vor.

Man hat die Darstellung von dem großen Brand bezweifelt, weil es keine weiteren Berichte von einer solchen Katastrophe gibt. Fest steht aber, dass Johann Mentzer durch tiefes Leid in seiner Familie ging. Aus diesen schweren Erfahrungen heraus hat er seine über hundert Lieder gedichtet.

Seine Frau starb schon nach sechs Ehejahren im Alter von 32 Jahren, nachdem sie unter schrecklichen Schmerzen und mit großem Blutverlust Zwillinge geboren hatte.

Um für seine sechs Kinder zu sorgen, heiratete Mentzer wieder. Von den sieben Kindern aus der zweiten Ehe blieb nur das älteste am Leben. Im Jahr 1716 starben innerhalb von 22 Tagen vier seiner Kinder. Der erschütterte und tief gebeugte Vater schrieb ins Totenregister: *Ach, mein Gott, was tust du einen so schmerzlichen Herzensriss nach dem andern! Doch es sei dafür dein Name hoch gelobt.*

Und er dichtete die Strophe:

Ach Gott, ach liebster Gott,
du machst mir Schmerz auf Schmerzen,
du reißest Stück auf Stück
von meinem Vaterherzen;
doch deine Liebe tut's,
drum geb ich mich darein.
Mir gnüget, wenn nur du
mir stets wirst gnädig sein.

Nikolaus Ludwig Graf von Zinzendorf, der oft mit ihm zusammentraf, nannte ihn einen *im Ofen der Trübsal geläuterten Christen.* Auf dem Grabstein Johann Mentzers, der 1734 im Alter von 76 Jahren starb, steht neben dem Vermerk von der *vergnügten Ehe* auch ein Hinweis auf das viele Kreuz, das er zu tragen hatte: *Er sah den Segen von 13 Kindern und sieben Kindeskindern, von denen samt der ersten Mutter zwölf ihm im Grab und im Himmel Gesellschaft leisten.* Außerdem wird auf diesem Stein berichtet, Feinde des Kreuzes Christi hätten es Mentzer am Ende seines *kreuzvollen* Lebens noch sauer gemacht.

Leider ist in manchen Gesangbüchern sein Danklied *O dass ich tausend Zungen hätte* gekürzt, so fehlen gerade die Strophen, in denen er von der Überwindung des schweren Leides spricht:

Ich habe ja mein Lebetage
es schon so manches Mal gespürt,
dass du mich unter vieler Plage
getreulich hast hindurchgeführt.
Denn in der größesten Gefahr
ward ich dein Trostlicht stets gewahr.

Wie sollt ich nun nicht voller Freuden
in deinem steten Lobe stehn?
Wie sollt ich auch im tiefsten Leiden
nicht triumphierend einhergehn?
Und fiele auch der Himmel ein,
so will ich doch nicht traurig sein.

Zu den schönen Seiten seines Lebens gehörte die enge und vertraute Freundschaft mit der Familie von Gersdorf. Mentzer wurde beim Tod des Freiherrn 1702 die Beerdigungsansprache übertragen. Auch in der 24-jährigen Witwenzeit von Henriette Katharina Freifrau von Gersdorf war Pfarrer Johann Mentzer im Großhennersdorfer Wasserschloss ein häufiger und gern gesehener Gast.

Von der Hobelbank zur Universität – Johann Jakob Rambach

Wo ist ein Herr, der so mit Knechten tut?

Eigentlich wollte Johann Jakob Rambach ein Handwerk lernen, um seinen Eltern, die einfache Handwerker waren, nicht auf der Tasche zu liegen. Als Lehrling in der Schreinerlehre seines Vaters übertrat aber Johann Jakob Rambach bei einem kleinen Unfall den Fuß so unglücklich, dass er monatelang nicht arbeiten konnte. Weil der Schmerz nicht aufhörte, schickte man ihn schließlich wieder aufs Gymnasium. Das Lernen fiel dem begabten Jungen leicht.

Nun kam aber auch das alte Erbübel der Familie heraus. Johann Jakob Rambach war immer heiser, deshalb sollte er nicht Pfarrer, sondern Arzt werden. Während des Studiums wandte er sich aber wieder der Theologie zu und wurde einer der großen Theologen des 18. Jahrhunderts.

1693 war Johann Jakob Rambach in Glauchau, das zu Halle an der Saale gehört, geboren worden. Ein Jahr vor Rambachs Geburt war August Hermann Francke als Prediger und Professor in diese Stadt gekommen.

Im Studium wurde Rambach ein begeisterter Schüler August Hermann Franckes. Zusammen mit berühmten Orientalisten half er bei der Herausgabe der hebräischen Bibel durch Baron von Canstein. Schon früh wurden Rambach Aufgaben im Vorlesungsbetrieb an der Universität übertragen. Er fand so viel Anerkennung, dass er schon mit 30 Jahren theologischer Dozent wurde. Oft waren seine Vorlesungen mit bis zu 500 Studenten völlig überfüllt. Man schätzte an ihm das umfassende Wissen, die klare Darstellung und seine menschliche Wärme. Ihm ging es nicht um theologische Spitzfindigkeiten, sondern viel mehr um ein tätiges Christentum. Er war, was bei Professoren oft außergewöhnlich ist, ein Kinderfreund und gehörte zu den besten Jugendschriftstellern seiner Zeit.

Nach Franckes Tod wurde Rambach sein Nachfolger in der Professur. Er war ein Bibeltheologe durch und durch. Ein Theologe *muss durch die Heilige Schrift gebildet werden, das war sein Motto.*

Auch die Predigerstelle an der Schulkirche in Halle wurde Johann Jakob Rambach übertragen. Gleichzeitig berief man ihn zum Leiter des fürstlichen Pädagogiums.

Von seinen Liedern wird heute noch das Tauflied *Ich bin getauft auf deinen Namen* gesungen, in dem es heißt:

Mein treuer Gott, auf deiner Seite
bleibt dieser Bund wohl feste stehn;
wenn aber ich ihn überschreite,
so lass mich nicht verlorengehn;
nimm mich, dein Kind, zu Gnaden an,
wenn ich hab einen Fall getan.

Ich gebe dir, mein Gott, aufs Neue
Leib, Seel und Herz zum Opfer hin;
erwecke mich zu neuer Treue
und nimm Besitz von meinem Sinn.

Es sei in mir kein Tropfen Blut,
der nicht, Herr, deinen Willen tut.

Von den 183 Liedern, die er dichtete, wird heute auch noch gern das anbetende Himmelfahrtslied *Großer Mittler, der zur Rechten seines großen Vaters sitzt* gesungen.

Sehr bekannt ist das Lied:

Der Herr ist gut, in dessen Dienst wir stehn,
wir dürfen ihn gar Abba Vater nennen.
Wenn wir nur treu auf seinen Wegen gehn,
so sehn wir ihn vor zarter Liebe brennen.
Dies Wort gibt uns im Kampfe Trost und Mut:
Der Herr ist gut.

Der Herr ist gut und teilt sich willig mit;
sein Wesen ist ein Brunnen guter Gaben.
Er geht uns nach und fragt bei jedem Schritt,
ob wir nicht was von ihm zu bitten haben.
Wo ist ein Herr, der so mit Knechten tut?
Der Herr ist gut.

Der Herr ist gut. Wer dies im Glauben schmeckt,
wird nimmermehr aus seinen Diensten gehen.
Hier wird erst recht, was Freiheit sei, entdeckt;
hier kann der Geist im rechten Adel stehen.
Nichts ist umsonst, was hier der Glaube tut.
Der Herr ist gut.

Schwer trug Rambach am Tod seiner Frau, die 1730 schon nach sechs Ehejahren starb, nachdem sie das dritte Kind tot geboren hatte. Sie war eine Tochter des Theologieprofessors Dr. Joachim Lange in Halle, der das Morgenlied *O Jesu, süßes Licht, nun ist die Nacht vergangen* dichtete.

1731 promovierte Rambach zum Doktor und folgte einem Ruf als Professor und Superintendent ins hessische Gießen. Dort aber war der Widerstand der Studenten gegen ihn sehr groß. Auch seine Predigten wurden nicht mehr so dankbar aufgenommen wie in Halle. Die Kritik, er sei scharf und streitsüchtig, verletzte ihn tief. Rambach schwieg zu allen Verleumdungen und trug alles in der Stille betend vor Gott. Das haben andere an ihm besonders gerühmt, dass *seine Kraft im Beten groß war.* In treuer Fürbitte trat er täglich für Universität und Studenten, für Stadt und Land, Kirche und Schule ein.

1734 erwog er, einem ehrenvollen Ruf an die Universität nach Göttingen zu folgen. Auf Drängen seines hessischen Landesherrn lehnte er dann aber doch ab.

Im gleichen Jahr traten schwere körperliche Beschwerden bei ihm auf. Einmal litt das Gedächtnis nach großen Anstrengungen, und auch die körperliche Kraft wurde immer weniger.

In den Tagen vor seinem Sterben betete er: *Lieber himmlischer Vater! Wenn es dein heiliger Wille ist, so erhalte mir meinen Verstand bis an mein seliges Ende und bewahre mich vor aller Verwirrung.*

Dieses Gebet wurde erhört. In den letzten Stunden vor seinem Heimgang fragte ihn sein späterer Schwiegersohn, ob er fertig sei, zu seinem Heiland zu gehen? *Ja, ich bin ganz fertig!*

So entschlief Johann Jakob Rambach am 19. April 1735 im Alter von nur 42 Jahren.

Johann Daniel Herrnschmidt pflegt verletzte Soldaten

Wenn du nur bei Jesus bist!

Im Wirtshaus *Zum Lamm* im schwäbischen Remstaldorf Großheppach traf sich 1704 eine erlauchte Runde von Fürsten zum entscheidenden Kriegsrat. Darunter war der kaiserliche Feldherr Prinz Eugen von Savoyen, der englische Herzog von Marlborough und der Markgraf von Baden, *Türkenlouis* genannt. Sie bereiteten eine der großen europäischen Schlachten im sogenannten Spanischen Erbfolgekrieg vor. Dieser Krieg wurde 14 Jahre lang um das riesenhafte Erbe des habsburgischen Reiches geführt.

Ausgelöst hatte ihn der unumschränkt herrschende französische Sonnenkönig Ludwig XIV. von Versailles. Ungeniert wollte er sich von den zur Verteilung anstehenden Ländern das wichtigste Stück als Beute für seine Familie sichern. Dem traten aber die Engländer und Niederländer zusammen mit dem badischen Prinzen und dem württembergischen Herzog in den strategisch ideal weiten Ebenen des fränkischen Donaurieds zwischen Augsburg und Nördlingen entgegen. Es war ein schlimmes Morden der feindlichen Heere. Allein von den französischen Truppen wurden 22 000 Soldaten verletzt oder getötet. 11 000 französische Kämpfer wurden gefangen genommen.

Das preußische Feldlazarett wurde vom Schlachtfeld bei Höchststadt in die schwäbische Kleinstadt Bopfingen auf der Ostalb verlegt. Man kann sich das Elend der verletzten Soldaten kaum vorstellen, bevor das Rote Kreuz erst eineinhalb Jahrhunderte später durch Henri Dunant geschaffen wurde.

Einer aber kümmerte sich aufopferungsvoll um die Schwerkranken und Sterbenden. Es war Johann Daniel Herrnschmidt, der Vikar von Bopfingen, der dorthin zurückgekehrt war, um seinem gichtkranken Vater im Pfarramt auszuhelfen.

Schlimm wütete das ansteckende *Lazarettfieber*, wie man es damals nannte. Es war der Flecktyphus, an dem ein beträchtlicher Teil der angesteckten Verletzten starb. Die große Gefahr einer Infektion fürchtete Herrnschmidt aber nicht, sondern pflegte unermüdlich die Verletzten, Kranken und Sterbenden.

In dieser Zeit entstand sein Lied des großen Vertrauens in den Schutz des lebendigen Gottes:

Gott will's machen, dass die Sachen
gehen, wie es heilsam ist.
Lass die Wellen höher schwellen,
wenn du nur bei Jesus bist.

Glaub nur feste, dass das Beste
über dich beschlossen sei.
Wenn dein Wille nur ist stille,
wirst du von dem Kummer frei.

Willst du wanken in Gedanken,
fall in die Gelassenheit.
Lass den sorgen, der auch morgen
Herr ist über Leid und Freud.

Gottes Hände sind ohn Ende,
sein Vermögen hat kein Ziel.
Ist's beschwerlich, scheint's gefährlich,
deinem Gott ist nichts zu viel.

Wenn die Stunden sich gefunden,
bricht die Hilf mit Macht herein;
und dein Grämen zu beschämen,
wird es unversehens sein.

1712 berief man Johann Daniel Herrnschmidt als Hofprediger, Superintendent und Konsistorialrat ins nassauische Idstein, nachdem er zuvor den Titel eines Doktors der Theologie erworben hatte. Von dort kam er als Professor der Theologie nach Halle, wo er eng mit August Hermann Francke als zweiter Direktor des Pädagogiums und des Waisenhauses zusammenarbeitete. Nur noch sieben Jahre blieben ihm für diesen Dienst.

In seiner Familie mit acht Kindern ging es meist arm her. Dennoch strahlte Dr. Johann Daniel Herrnschmidt viel Güte und Freundlichkeit aus, half gerne jedem, der ihn brauchte. Der demütige Professor war deshalb sehr beliebt.

Er dichtete nach der Vorlage von Psalm 146 das bekannte Lob- und Danklied:

Lobe den Herren, o meine Seele!
Ich will ihn loben bis in Tod;
weil ich noch Stunden auf Erden zähle,
will ich lobsingen meinem Gott.
Der Leib und Seel gegeben hat,
werde gepriesen früh und spat. Halleluja.

Selig, ja selig ist der zu nennen,
des Hilfe der Gott Jakobs ist,
welcher vom Glauben sich nicht lässt trennen
und hofft getrost auf Jesus Christ.
Wer diesen Herrn zum Beistand hat,
findet am besten Rat und Tat. Halleluja.

Rühmet, ihr Menschen, den hohen Namen
des, der so große Wunder tut.
Alles, was Odem hat, rufe Amen
und bringe Lob mit frohem Mut.
Ihr Kinder Gottes, lobt und preist
Vater und Sohn und Heilgen Geist! Halleluja.

Nur 48 Jahre alt wurde Johann Daniel Herrnschmidt. Er starb 1723. Seine Ehefrau überlebte ihn nur um 18 Stunden. Die acht noch unmündigen Kinder, die zurückblieben, wurden im Halleschen Waisenhaus versorgt. In seinem Loblied von der Güte Gottes dichtete Herrnschmidt in einem Vers: *Witwen und Waisen hält er Schutz.*

Ihm war es immer wichtig gewesen, *würdig der Berufung* zu leben. Noch 14 Tage vor seinem Tod hielt er die Bibelstunde im Waisenhaus über das letzte Kapitel der Offenbarung im Neuen Testament: *Sein Name wird an ihren Stirnen sein!* Wenige Tage vor seinem Tod folgte noch eine Bibelstunde über *Ja, ich komme bald. Amen, ja komm, Herr Jesus!*

Der ungestüme und mutige Querdenker Gottfried Arnold

Im Ringen um neues geistliches Leben in der Kirche

Fast alle haben sich an der radikalen Art des leidenschaftlichen Gottfried Arnold gestoßen. Noch weit mehr aber hat dieser hervorragende Theologe an der bestehenden Kirche seiner Zeit gelitten. Unerträglich waren ihm die Betonung der äußerlichen Zeremonien und der trockenen Lehrsätze in einer verfallenen Kirche und die Geringschätzung des echt Christlichen. Weil die erstarrte Kirche, der Gottfried Arnold begegnete, reformunwillig und unfähig zur Erneuerung war, hat er sich an ihrer weltlichen Organisationsform und Gestalt wund gerieben.

Gottfried Arnold stammte aus ärmlichen Verhältnissen. 1666 im sächsischen Annaberg im Erzgebirge geboren, verlor er schon mit fünf Jahren seine Mutter. Im Alter von 13 Jahren musste er sich durch Stundengeben das nötige Geld verdienen. Erst mit 16 Jahren konnte er das Gymnasium in Gera besuchen. Anschließend studierte er mit großem Eifer und bestem Erfolg in Wittenberg Theologie. Schon damals wurde er immer mehr von der *wehrlosen und unfruchtbaren Scholastik* abgestoßen und umso stärker zu den Schriften der ersten Christen hingeführt, wo er die Liebe zu Christus fand. Mit dem wunderbaren *Geheimnis des Christus in uns* suchte er *die Erneuerung des verdorbenen und erstorbenen christlichen Lebens* zu erreichen.

Deshalb war Gottfried Arnold froh, nach Abschluss seines Studiums dieser *scheinbaren Lust der Gelehrsamkeit* entfliehen zu können. Arnold nahm Stellungen als Hofmeister in Adelshäusern in Dresden an. Das gab ihm die Gelegenheit, regelmäßig Predigten und Bibelstunden des Reformers Philipp Jakob Spener zu besuchen. Die Ideen Speners, mit der Bibel eine Erneuerung des notvollen Zustands der Kirche zu beginnen, kamen Gottfried Arnold sehr entgegen.

Weiter war Arnold in Quedlinburg ebenfalls als Hofmeister tätig. Schließlich wirkte er, 32-jährig, als Professor für Geschichte von 1697 bis 1698 an der Universität in Gießen.

Warum gab Arnold diese Lehrtätigkeit so rasch wieder auf? Den Grund dafür beschrieb er so: *Täglich wuchs mein Ekel vor dem hochtrabenden, ruhmsüchtigen Vernunftwesen des akademischen Lebens.* Er sah in den Vorlesungen, Seminaren und Disputationen nur *Weltweisheit*, die der Demut von Christus, seiner Liebe, dem lebendigen Glauben und dem Weg des Heils entgegen stehen, ja eine Gotteslästerung bedeuten. *Ein Elend ist es um die gemeine, mit Recht so genannte Weltweisheit!* Offen gab er zu, einst selbst dieses Amt aus Ehrgeiz und in der Sorge um das Auskommen gesucht zu haben.

Was Gottfried Arnold als Schaden für sich selbst erkannte, wollte er keinen Augenblick weiter dulden. Konsequent zog er sich 1698 in die Stille nach Quedlinburg ins Haus seines Freundes und späteren Schwiegervaters zurück. Dieser Schritt erforderte von dem eher schüchternen Arnold ungeheuren Mut. Er fand ihn in seiner glühenden Christusliebe und einem völligen Vertrauen auf Jesus, den Herrn. Wie heftig die Kämpfe ihn selbst erschütterten, davon spricht Arnold in seinem Lied *O Durchbrecher aller Bande*, das in der Gießener Zeit entstanden ist. Er überschrieb es: *Das Seufzen der Gefangenen um den Sieg des neuen Menschen.*

Schau doch aber unsre Ketten,
da wir mit der Kreatur
seufzen, ringen, schreien, beten
um Erlösung von Natur,
von dem Dienst der Eitelkeiten,
der uns noch so hart bedrückt,
ob auch schon der Geist zu Zeiten
sich auf etwas Bessers schickt.

Herr, zermalme, brich, vernichte
alle Macht der Finsternis;
unterwirf sie dem Gerichte,
mach des Sieges uns gewiss!
Heb uns aus dem Staub der Sünden,
wirf die Schlangenbrut hinaus;
lass uns wahre Freiheit finden
droben in des Vaters Haus!

Herrscher, herrsche, Sieger, siege,
König, brauch dein Regiment!
Führe deines Reiches Kriege,
mach der Sklaverei ein End!
Aus dem Kerker führ die Seelen
durch des neuen Bundes Blut,
lass uns länger nicht so quälen;
denn du meinst's mit uns ja gut.

Liebe, zieh uns in dein Sterben;
lass mit dir gekreuzigt sein,
was dein Reich nicht kann ererben;
führ ins Paradies uns ein.
Doch wohlan, du wirst nicht säumen,
lass uns nur nicht lässig sein;
werden wir doch als wie träumen,
wenn die Freiheit bricht herein.

Von aller trostlos trockenen Theologie abgestoßen, suchte Gottfried Arnold ungestüm vorwärts drängend, das wirkliche geistliche Leben aus Gott in seiner ganzen Tiefe zu erfassen.

In seinem Passionslied *Richtet auf des Heilands Leiden die Vernunft ihr Denken hin* dichtete er:

Aber meines Geistes Sehnen
zielt auf die Gemeinschaft hin,
stets zum Sterben zu gewöhnen

den so tief verderbten Sinn.
Mir soll Christi Schmach und Pein
nicht ein rührend Bild nur sein;
nein, ins Herz will ich ihn schließen,
seines Todes Kraft genießen.

Ein Jahr nach Gottfried Arnolds Weggang von der Universität in Gießen erschien seine bedeutendste und eindrücklichste Schrift im Druck: *Unparteiische Kirchen- und Ketzerhistorie.* Kritisch setzte sich Arnold darin mit dem *verzweifelten Schaden* der Kirche auseinander, die für ihn das Bild der Hure Babel aus der Offenbarung des Johannes trug. In der Geschichte der grauenhaft verfallenen Kirche suchte er nach dem wahren Reich Gottes und der echten Brautgemeinde Jesu Christi. Er sah die in Jahrhunderten verworfenen und verbannten Ketzer als die eigentlichen und wahren Christen an, die von ihren unverständigen Richtern, ja oft selbst von der Kirche, gehasst, verfolgt und als Sektierer gebrandmarkt wurden.

Eigentlich ging Arnold mit seiner Kritik am Abfall der Kirche nur auf dem Reformweg Luthers konsequent weiter. Aber es sollte ein Stich ins Wespennest werden. Eine ungeheure Erregung hatte Arnold mit diesem kritischen geschichtlichen Riesenwerk ausgelöst. Unerbittliche Verfolgung, ja Ausweisung und Vertreibung brachte ihm dieses Buch ein.

Arnold schrieb in den 20 Jahren seines Wirkens insgesamt 58 ganz verschiedene Werke. Darunter waren große Folianten im Großformat mit bis zu 1500 Seiten. Welch eine Leistung! Seine Lieder nannte er *Freudensprünge*, die *aus dem Geist geboren sind, nicht künstlerisch gefeilt.* Dazu gehören auch die noch in Gemeinschaftskreisen gesungenen Lieder *So führst du doch recht selig, Herr, die Deinen; Herzog unsrer Seligkeiten;* und *Wer überwindet, soll vom Holz genießen.*

Schließlich verschaffte der preußische König dem Verbannten 1705 ein richtiges Pfarramt in der Altmark. Das brachte ihm endlich wieder die nötige innere und äußere Ruhe.

Gottfried Arnold aber alterte rasch. Seine Körperkraft war nicht nur durch die Arbeit, sondern auch durch eine skorbutähnliche Krankheit aufgerieben.

Da drangen am Pfingstfest 1714, gerade als Arnold in der Kirche das Abendmahl austeilen wollte, preußische Werber mit Trommelwirbel in seinen Gottesdienst. Sie ergriffen brutal alle jungen Männer und brachten sie zwangsweise zum Militär. Gottfried Arnold brach unter diesem furchtbaren Schock zusammen. Ein schweres Nervenfieber befiel ihn. Am nächsten Tag hielt er noch eine Beerdigung, der treue Mesner musste ihn dabei stützen. Dann legte er sich in großer Ruhe auf sein Sterbebett. *Ach wie wohl ist mir!*, sagte er zu seiner Frau, *siehst du nicht die Engel?*

Aus Ehrfurcht vor der heiligen Größe Gottes wollte er auch jetzt noch auf den Knien beten. Unter großen Schwierigkeiten musste seine Frau den matten Körper umdrehen. Als er betete: *Vater, ist's möglich, so gehe dieser Kelch von mir!* spürte man die schweren Anfechtungen, die ihn heimsuchten. Alle glaubten ihn schon tot, da richtete er sich noch einmal auf und rief sehnsüchtig in Erinnerung an Elias Himmelfahrt: *Frisch auf! Die Wagen her und fort!*

Gott hatte seinen treuen Diener, der mit Leidenschaft in Liebe und Feuer für ihn glühte, 1714 im Alter von erst 47 Jahren heimgeholt in seinen Frieden. Auf der Grabinschrift stand: *Mitgenosse der Leiden, die in Christus Jesus sind.*

Auf dem Sterbebett hatte es Arnold noch bewegt: *Die Gerichte der letzten Zeiten werden unerträglich sein!* Er war froh, sie nicht mehr erleben zu müssen.

Der frühe Tod des Mediziners Christian Friedrich Richter

Auf der Suche nach der Liebe Gottes

In den Franckeschen Anstalten in Halle grassierte 1699 das ansteckende Fleckfieber. Als Erster starb der junge Arzt der Anstalten, Christian Albrecht Richter.

Wie sollte man nun diese plötzliche Lücke schließen? August Hermann Francke berief den Bruder des verstorbenen Arztes, Christian Friedrich Richter, als neuen Arzt an die Franckeschen

Anstalten. Dieser jüngere Bruder war schon seit einem Jahr als Inspektor am Pädagogium, einem Internat für Jungen aus höheren Familien, tätig. Nun trug er als Arzt die Verantwortung für alle Einrichtungen der Anstalten.

Es waren insgesamt drei Brüder Richter, Söhne eines Juristen, die aus der Niederlausitz stammten. Dort wurde 1676 Christian Friedrich geboren. In Halle studierte er erst Medizin, dann auch noch Theologie.

Christian Friedrich Richter bedrückte die Not der Kranken, für die er betete, Gott möge *bessere und kräftigere Arzneien schenken.* Da fiel ihm auf, dass das Wort in Sirach 38,2 ff. nicht umsonst in der Bibel stehen kann: *Die Heilung kommt von dem Höchsten. Der Herr lässt die Arznei aus der Erde wachsen, und ein Vernünftiger verachtet sie nicht.* Richter war fortan klar, dass Heilung der Krankheiten und die richtigen Heilmittel unter Gottes Verfügung stehen. Der junge Arzt vertrat eine ganzheitliche Medizin, in der auch die Seelsorge ihren gewichtigen Platz und ihre angemessene Bedeutung hatte.

Schon bald entdeckte Christian Friedrich Richter viele wirksame Arzneien. Sein jüngerer Bruder Dr. Christian Sigismund Richter half ihm dabei. Am meisten bekannt wurde die *essentia dulcis* nach einem chemischen Manuskript, das ein Kranker auf dem Sterbebett August Hermann Francke übergeben hatte. Ganz besonders diese Arznei fand weit über Deutschland hinaus Verbreitung. Durch die erfolgreiche Verkaufsstrategie in der Apotheke der Franckeschen Anstalten in Halle brachte sie schließlich auch einen gewaltigen Erlös ein.

Es ist heute schon sehr eindrucksvoll, die alte Apotheke in den Franckeschen Stiftungen in Halle an der Saale zu besichtigen. Wenn auch die Apotheke im letzten Jahrhundert in ein anderes Gebäude verlegt wurde, so gibt doch die alte Einrichtung ein Bild von der großen Leistung Richters mit der wegweisenden Gründung der Apotheke im Jahr 1698.

In einem Brief aus dem Jahr 1699 schrieb Richter von seinen inneren Kämpfen, die er durchlitt. Er wollte immer inniger mit Gott verbunden sein, spürte aber, wie ihm dazu die Liebe fehlte. Deshalb kämpfte er seine alte angeborene Art nieder, um Gott ganz neu und vollkommen zu dienen.

In dem Lied *O wie selig sind die Seelen* findet sich die schöne Gebetsstrophe von Richter:

Schenke, Herr, auf meine Bitte
mir ein göttliches Gemüte,
einen königlichen Geist,
mich als dir verlobt zu tragen,
allem freudig abzusagen,
was nur Welt und irdisch heißt.

Richter nahm von den Einkünften der Apotheke nur so viel, wie er zum Leben nötig brauchte. Was übrig war, gab er großzügig in Werke der Liebe an Notleidende und Bedürftige.

Ihm war Geld und Ehre unwichtig. Er verzichtete auch gerne auf das Lob von Menschen. Viel wichtiger wurde ihm das stille und verborgene Leben im Umgang mit Gott.

Im Lied *Hüter, wird die Nacht der Sünden* dichtete Richter die Schlussstrophe:

Jesu, gib gesunde Augen, die was taugen,
rühre meine Augen an; denn das ist die größte Plage,
wenn am Tage man das Licht nicht sehen kann.

Dieser Liederdichter Christian Friedrich Richter war es, der 1708 wegweisend als Erster in Deutschland das Krankenhaus am Waisenhaus zu einer Art Universitäts-Poliklinik ausbaute, in der Mediziner und Theologen praxisnah ausgebildet wurden.

Nach seinem frühen Tod gab sein Bruder seine Schriften heraus. Dabei war auch das Lied, das Christian Friedrich Richter *Vom verborgenen Leben der Gläubigen* überschrieben hatte:

Es glänzet der Christen inwendiges Leben,
obgleich sie von außen die Sonne verbrannt.
Was ihnen der König des Himmels gegeben,
ist keinem als ihnen nur selber bekannt.
Was niemand verspüret; was niemand berühret,
hat ihre erleuchteten Sinne gezieret
und sie zu der göttlichen Würde geführet.

Sie wandeln auf Erden und leben im Himmel,
sie bleiben ohnmächtig und schützen die Welt;
sie schmecken den Frieden bei allem Getümmel,
sind arm, doch sie haben, was ihnen gefällt.
Sie stehen in Leiden und bleiben in Freuden;
sie scheinen ertötet den äußeren Sinnen
und führen das Leben des Glaubens von innen.

Wenn Christus, ihr Leben, wird offenbar werden,
wenn er sich einst, wie er ist, öffentlich stellt,
so werden sie mit ihm als Fürsten der Erden
auch herrlich erscheinen zum Wunder der Welt:
sie werden regieren, mit ihm triumphieren,
den Himmel als prächtige Lichter auszieren;
da wird man die Freude gar offenbar spüren.

Das Lied geht aus von dem Wort des Apostels Paulus: *Euer Leben ist verborgen mit Christus in Gott. Wenn aber Christus, unser Leben, sich offenbaren wird, dann werdet ihr auch offenbar werden mit ihm in der Herrlichkeit* (Kolosser 3,3f.).

Richter hat selbst zu jeder Strophe mindestens zehn Bibelstellen genannt, die er dichterisch gestalten wollte. Das macht deutlich, wie stark Richter um eine biblische Ausdrucksweise rang.

Dieses Lied wurde das Lieblingslied des berühmten Theologen Friedrich Schleiermacher. Er hat dafür gesorgt, dass es weit bekannt wurde.

Schon an seinem 35. Geburtstag starb der Arzt, Theologe und Liederdichter Dr. Christian Friedrich Richter.

Samuel Rodigasts Krankenbesuch bei einem Studienfreund

Gott kann man wirklich trauen!

Im Jahr 1674 lag der Kantor Severus Gastorius in Jena schwer krank. Sein Freund, der gelehrte Assistent an der philosophischen Fakultät in Jena, Samuel Rodigast, ein Thüringer Pfarrerssohn aus dem Dorf Gröben, besuchte ihn. Es stand ernst um den Kranken. Man musste mit seinem baldigen Tod rechnen.

Der Kranke bat in seiner Not um ein Lied, das ihn trösten und aufrichten konnte. Rodigast suchte in seiner Bibel nach einem stärkenden, ermutigenden Wort. Dabei stieß er auf das prophetische Abschiedslied Moses in 5. Mose 32. Im Vers 4 steht dort: *Er ist ein Fels. Seine Werke sind vollkommen; denn alles, was er tut, das ist recht. Treu ist Gott und kein Böses an ihm, gerecht und wahrhaftig ist er.*

Daraus und aus anderen Schriftworten schuf Samuel Rodigast für seinen Freund ein Trostlied, das der Kranke selbst vertonte und sich für sein Begräbnis erbat. Als er wunderbarerweise genas, musste die Kantorei ihm jede Woche das Lied vor seiner Tür singen:

> Was Gott tut, das ist wohlgetan,
> es bleibt gerecht sein Wille;
> wie er fängt seine Sachen an,
> will ich ihm halten stille.
> Er ist mein Gott, der in der Not
> mich wohl weiß zu erhalten;
> drum lass ich ihn nur walten.

Was Gott tut, das ist wohlgetan,
er wird mich nicht betrügen;
er führet mich auf rechter Bahn;
so lass ich mir genügen
an seiner Huld und hab Geduld,
er wird mein Unglück wenden,
es steht in seinen Händen.

Was Gott tut, das ist wohlgetan,
er wird mich wohl bedenken;
er als mein Arzt und Wundermann
wird mir nicht Gift einschenken
für Arzenei; Gott ist getreu,
drum will ich auf ihn bauen
und seiner Güte trauen.

Was Gott tut, das ist wohlgetan,
dabei will ich verbleiben.
Es mag mich auf die raue Bahn
Not, Tod und Elend treiben,
so wird Gott mich ganz väterlich
in seinen Armen halten;
drum lass ich ihn nur walten.

Es hat Samuel Rodigast schwer bedrückt, dass er seinem Vater mit diesem Mut machenden Trost nicht helfen konnte. Als dessen Frau starb, brach das alte Schwermutsleiden wieder auf. In einer heftigen Depression nahm sich der Vater das Leben. 1680 wurde Samuel Rodigast zunächst Konrektor am traditionsreichen Gymnasium zum Grauen Kloster in Berlin, ab 1698 dann Rektor bis zu seinem Tod 1708 im Alter von 59 Jahren.

Eine Gräfin als Waisenkind im Dreißigjährigen Krieg

Bis hierher hat mich Gott gebracht durch seine große Güte!

Mitten im Dreißigjährigen Krieg wurde Ämilie Juliane, Gräfin zu Barby und Mühlingen, als Flüchtlingskind auf dem thüringischen Schloss Heidecksburg in Rudolstadt geboren. Weil in ihrer Heimat an der Niederelbe der Krieg so furchtbar wütete, hatte ihre Mutter, eine geborene Gräfin von Oldenburg und Delmenhorst, vor der Geburt bei ihrem Onkel in Thüringen Zuflucht gesucht. Schon im Alter von 4 Jahren verlor die kleine Ämilie ihren Vater. Ein Jahr später starb auch noch ihre Mutter. Die Verwandten auf Schloss Heidecksburg aber nahmen sich des Waisenkindes an.

Mit 20 Jahren heiratete Ämilie Juliane ihren Vetter und Pflegebruder auf der Heidecksburg. Fortan hieß sie Reichsgräfin von Schwarzburg-Rudolstadt. Aus dem elternlosen Flüchtling und Waisenkind wurde nun 1665 die Schlossherrin von Rudolstadt.

Die 42-jährige Ehe muss eine wunderbare Lebensgemeinschaft gewesen sein. Auch kümmerte sich die Gräfin fürsorgend um die Kranken, Armen und Notleidenden des Landes.

Von dieser reich begabten, geistreichen Frau stammt das heute weit verbreitete und gern gesungene Lied:

Bis hierher hat mich Gott gebracht
durch seine große Güte,

bis hierher hat er Tag und Nacht
bewahrt Herz und Gemüte,
bis hierher hat er mich geleit,
bis hierher hat er mich erfreut,
bis hierher mir geholfen.

Hab Lob und Ehr, hab Preis und Dank
für die bisher'ge Treue,
die du, o Gott, mir lebenslang
bewiesen täglich neue.
In mein Gedächtnis schreib ich an:
Der Herr hat Großes mir getan,
bis hierher mir geholfen.

Hilf fernerweit, mein treuster Hort,
hilf mir zu allen Stunden.
Hilf mir an all und jedem Ort,
hilf mir durch Jesu Wunden.
Damit sag ich bis in den Tod:
durch Christi Blut hilft mir mein Gott;
er hilft, wie er geholfen.

Auf dem Schloss in Rudolstadt wirkte als Kanzler und Konsistorialrat der gläubige und weise Ahasverus Fritsch. Bevor er im Alter von 28 Jahren Erzieher am Schloss wurde, musste er in den Wirren des Dreißigjährigen Krieges furchtbar viel mitmachen und durchleiden. Seine Eltern hatten im Krieg all ihren Besitz verloren. Ahasverus Fritsch hungerte viel. In Wäldern, Gräbern und Kellern versteckt, bangte er lange Zeit um sein Leben. Soldaten misshandelten ihn schlimm; einmal beraubten sie ihn mitten im Winter aller seiner Kleider. Fritsch muss stundenlang scheußlich gefroren haben.

Jetzt hatte er als Jurist diese ehrenvolle Stellung auf Schloss Heidecksburg errungen. Aber er litt schwer an vielerlei Krankheiten. Oft konnte er nachts nicht schlafen. So schrieb er eine große Menge von Schriften. Als treuer Bibelleser dichtete er als sein persönliches Bekenntnis das Lied:

Der am Kreuz ist meine Liebe
und sonst nichts auf dieser Welt!
O dass er's doch ewig bliebe,
der mir jetzt so wohl gefällt!
Nun, mein Herz soll immerfort
fest bestehn auf diesem Wort,
sei es heiter oder trübe:
der am Kreuz ist meine Liebe!

Zwar ist es mir unverborgen,
was die Lieb oft nach sich zieht:
Schmach, Verfolgung, Not und Sorgen,
Kreuz und Armut bringt sie mit;
ja, wenn er mein Heiland will,
ist kein bittrer Tod zuviel.
Doch es komme noch so trübe:
der am Kreuz ist meine Liebe!

Lieber wähl ich solche Plage
und der Liebe arm Gewand,
als ohn ihn die besten Tage
und der Ehre eitlen Tand.
Heißt mich immer wunderlich,
spotte man auch über mich,
dass ich, was er hasst, nicht übe:
der am Kreuz ist meine Liebe!

Aber wisst ihr meine Stärke
und was mich so mutig macht,
dass mein Herz des Fleisches Werke
und des Satans Grimm verlacht?
Jesu Lieb ist mir gewiss,
seine Lieb ist stark und süß.
Was ist, das mich noch betrübe?
Der am Kreuz ist meine Liebe!

Ahasverus Fritsch mit seiner brennenden Jesusliebe gründete die *Fruchtbringende Jesusgemeinschaft*, die auch auf andere Dichter großen Einfluss ausübte. Seine ansprechenden Lieder waren weit und breit beliebt. Am meisten hat Fritsch aber vielleicht die beiden Gräfinnen Ämilie Juliane und ihre Pflegeschwester und Schwägerin Ludämilie Elisabeth geprägt. Beide Frauen hat Fritsch zum geistlichen Dichten angeregt.

Die Landesmutter Ämilie Juliane Gräfin von Schwarzburg-Rudolstadt war mit fast 600 Liedern überhaupt die fruchtbarste geistliche Dichterin Deutschlands. Das hing wohl auch mit ihren vielen Krankheiten zusammen, die sie seit ihrem 30. Lebensjahr schwer belasteten. Ein Steinleiden und eine Gicht plagten sie mit heftigen Schmerzen. Schon früh sind ihre drei leiblichen Schwestern und ihr Bruder gestorben, so dass sie die Letzte ihres Geschlechts war. Sie hatte zwei Söhne. Ihr zweites Kind starb schon drei Tage nach der Geburt.

1686 dichtete sie auf dem Jagdschloss Neuhaus bei Rudolstadt das Lied von der wachen Bereitschaft zum Sterben. Sie war an diesem herbstlichen Septembertag im Thüringer Wald erschüttert vom tragischen Jagdunfall des Herzogs Johann Georg von Eisenach, der trotz der Feiertagsheiligung ausgerechnet am Sonntag auf die Jagd gehen wollte. Als ein Hirsch kurz vor dem Herzog aufsprang und der Jäger auf das Tier schießen wollte, wurde er plötzlich vom Hirnschlag getroffen. So betete Ämilie Juliane Reichsgräfin von Schwarzburg-Rudolstadt um das rechte Bereitsein:

Wer weiß, wie nahe mir mein Ende!
Hin geht die Zeit, her kommt der Tod;
ach wie geschwinde und behende
kann kommen meine Todesnot.
Mein Gott, ich bitt durch Christi Blut:
mach's nur mit meinem Ende gut.

Es kann vor Nacht leicht anders werden,
als es am frühen Morgen war;
solang ich leb auf dieser Erden,

leb ich in steter Todsgefahr.
Mein Gott, ich bitt durch Christi Blut:
mach's nur mit meinem Ende gut!

Lass mich beizeit mein Haus bestellen,
dass ich bereit sei für und für
und sage frisch in allen Fällen:
Herr, wie du willst, so schick's mit mir!
Mein Gott, ich bitt durch Christi Blut:
mach's nur mit meinem Ende gut!

So komm mein End heut oder morgen,
ich weiß, dass mir's mit Jesus glückt;
ich bin und bleib in deinen Sorgen,
mit Jesu Blut schön ausgeschmückt.
Mein Gott, ich bitt durch Christi Blut:
mach's nur mit meinem Ende gut!

In täglichen Sterbe-Betstunden bereitete sich Ämilie Juliane Gräfin zu Schwarzburg-Rudolstadt viele Jahre auf ihr Ende vor. 1706 wurde sie bei solch einer Betstunde heimgerufen in die Ewigkeit. Ihre letzten Worte sagte sie triumphierend: *Aufgelöst! Aufgelöst!* Das Wort aus Philipper 1,21: *Christus ist mein Leben, Sterben ist mein Gewinn,* sollte nach ihrem Wunsch über ihrem Begräbnis stehen.

Als Christian Scriver elf Kinder an Pest starben

Das betende Gespräch mit Jesus – der Pulsschlag eines Christen

Christian Scriver stammte aus Rendsburg, wo er 1629 geboren wurde. Sein Geburtstag lag gerade in diesen schweren Tagen des Dreißigjährigen Krieges, als die Truppen Wallensteins grauenhaft wüteten. Der Vater, ein einflussreicher Kaufmann, starb wenig später an der Pest, ebenso alle Geschwister Christians. Die Mutter, eine treue Beterin, wurde überraschend wieder gesund. Als einziges Kind verblieb ihr Christian, der damals noch ein Säugling im Alter von sechs Monaten war.

Da auch der Stiefvater starb, als Christian Scriver sieben Jahre alt war, lag die Verantwortung der Erziehung ganz auf der Mutter. Wegen ihrer Armut konnte sie dem Sohn aber keine gute Schulbildung ermöglichen. Die Mutter gab aber ihrem Kind das mit, was sie hatte: sie lehrte es beten.

Es war eine wunderbare Wendung im Leben von Christian Scriver, als ihm eine testamentarische Verfügung eines wohlhabenden Verwandten überraschend das Theologiestudium in Rostock ermöglichte.

Ein theologischer Lehrer machte ihm besonderen Eindruck mit dem Satz: *Ich will lieber eine Seele selig als hundert gelehrt machen.*

Mit 24 Jahren wurde Scriver Pfarrer in Stendal, nördlich von Magdeburg. Menschen zu einem lebendigen Glauben an Jesus führen, war Christian Scriver als Pfarrer und Seelsorger das Wichtigste:

O schweres Amt, o überschwängliche Sorgen! Eine einzige Seele ist es wohl wert, wenn auch ein Prediger seine ganze Lebenszeit mit voller Mühe und Arbeit ihrethalben zubrächte. Fürwahr, wenn ich dies oft recht erwäge und mir zu Herzen nehme, so schaudert mir die Haut, der Angstschweiß bricht mir aus, und ich wünsche oft, dass ich nie Prediger geworden wäre.

Magdeburg war nach den schrecklichen Zerstörungen des Dreißigjährigen Krieges noch nicht wieder aufgebaut, als Christian Scriver 1667 im Alter von 38 Jahren dort zum Pfarrer berufen wurde, wo er 23 Jahre als Prediger, Seelsorger und Schriftsteller wirken sollte. Neun Jahre nach der grauenvollen Zerstörung der Stadt durch die Heere Tillys konnten in der Kirche von St. Jakob wieder Gottesdienste abgehalten werden.

Nach dem Dreißgjährigen Krieg verwüstete nun auch noch der französisch-holländische Krieg das Land und ließ die Menschen furchtbar verrohen. Gegen die Missachtung der Gebote Gottes und die immer stärker ausufernden sittlichen Missstände im Volk setzte Christian Scriver das Evangelium von Jesus. Volksnah gab er das weit verbreitete Erbauungsbuch *Gottholds zufällige Andachten* heraus, in dem er an 400 einfachen alltäglichen Beobachtungen und Bildern aus der Natur ewige Wahrheiten groß macht. An diesem Werk arbeitete Scriver 35 Jahre lang.

Am meisten verbreitet wurde Scrivers *Seelenschatz*, eine fünfbändige Predigtsammlung, die den ganzen Heilsweg darstellt. Scriver meinte dazu: *Ich habe den Gläubigen nicht nur eine gewohnte Mahlzeit, sondern ein Gastmahl anrichten wollen, in welchem man mit vollen Schüsseln aufträgt und seinen lieben Gästen mehr vorsetzt, als notwendig gewesen wäre.*

1689 richtete Scriver unter dem Einfluss von Philipp Jakob Spener eine sonntägliche Erbauungsstunde ein. Er begann den Tag morgens um vier Uhr mit einer persönlichen Gebetsstunde. Das Beten hatte er bei seiner Mutter in früher Kindheit gelernt. Er nannte das Gebet *den Atem der Seele*, auch *Himmelsschlüssel*, oder den *Pulsschlag eines Christen.*

Von diesem innigen Reden mit Jesus singt Christian Scriver in dem eindrücklichen und vertrauten Abendlied:

Der lieben Sonne Licht und Pracht
hat nun den Tag vollführet,
die Welt hat sich zur Ruh gemacht;
tu, Seel, was dir gebühret,
tritt an die Himmelstür
und bring ein Lied herfür;
lass deine Augen, Herz und Sinn
auf Jesus sein gerichtet hin.

Ihr hellen Sterne, leuchtet wohl
und gebet eure Strahlen,
ihr macht die Nacht des Lichtes voll;
doch noch zu tausend Malen
scheint heller in mein Herz
die ewig Himmelskerz,
mein Jesus, meiner Seele Ruhm,
mein Schatz, mein Schutz, mein Eigentum.

Verschmähe nicht dies arme Lied,
das ich dir, Jesu, singe;
in meinem Herzen ist kein Fried,
bis ich es zu dir bringe.
Ich bringe, was ich kann,
ach nimm es gnädig an,
es ist doch herzlich gut gemeint,
o Jesu, meiner Seelen Freund.

Mit dir will ich zu Bette gehn,
dir will ich mich befehlen;
du wirst, mein Schutzherr, auf mich sehn
zum Besten meiner Seelen.
Ich fürchte keine Not,
auch selber nicht den Tod,
denn wer mit Jesus schlafen geht,
mit Freuden wieder aufersteht.

Ihr Höllengeister packet euch!
Hier habt ihr nichts zu schaffen.
dies Haus gehört in Jesu Reich:
Lass es ganz sicher schlafen!
Der Engel starke Wacht
hält es in guter Acht,
ihr Heer und Lager ist sein Schutz,
drum sei auch allen Teufeln Trutz.

Scriver hatte im Lauf seines Lebens persönlich viel Leid zu tragen. Sein Wahlspruch hieß: *Als die Sterbenden, und siehe, wir leben.* Elf von seinen vierzehn Kindern musste er begraben. Die meisten starben im Jahr 1681, als die schwere Pest in Magdeburg 6000 Menschen wegraffte. Drei seiner vier Ehefrauen starben.

Scriver wurde verleumdet und bekämpft. Er schrieb darüber: *Das liebe Kreuz hat zwischen Gott und mir gutes Vertrauen und Freundschaft gestiftet. Er hat meinen Glauben bewährt, meine Liebe gestärkt, mein Gebet brünstig, meine Lehre andächtig gemacht.*

Aus der eigenen Erfahrung heraus meinte er: *Eine kleine Hausuhr braucht kein so schweres Gewicht wie eine Uhr auf dem großen Turm, welche der ganzen Stadt die Uhrzeit angeben muss.*

Im Alter von 61 Jahren übernahm Christian Scriver auf Anraten von Philipp Jakob Spener das Amt eines Oberhofpredigers in Quedlinburg. Dort starb er 1693.

Wie Georg Neumark bei einem Raubüberfall alles verlor

Den barmherzigen Gott einfach walten lassen!

Nach Königsberg wollte Georg Neumark im Herbst 1640, um dort Jura zu studieren. Er war 19 Jahre alt und stammte aus der Reichsstadt Mühlhausen in Thüringen. Besonders zog ihn in Königsberg wohl Simon Dach als Dozent der Poesie und Dichtkunst an. Auch der dortige Organist Heinrich Albert war weit bekannt. Das Morgenlied *Gott des Himmels und der Erde* und auch die schöne Melodie dazu hat er geschaffen.

Die Reise dorthin, mitten im Dreißigjährigen Krieg, aber war gefährlich. Außerhalb der befestigten Städte war man nicht mehr sicher vor den räuberischen Horden. So suchte Georg Neumark für seine Reise ins ferne Königsberg einen besonders verlässlichen Schutz. Er schloss sich einer großen Fuhre von Kaufleuten an, die nach Schluss der Leipziger Messe nach Osten reisten.

Doch schon in der Altmark, unweit von Magdeburg, passierte das Unglück. Der große Kaufmannstross wurde von Räubern überfallen und ausgeplündert. Für Georg Neumark war dies eine furchtbare Katastrophe. Alles, was er hatte, war verloren.

Bettelnd schlug er sich über Magdeburg, Hamburg bis nach Kiel durch. Das war damals im Krieg das Schicksal vieler Flüchtlinge. Völlig ausgehungert kam er dort an.

Neumark kannte in Kiel einen thüringischen Landsmann, Pfarrer Nikolaus Becker. Der mühte sich, für Neumark einen Platz zu finden. Es war sehr schwierig.

Georg Neumark bewegte in diesen Wochen des Wartens das Wort aus Psalm 77,11: *Darunter leide ich, dass die rechte Hand des Höchsten sich so ändern kann.*

Endlich konnte Pfarrer Becker ihm eine Hauslehrerstelle bei einem Amtmann vermitteln. *Dieses schnell und gleichsam vom Himmel gefallene Glück erfreute mich so herzlich,* schrieb Neumark, *dass ich noch an demselben Tag meinem lieben Gott zu Ehren das Lied verfasste.* Er gab dem Lied die Überschrift: *Trostlied, dass Gott einen jeden zu seiner Zeit versorgen und erhalten will. Nach dem Spruch: Wirf dein Anliegen auf den Herrn, der wird dich wohl versorgen!* Er schuf auch gleich mit seiner Laute die Melodie dazu:

Wer nur den lieben Gott lässt walten
und hoffet auf ihn allezeit,
den wird er wunderbar erhalten
in aller Not und Traurigkeit.
Wer Gott, dem Allerhöchsten traut,
der hat auf keinen Sand gebaut.

Was helfen uns die schweren Sorgen,
was hilft uns unser Weh und Ach?
Was hilft es, dass wir alle Morgen
beseufzen unser Ungemach?
Wir machen unser Kreuz und Leid
nur größer durch die Traurigkeit.

Denk nicht in deiner Drangsalshitze,
dass du von Gott verlassen seist
und dass ihm der im Schoße sitze,
der sich mit stetem Glücke speist.
Die Folgezeit verändert viel
und setzet jeglichem sein Ziel.

Es sind ja Gott sehr leichte Sachen
und ist dem Höchsten alles gleich:
den Reichen klein und arm zu machen,

den Armen aber groß und reich.
Gott ist der rechte Wundermann,
der bald erhöhn, bald stürzen kann.

Sing, bet und geh auf Gottes Wegen,
verricht das Deine nur getreu
und trau des Himmels reichem Segen,
so wird er bei dir werden neu.
Denn welcher seine Zuversicht
auf Gott setzt, den verlässt er nicht.

Schon im Frühjahr 1643 konnte Georg Neumark, von den lieben Freunden in Lübeck wunderbar mit Proviant versorgt, mit dem Schiff nach Königsberg weiterreisen. Was er sich dort an künstlerischen Eindrücken erhoffte, fand er reich bestätigt. Sein Jurastudium konnte er dort abschließen und wirkte 12 Jahre auch als freier Schriftsteller in Danzig und Thorn.

Doch dann trieb ihn das Heimweh wieder in die Heimat. In Weimar fand er eine Anstellung als Kanzlei-Registrator und Bibliothekar und wurde zum Hofpoet des Herzogs. Er wurde mit Ehrungen überschüttet. Doch seine schönsten geistlichen Verse dichtete er in jener Zeit, da *Tränen und Sorgen sein tägliches Frühstück waren.* Geblieben ist uns über die Jahrhunderte von ihm nur dieses eine schlichte Lied des Glaubens.

Mit 60 Jahren erblindete Georg Neumark und starb bald darauf am 8. Juli 1681.

Überströmender Dank in dem kurzen Leben Joachim Neanders

Wie der Neandertaler Urmensch zu seinem Namen kam

Wer kennt nicht jenen prähistorischen *Neandertaler*, dessen Knochenreste 1856 östlich von Düsseldorf an der Straße nach Mettmann gefunden wurden. Nur wenige aber werden wissen, dass jene uralten Überbleibsel aus längst verflossener Zeit ihren Namen einem umstrittenen christlichen Liederdichter verdanken. Wie das kommt, gehört zu jenen merkwürdigen Zufälligkeiten, wie das Leben so spielt.

Man muss bis in das Jahr 1674 zurückgehen. Damals wurde ein junger Mann namens Joachim Neander mit 24 Jahren Rektor der Lateinschule der reformierten Gemeinde in Düsseldorf. So gewaltig der Titel klingen mag, das Amt war unbedeutend und armselig. Schließlich bestand die ganze Lateinschule nur aus zwei Klassen. Entsprechend kümmerlich war die Entlohnung, 78 Taler im Jahr, was man wirklich nur als Hungerlohn bezeichnen konnte. Zum Glück hatte der junge Mann noch keine Familie.

Eigentlich wollte Neander Pfarrer werden. Aber unzählige arbeitslose Bewerber bemühten sich damals um eine frei werdende Stelle. Bei der Jugend Neanders war es ganz unmöglich, auf ein Pfarramt berufen zu werden. So musste er sich mit der Schulmeisterstelle begnügen.

In seinen freien Stunden wanderte er oft in jenes wildromantische Tal der Düssel hinaus, das der Stadt ihren Namen gab. In der

Einsamkeit der Höhlen, Felsen und Schluchten des Kalksteingebirges dichtete und sang er seine unvergleichlich herrlichen Loblieder, die seitdem mit seinem Namen verknüpft sind. Dazu gehört der wohl bekannteste Choral, bei dem Neander neben dem Text auch die beliebte Melodie schuf: *Lobe den Herren, den mächtigen König der Ehren!*

Lobe den Herren,
der alles so herrlich regieret,
der dich auf Adelers Fittichen
sicher geführet,
der dich erhält,
wie es dir selber gefällt;
hast du nicht dieses verspüret?

Lobe den Herren,
der künstlich und fein dich bereitet,
der dir Gesundheit verliehen,
dich freundlich geleitet.
In wie viel Not
hat nicht der gnädige Gott
über dir Flügel gebreitet!

Heute ist leider die eindrucksvolle idyllische Landschaft und die reizvolle Felsklamm in diesem Tal nicht mehr zu sehen, weil die großen Gesteinswände im letzten Jahrhundert zur Gewinnung von Zement abgetragen wurden. Doch schon früh hat man dieses Tal in der Felsenschlucht nach jenem jugendlichen Dichter *Neandertal* genannt. Lange Zeit zeigte man auch noch bei Mettmann die *Neanderhöhle*, außerdem seine Kanzel und den Predigtstuhl, wo der junge Neander Gläubige aus dem benachbarten Bergischen Land traf und sich mit ihnen über der Bibel stärkte.

Vor nichts hatte damals die organisierte Kirche so Angst wie vor solchen Versammlungen, wo sich jene Leute trafen, die nach Luthers Anregung *mit Ernst Christen sein wollten.* Das erregte bei der Kirchenbehörde das Misstrauen, dass sich diese Leute ganz bewusst von der kirchlichen Organisation, aber auch von der Theologie der Pfarrer, lossagen wollten, um allein dem Wort der Bibel zu vertrauen. Man wollte ihnen nicht zugestehen, dass sie das Wort Gottes auch allein verstehen und auslegen könnten.

Es sollte leider lange dauern, bis man in der Kirche entdeckte, dass solche biblischen Hausgruppen eine wunderbare Ergänzung kirchlichen Lebens sind. Damals aber wurden diese treusten Glieder der Kirche mit heftigen Angriffen und haltlosen Verdächtigungen immer weiter von der verfassten Kirche fortgetrieben und ausgestoßen.

Joachim Neander hatte als junger Mann klar die Notwendigkeit einer völligen Erneuerung kirchlichen Lebens von der Bibel her erkannt. Auf einer Studienreise lernte er in Frankfurt die Bibelstunden von Philipp Jakob Spener kennen und besuchte sie treu. Dort befreundete er sich auch mit dem Juristen Johann Jakob Schütz, der wie er selbst gerne geistliche Lieder dichtete. Dieser schuf das eindrückliche Lied *Sei Lob und Ehr dem höchsten Gut*.

Neander ging jetzt, nachdem der heftige Streit voll entbrannt war, gradlinig seinen Weg. Das obrigkeitliche Konsistorium sah in den heimlichen Zusammenkünften nur eine gefährliche Abspaltung, vermutete in der Schule Neanders gar eine Brutstätte offener Rebellion.

Obwohl Neander schließlich völlig einlenkte und sich für die Versammlungen entschuldigte, musste er dennoch, nach langwierigen Verhandlungen und Diskussionen, sein Schulamt niederlegen. Niemand in der Gemeinde stand zu ihm. Das muss sehr bedrückend und demütigend für ihn gewesen sein. Neander wuchs in diesen schrecklichen Tiefen ganz stark in seinem Glauben. Er empfand alles nur als einen Sieg über sich selbst.

Wo sollte er aber jetzt eine Arbeit finden? Noch mehrere Monate lebte Joachim Neander in Düsseldorf. Diese fünf Jahre in Düsseldorf waren der längste Abschnitt seines kurzen Erwachsenenlebens. Hier entstanden die meisten seiner Lieder.

Die durch seine Arbeitslosigkeit bedingte Krise führte Neander wieder zurück in seine Heimatstadt Bremen. Dort war er 1650 in der Familie eines Lehrers an der Lateinschule geboren worden. Vom

Großvater mütterlicherseits, der Kantor und Musiklehrer war, hatte der Enkel in besonderer Weise Gaben mitbekommen.

Ganz entscheidend und einschneidend hatte Joachim Neander ein Erlebnis im Alter von 20 Jahren geprägt. In der aufstrebenden und vielfach auch gottlosen Stadt Bremen war damals ein biblischer Bußprediger namens Theodor Undereyk in aller Mund. Die meisten spotteten über ihn. Auch Joachim Neander wollte sich daran beteiligen. Zusammen mit zwei Freunden traf er sich in der Kirche St. Martini, um Material über diesen Prediger zu sammeln, damit man ihn dann richtig lächerlich machen könnte.

Was als Belustigung gedacht war, endete schließlich ganz anders. Das Wort des Predigers traf so tief ins Herz des jungen Theologiestudenten, *dass er sich der Tränen nicht enthalten konnte.* Auf dem Heimweg sagte er zu seinem Freund: *Ich muss zu dem Mann gehen und ihn noch weiter über den Zustand meines Herzens hören.* Neander bekehrte sich damals und fand in Theodor Undereyk seinen geistlichen Vater und Seelsorger. Es war eine ganze Lebenswende. Wenig später griff er das *unnütze Schulgeschwätz* an, mit dem man auf den *Akademien verführt* wird. Er wollte allein *eifrig Jesus Christus nachfolgen und in dem Buch der Schrift, der Natur und in sich selbst studieren.*

Jetzt, im Alter von 29 Jahren, als ihm in Düsseldorf das Rektorenamt an der Lateinschule weggenommen worden war, kehrte der gescheiterte Joachim Neander wieder zu Theodor Undereyk zurück und wurde bei ihm Hilfsprediger in St. Martini. Dabei war er immer noch nicht ordiniert, auch nicht verheiratet. Das Gehalt betrug weniger als die Hälfte der kargen Entlohnung, die er in Düsseldorf als Schulmann bekommen hatte.

Man übertrug ihm die unwichtigen Gottesdienste morgens um 5 Uhr, bei denen außer einigen Marktfrauen eigentlich niemand teilnehmen konnte. Diese frühe Zeit an kalten Wintertagen in einer ungeheizten Kirche war wirklich nicht einladend. So hat sein Predigtdienst auch keinerlei Echo oder sonstige Wirkung hervorgerufen. Keine Predigt von Neander ist uns überliefert.

Nach wenigen Monaten erkrankte Joachim Neander – vielleicht war es die Pest – und starb am Pfingstmontag 1680, gerade

30 Jahre alt. In seiner Sterbestunde ließ er sich die Worte aus dem Hebräerbrief vom großen Hohepriester und dem unvergleichlichen Opfer Jesu vorlesen. *Sind das nicht herrliche Kapitel?*, fragte er. *Nun hat der Herr meine Rechnung gemacht!*

Ich will mich lieber zu Tode hoffen, sagte er noch zu seinem Freund, *als durch Unglauben verloren gehen.*

Und weiter: *Es geht meiner Seele wohl. Berge sollen weichen und Hügel sollen hinfallen, aber meine Gnade will ich nicht von dir nehmen!*

Nicht einmal ein Grab ist von Joachim Neander geblieben, nur seine 72 Lieder. In seinem Todesjahr erschien die erste Sammlung mit 58 Liedern, die er *Glaubens- und Liebesübung* genannt hatte und die ein ungeahnter Erfolg wurde. Er hat es nicht mehr erlebt. Seine Lieder aber werden weiter gesungen.

Bei den wenigen deutschen Liedern, die in vielen Ländern der Welt Eingang gefunden haben und beliebt sind, steht an der Spitze dieses: *Lobe den Herren, den mächtigen König der Ehren!* Man hat es *das beste Loblied in deutscher Sprache* genannt.

Hast du nicht dieses verspüret?, fragt Neander. Der gnädige Gott regiert gewaltig und herrlich und hat über uns *Ströme der Liebe* regnen lassen. Neander will die Seele aufrütteln, zum Lob ermuntern, herausreißen aus Nörgelei und Kritisieren. Ausgerechnet er, der in seinem kurzen Leben von seinen Zeitgenossen fast vollständig verkannt und zur Seite gedrängt wurde. *Vergiss es nicht*, mahnt Neander. Er meint aber die übermächtige Güte Gottes, nicht das ihm widerfahrene Unrecht von sterblichen Menschen. So betet er diesen mächtigen Herrn an und schuf zu seinem Lied auch gleich die mitreißende Melodie:

Wunderbarer König,
Herrscher von uns allen,
lass dir unser Lob gefallen.
Deine Vatergüte
hast du lassen fließen,
ob wir schon dich oft verließen.
Hilf uns noch,

stärk uns doch;
lass die Zunge singen,
lass die Stimme klingen!

O du meine Seele,
singe fröhlich, singe,
singe deine Glaubenslieder;
was den Odem holet,
jauchze, preise, klinge;
wirf dich in den Staub darnieder.
Er ist Gott Zebaoth,
er nur ist zu loben
hier und ewig droben.

Durch Neander begann eine ganz neue Singbewegung in den reformierten Kirchen, wo nur die vertonten Psalmen gesungen wurden. Mit seinen Liedern brach sich ein neuer Stil des Gotteslobes Bahn. In seinem Abendlied *Der Tag ist hin* singt Neander:

Lob, Preis und Dank sei dir mein Gott gesungen;
dir sei die Ehr, dass alles wohl gelungen
nach deinem Rat, ob ich's gleich nicht versteh;
du bist gerecht, es gehe wie es geh.

Nur eines ist, das mich empfindlich quälet:
Beständigkeit im Guten mir noch fehlet.
Das weisst du wohl, o Herzenskündiger:
ich strauchle noch wie ein Unmündiger.

Vergib es, Herr, was mir sagt mein Gewissen:
Welt, Teufel, Sünd hat mich von dir gerissen.
Es ist mir leid, ich stell mich wieder ein;
da ist die Hand: du mein und ich bin dein.

Israels Schutz, mein Hüter und mein Hirte,
zu meinem Trost dein sieghaft Schwert umgürte;

bewahre mich durch deine große Macht,
wenn mir der Feind nach meiner Seele tracht.

Joachim Neander konnte sich freuen an *Himmel, Erde, Luft und Meer*, die des *Schöpfers Ehr* bezeugen. Er schließt dieses *Reiselied zu Land und Wasser* mit der Strophe:

Ach mein Gott, wie wunderbar
stellst du dich der Seele dar!
Drücke stets in meinen Sinn,
was du bist und was ich bin.

Von einem großen Heimweh nach dem Thron des *Ehrenkönigs* spricht der junge Joachim Neander in seinem Lied *Sieh hier bin ich, Ehrenkönig*, wo er sich selbst als rasch zerfallende *Asche und Ton* erkennt. Dieses Lied schließt mit der Strophe:

Dieser Zeiten Eitelkeiten
Reichtum, Wollust, Ehr und Freud
sind nur Schmerzen meinem Herzen,
welches sucht die Ewigkeit.
Lass dich finden, lass dich finden:
Großer Gott, ich bin bereit!

Paul Gerhardts Trost in Kriegsnot, Angst und Todesschrecken

Wider die Qual der schweren Gedanken

War Paul Gerhardt eigentlich selbst schwermütig? Immer wieder fragen Bedrückte und Belastete so. *Wie kein anderer kann er unsere Gefühle nachempfinden!*

Man wüsste gerne mehr und Genaueres von ihm, aber in seiner ihm eigenen Bescheidenheit hat er kaum etwas über sich geäußert. Lange Zeit war nicht einmal sein Geburtsdatum als sicher bekannt.

Der Dichter Theodor Fontane erzählt in seinen berühmten *Wanderungen durch die Mark Brandenburg*, wie ihn das Porträt von Paul Gerhardt in der Kirche von Mittenwalde fesselte. Er empfand in diesem Augenblick, wie der Seelsorger mit Neid, Gegnerschaft und Widerwärtigkeiten kämpfen musste. Weiter schreibt Fontane, wie die Tage für Paul Gerhardt voll äußerer Not waren. Nicht ihn, sondern seine Ehefrau hätte *tiefe Schwermut ergriffen.* In dieser Bedrängnis sei der Dichter *in seinem Glauben und Hoffen der unerschüttert Bleibende* gewesen und hätte über dem Psalmwort das Lied geschaffen: *Befiehl du deine Wege.* An der schwermütigen Stimmung seiner Frau erprobte das Lied erstmals seine Kraft.

Es macht wenig aus, wenn man später feststellte, dass es sich so nicht zugetragen haben kann, weil das Lied *Befiehl du deine Wege* schon zwei Jahre vor Gerhardts Eheschließung in fünfter Auflage des Gesangbuchs *Praxis pietatis melica* von 1653 veröffentlicht ist.

Aber es gilt als sicher, dass Paul Gerhardt viel Schweres und manche Missgunst von Kollegen durchleiden musste. Leider kann man nicht verlässlich in Erfahrung bringen, in welchen konkreten Nöten seine unvergesslichen Lieder entstanden sind.

Allein in dem Lied *Ich bin ein Gast auf Erden und hab hier keinen Stand* gibt Paul Gerhardt etwas Einblick in sein Leben:

Was ist mein ganzes Wesen
von meiner Jugend an
als Müh und Not gewesen?
Solang ich denken kann,
hab ich so manchen Morgen,
so manche liebe Nacht
mit Kummer und mit Sorgen
des Herzens zugebracht.

Mich hat auf meinen Wegen
manch harter Sturm erschreckt;
Blitz, Donner, Wind und Regen
hat mir manch Angst erweckt;
Verfolgung, Hass und Neiden,
ob ich's gleich nicht verschuldt,
hab ich doch müssen leiden
und tragen mit Geduld.

Unzählige Menschen hatten teil an Gerhardts Trost und wurden zu einem festen Glauben und Vertrauen zum lebendigen Gott hingeführt.

So sprechen Gerhardts Lieder unzählige Generationen in vielen Jahrhunderten an, nicht nur bei uns, sondern auch weltweit in anderen Kulturen. Bekanntlich sollten nur mit größter Zurückhaltung Lieder in die Denkweise fremder Völker übertragen werden. Ausgerechnet der freisinnige Urwaldarzt Albert Schweitzer aber berichtet 1916 aus Lambarene im heutigen Gabun: *Der Eingeborene hat ein elementares Bewusstsein von der Erlösung. Das Christentum ist für ihn das Licht, das in der Finsternis der Angst erscheint. Es versichert ihm, dass er nicht der Gewalt von Naturgeistern, Ahnengeistern und Fetischen ausgeliefert ist und dass kein Mensch unheimliche Macht über den andern besitzt, sondern dass in allem Geschehen der Wille Gottes waltet.* Nirgends sei das besser ausgedrückt wie in dem Lied von Paul Gerhardt: *Ich lag in schweren Banden, du kommst und machst mich los,* sagt Schweitzer weiter. In jedem Gottesdienst auf der Missionsstation müsse er daran denken, dass es das ist, was das Christentum für die afrikanischen Menschen bedeutet.

Paul Gerhardt gibt Zeugnis von der Erfahrung seines persönlichen Glaubens. Diese Geborgenheit des Vertrauens kann man nur selbst erleben, durchleiden und erkämpfen. In seinen Liedern nimmt er uns mit hinein in seinen Lebenskampf gegen Resignation und Hoffnungslosigkeit. So kann nur einer reden, der selbst fast am Leben verzagt wäre. Doch in den schweren Erschütterungen hat er die Macht des lebendigen Jesus Christus und seiner Liebestat erkannt. Dieser Herr hat ihn herausgeholt aus der unheimlichen Dunkelheit, erlöst aus dem Rachen der Angst.

Jetzt fordert er andere heraus mit seinem Lied *Schwing dich auf zu deinem Gott, du betrübte Seele! Warum liegst du Gott zum Spott in der Schwermutshöhle?*

Weil er um die Not der Anfechtung weiß, kann er auch im Lied *Gib dich zufrieden und sei stille* Mut machen:

> Lass dich dein Elend nicht bezwingen,
> halt an Gott, so wirst du siegen!

Unzähligen zerbrochenen und am Leben verzweifelten Menschen war Paul Gerhardt glaubwürdiger Seelsorger. Man spürt es seinen Liedern ab, wie er selbst die tiefste Not und schlimmste Ausweglosigkeit durchlitten hat:

> Denn das ist Gottes Ehrentitel:
> helfen, wenn die Not am größten!

Keinen anderen Trost weiß er, als Jesus Christus, wenn er im Adventslied *Warum willst du draußen stehen* dichtet:

> Aller Trost und alle Freude
> ruht in dir, Herr Jesus Christ!

Gerade angesichts der vernichtenden Macht des Todes leuchtet die Hoffnung des Lebens um so heller im Weihnachtslied *Ich steh an deiner Krippen hier*:

Ich lag in tiefster Todesnacht,
du warest meine Sonne,
die Sonne, die mir zugebracht
Licht, Leben, Freud und Wonne.
O Sonne, die das werte Licht
des Glaubens in mir zugericht,
wie schön sind deine Strahlen!

Wenn er von Jesus Christus redet, dann ist Jesus *sein Leben*. Heller als tausend Sonnen hat er Licht in die Dunkelheit menschlichen Elends gebracht. Darum kann er im Lied *Ist Gott für mich, so trete* so fröhlich auftrumpfen:

Mein Herze geht in Sprüngen
und kann nicht traurig sein,
ist voller Freud und Singen,
sieht lauter Sonnenschein.
Die Sonne, die mir lachet,
ist mein Herr Jesus Christ;
das, was mich singen machet,
ist, was im Himmel ist.

300 Jahre später hat Dietrich Bonhoeffer in der schweren Haft vor seiner Hinrichtung immer wieder zu den Liedern von Paul Gerhardt gegriffen, sie gelesen und auswendig gelernt. Nicht nur die belastende Einsamkeit konnte er damit durchstehen, sondern auch die unheimlichen Sorgen und Nöte Gott überlassen.

Die Lieder Paul Gerhardts festigten sein Vertrauen in Gottes Führung und machten ihn in aller Ungewissheit froh und geborgen. Bonhoeffer schrieb: *Die Befreiung liegt im Leiden darin, dass man seine Sache ganz aus den eigenen Händen geben und in die Hände Gottes legen darf.*

So schließt das Lied *Warum sollt ich mich denn grämen?* mit den Strophen:

Herr, mein Hirt, Brunn aller Freuden,
du bist mein, ich bin dein,
niemand kann uns scheiden.
Ich bin dein, weil du dein Leben
und dein Blut mir zugut
in den Tod gegeben;

du bist mein, weil ich dich fasse
und dich nicht, o mein Licht,
aus dem Herzen lasse.
Lass mich, lass mich hingelangen,
da du mich und ich dich
leiblich werd umfangen.

Paul Gerhardt hatte zunächst gar keine Lebensperspektive. Für einen Mann in den besten Jahren muss es ziemlich frustrierend gewesen sein, mit seinen Gaben überhaupt nicht gebraucht zu werden. 44 Jahre alt war Paul Gerhardt geworden, bis ihm die erste Pfarrstelle übertragen wurde. Es tröstet wenig, dass dies damals im Jahr 1651 nicht außergewöhnlich war. Viele Kirchen und Pfarrhäuser waren durch den Dreißigjährigen Krieg zerstört. Ganze Gemeinden waren ausgestorben oder vertrieben. Der größte Teil der eingesetzten Pfarrer hungerte.

Dass Paul Gerhardt in diesen langen Jahren des Wartens nicht untätig war, zeigen achtzehn Lieder, die schon 1647 im Gesangbuch *Praxis Pietatis Melica* des Berliner Kantors Johann Crüger aufgenommen sind. Darunter sind bekannte Choräle wie: *Wach auf, mein Herz, und singe; Nun ruhen alle Wälder; Ein Lämmlein geht und trägt die Schuld*; und *Auf, auf, mein Herz, mit Freuden.*

Dieser Johann Crüger hat, wie sein späterer Nachfolger Johann Ebeling, sich darum verdient gemacht, die Lieder Paul Gerhardts bekannt zu machen, ja diese Lieder überhaupt zu entdecken, die damals eine ganz neue Art christlichen Singens bedeuteten. Der bescheidene und stille Dichter Paul Gerhardt selbst hat sich darum offenbar nicht bemüht.

Man muss sich in Erinnerung rufen, dass zu dieser Zeit in den Gottesdiensten keine Gesangbücher im Gebrauch waren. 50 % der Bevölkerung waren wohl noch Analphabeten. Nur durch Vorsingen konnten sie die Lieder lernen. Im Gottesdienst wurden aber ausschließlich die alten reformatorischen Lieder gesungen. Andere waren nicht bekannt. Die jetzt vorgelegten Gesangbücher von Crüger und Ebeling wurden Bestseller. Schon in der Ausgabe von 1653 war ein Sechstel der 500 Lieder von Paul Gerhardt.

Auch über Mittenwalde, einem kleinen landwirtschaftlichen Städtchen etwa 20 km südlich von Berlin, war die große Not des Dreißigjährigen Krieges furchtbar hereingebrochen. Es war von kaiserlichen und schwedischen Armeen fast ununterbrochen besetzt, dann mehrfach geplündert und niedergebrannt, erpresserisch terrorisiert und ausgebeutet worden. Was noch übrig geblieben war, vernichtete die Pestseuche. Einer der Vorgänger von Paul Gerhardt wurde, als er die Kirche 1637 vor den räuberischen Schweden schützen wollte, vor dem Altar erschossen.

Sechs Jahre vor dem Amtsantritt Paul Gerhardts zählte man von den 245 Haushalten der Stadt gerade noch 42. Von den 1000 Einwohnern war nur noch ein Viertel am Leben.

In diesem Städtchen nun musste Paul Gerhardt gegen die verdorbenen Missstände eines heruntergekommenen Bürgertums kämpfen. Der Kirche fiel damals eine besondere Verantwortung zum Wiederaufbau zu. Entschlossen packte Paul Gerhardt diese Aufgabe an, allein mit der Kraft des Wortes Gottes. Er tat dies bei Predigten, Hausbesuchen, Beichten und Abendmahlsfeiern, Taufen, Trauungen und Begräbnissen. Er wusste, dass diese *Welt mit ihren tausend Plagen und großen Jammerlast, die kein Mund kann aussagen*, von Gott nicht aufgegeben, sondern geliebt ist. Auch das war ihm gewiss, was er im Lied *Die güldne Sonne* singt:

Alles vergehet, Gott aber stehet
ohn alles Wanken; seine Gedanken,
sein Wort und Wille hat ewigen Grund.

Sein Heil und Gnaden, die nehmen nicht Schaden,
heilen im Herzen die tödlichen Schmerzen,
halten uns zeitlich und ewig gesund.

In seinem Lied zum Jahreswechsel *Nun lasst uns gehn und treten*, spricht er so direkt den Schritt in die ungewisse und dunkle Zukunft an, wie es alle bewegt:

Durch so viel Angst und Plagen,
durch Zittern und durch Zagen,
durch Krieg und große Schrecken,
die alle Welt bedecken.

Aber weil er Gottes starken Händen vertraute, die alles Herzleid wenden können, betet er:

Sei der Verlassnen Vater, der Irrenden Berater,
der Unversorgten Gabe, der Armen Gut und Habe.

Schließ zu die Jammerpforten und lass an allen Orten
auf so viel Blutvergießen die Freudenströme fließen.

Unmittelbar nach den Schrecken des Dreißigjährigen Krieges entstand auch das wohl bekannteste Lied Paul Gerhardts *Geh aus mein Herz und suche Freud*. Es ist eben nicht naive Weltbetrachtung, wie hier von Nachtigall, Blumen, von Küken und dem Wachsen des Weizens gesprochen wird. Vielmehr wird in der *armen Erde* Gottes mächtig schaffende Güte entdeckt und gepriesen. Paul Gerhardt schließt mit der Bitte um Gottes Wirken, das menschliches Leben erst zur Entfaltung und Blüte bringt:

Mach in mir deinem Geiste Raum,
dass ich dir werd ein guter Baum
und lass mich Wurzel treiben.
Verleihe, dass zu deinem Ruhm,
ich deines Gartens schöne Blum
und Pflanze möge bleiben.

Bei seinen Predigtdiensten in der Mittenwalder Kirche hatte Paul Gerhardt das Altarbild mit dem dornengekrönten Christus vor Augen. Dieses Bild gab wohl die Anregung für das Lied *O Haupt voll Blut und Wunden.* Gerhardt folgte bei der Dichtung einem lateinischen Text Arnulfs von Löwen.

Nun, was du, Herr, erduldet,
ist alles meine Last;
ich hab es selbst verschuldet,
was du getragen hast.
Schau her, hier steh ich Armer,
der Zorn verdienet hat.
Gib mir, o mein Erbarmer,
den Anblick deiner Gnad.

Zu den Passionsliedern gehört auch *O Welt, sieh hier dein Leben* mit den eindrücklichen Strophen:

Wer hat dich so geschlagen,
mein Heil, und dich mit Plagen
so übel zugericht?
Du bist ja nicht ein Sünder
wie wir und unsre Kinder,
von Übeltaten weißt du nicht.

Ich, ich und meine Sünden,
die sich wie Körnlein finden
des Sandes an dem Meer,
die haben dir erreget
das Elend, das dich schläget,
und deiner schweren Martern Heer.

Ich bin's, ich sollte büßen
an Händen und an Füßen
gebunden in der Höll;
die Geißeln und die Banden

und was du ausgestanden,
das hat verdienet meine Seel.

Mit dem Schritt nach Mittenwalde und der Übernahme der Probstei war endlich auch sein Auskommen gesichert. So konnte der 48-jährige Paul Gerhardt 1655 die 32-jährige Anna Maria Berthold heiraten, die er schon viele Jahre kannte. Im Haus seines Schwiegervaters, des Kammergerichtsadvokaten Andreas Berthold, hatte er schon vor Jahren dessen Enkelkinder unterrichtet.

Die große Freude der Familie mit dem ersten Töchterlein Maria Elisabeth, am Geburtstag der Mutter 1656 geboren, endete jäh. Das Kind starb schon nach acht Monaten. Vom großen Schmerz der Eltern spricht eine holzgeschnitzte Tafel in der Kirche von Mittenwalde mit dem Wort aus 1. Mose 47, 9: *Wenig und böse ist die Zeit meines Lebens.* Die Mutter schrieb in ihre Bibel: *Maria Elisabeth stirbt. Herr, nun nimmst du meines Herzens Freude!*

1658 wird Anna Katharina geboren. Inzwischen war die Familie nach Berlin übergesiedelt. Nach 14 Monaten müssen die Eltern auch dieses Kind wieder hergeben. Der Eintrag der Mutter lautet: *Unser zweites Kind, Katharina, wird in ihr Ruhekämmerlein getragen. Ach, soll ich sein wie eine, die ihrer Kinder beraubt wird? Ich weiß, Herr, du hast Macht, zu tun mit den Deinen, was du willst; aber lass mich klagen und weinen!*

Der 1660 geborene Andreas lebte nur wenige Stunden. *Sterbetag unseres dritten Kindes*, schrieb die Mutter. *Herr, du weißt, was ein Mutterherz tragen kann. Darum will ich meine Hand auf meinen Mund legen und schweigen …*

Schon zehn Jahre früher hatte Paul Gerhardt das Lied *Du bist zwar mein und bleibest mein* zum Tod eines Kindes gedichtet, wo es in den letzten Strophen heißt:

O süßer Rat, o schönes Wort
und heilger als wir denken!
Bei Gott ist ja kein böser Ort,
kein Unglück und kein Kränken,
kein Angst, kein Mangel, kein Versehn;

bei Gott kann keinem Leids geschehn:
wen Gott versorgt und liebet,
wird nimmermehr betrübet.

Ach dürft ich doch von ferne stehn
und nur ein wenig hören,
wann deine Sinne sich erhöhn
und Gottes Namen ehren,
der heilig, heilig, heilig ist,
durch den du auch geheiligt bist:
ich weiß, ich würde müssen
vor Freuden Tränen gießen!

Nun, es sei ja und bleib also!
Will dich nicht mehr beweinen.
Du lebst und bist von Herzen froh,
siehst lauter Sonnen scheinen,
die Sonnen ewger Freud und Ruh.
Hier leb und bleib nur immerzu!
Ich will, will's Gott, mit andern
auch bald hinüberwandern.

1662 wurde dem leidgeprüften Ehepaar Gerhardt wieder ein Sohn geschenkt, Paul Friedrich. Die Mutter war so schwach, dass eine Amme das Kind nähren musste. Es sollte das einzige Kind sein, das die Eltern überlebte.

1665 wurde als fünftes Kind Andreas Christian geboren. Das schwächliche Kind starb schon nach sieben Monaten. Die Mutter schrieb in ihre Bibel: *Soll noch einmal der Todesengel in unser Haus kommen, Herr, dann sende ihn zu mir!*

So geschah es. Seit der Geburt ihres letzten Kindes nie mehr recht zu Kräften gekommen, brachte 1668 eine verdeckte Tuberkulose die Mutter an den Rand des Todes. Zwei führende Ärzte Berlins mühten sich um sie. *Du magst wohl denken, ich habe es dir nicht sagen wollen, dass ich so krank bin,* sagte Anna Maria zu ihrer Schwester. *Aber glaube mir, ich habe es selbst nicht gewusst, dass mir der Tod so nahe sei. Bekümmere dich aber nur nicht, es ist doch kein Gutes in der Welt. Wir wollen bald wieder zusammenkommen.*

Paul Gerhardt ließ ihren Beichtvater rufen, der ihr die Vergebung der Sünden zusprach und das Heilige Abendmahl reichte. Sie bat ihren Mann, ihr Luthers Predigt vom Abendmahl vorzulesen. Sie ließ sich waschen und festlich weiß kleiden und richtete sich mit letzter Kraft im Bett auf. So nahm sie von ihren Lieben Abschied. Der noch keine sechs Jahre alte Sohn Paul Friedrich weinte. Die Mutter tröstete ihn. Schließlich bat sie ihren Mann, aus ihrem handgeschriebenen Heft einige Passions- und Sterbelieder vorzulesen. Im Leiden und Sterben Jesu suchte sie ihren Trost und ihre Zuversicht. Es werden darunter auch die Strophen aus dem Lied *O Haupt voll Blut und Wunden* gewesen sein:

Wenn ich einmal soll scheiden,
so scheide nicht von mir,
wenn ich den Tod soll leiden,
so tritt du dann herfür;
wenn mir am allerbängsten
wird um das Herze sein,
so reiß mich aus den Ängsten
kraft deiner Angst und Pein.

Erscheine mir zum Schilde,
zum Trost in meinem Tod,
und lass mich sehn dein Bilde
in deiner Kreuzesnot.
Da will ich nach dir blicken,
da will ich glaubensvoll
dich fest an mein Herz drücken.
Wer so stirbt, der stirbt wohl.

Anna Maria Gerhardt starb nach dreizehnjähriger Ehe im Alter von 45 Jahren. Ganz so, wie ihr Mann es im Lied *Ein Lämmlein geht und trägt die Schuld* ausgedrückt hatte, war es für sie ein Heimgehen zu ihrem Herrn:

Mein Lebetage will ich dich
aus meinem Sinn nicht lassen,
dich will ich stets, gleich wie du mich,
mit Liebesarmen fassen.
Du sollst sein meines Herzens Licht,
und wenn mein Herz in Stücke bricht,
sollst du mein Herze bleiben;
ich will mich dir, mein höchster Ruhm,
hiermit zu deinem Eigentum
beständiglich verschreiben.

Wenn endlich ich soll treten ein
in deines Reiches Freuden,
so soll dein Blut mein Purpur sein,
ich will mich darein kleiden …

Als Student in Wittenberg hatte Paul Gerhardt 1631 einst den Einzug von König Gustav Adolf von Schweden über die Elbbrücken miterlebt. Kurz darauf folgte der große Sieg des Schwedenkönigs über die kaiserlichen Truppen. Doch schon zwei Jahre später wurde der Sarg des toten Königs Gustav Adolf nach der Schlacht von Lützen auf dem Weg nach Schweden durch Wittenberg geführt.

Es folgten grausame Schreckensjahre, in denen die schwedischen Soldaten das kursächsische Land verwüsteten. Täglich wurden bis zu zehn Dörfer abgebrannt. Dem Brennen und Morden folgte die Pest, dann eine nie geahnte Hungersnot, weil die Felder nicht mehr bestellt werden konnten.

Gleich nach Ostern 1637 waren die Schweden vor Gräfenhainichen, der Heimatstadt Paul Gerhardts, erschienen. Die Kunde von ihren Gräueltaten in der Umgebung war ihnen schon vorausgeeilt. Nun forderten sie die ungeheuere Summe von 3000 Gulden als Lösegeld. Andernfalls sollte die Stadt vollständig niedergebrannt werden. Die verzweifelten Bürger von Gräfenhainichen gingen auf die Forderung der Erpresser ein und brachten unter gewaltigen Opfern die geforderte Riesensumme zusammen. Die Schweden aber dachten nicht daran, ihre Zusagen einzuhalten. Kaum hatten sie das Lösegeld erhalten, zündeten sie die Stadt dennoch an. Bald brannten alle Häuser innerhalb der Mauern lichterloh. Auch die Kirche und das Schloss wurden bis auf die Grundmauern zerstört. An diesem Tag verlor Paul Gerhardt seinen von den Eltern ererbten Besitz mit Gasthaus, Landwirtschaft und Wohnhaus. Alles wurde ein Raub der Flammen. Wenige Monate darauf starb sein Bruder, wie Hunderte andere auch, an der Pest.

Paul Gerhardt dichtete später das Lied:

Warum sollt ich mich denn grämen?
Hab ich doch Christus noch,
wer will mir den nehmen?
Wer will mir den Himmel rauben,
den mir schon Gottes Sohn
beigelegt im Glauben?

Kann uns doch kein Tod nicht töten,
sondern reißt unsern Geist
aus viel tausend Nöten,
schließt das Tor der bittern Leiden
und macht Bahn, da man kann
gehn zu Himmelsfreuden.

Was sind dieses Lebens Güter?
Eine Hand voller Sand,
Kummer der Gemüter.
Dort, dort sind die edlen Gaben,
da mein Hirt Christus wird
mich ohn Ende laben.

In Gräfenhainichen wurde Paul Gerhardt am 12. März 1607 geboren. Sein Vater war Bürgermeister der Stadt, seine Mutter die Tochter des Superintendenten. Am liebsten war ihm zeitlebens sein Taufname *Paulus.* Schon früh verlor er seine Eltern. Als er 12 Jahre alt war, starb sein Vater, noch keine 40 Jahre alt. Zwei Jahre später wurde auch seine Mutter den unversorgten Kindern entrissen. Es ist nicht überliefert, an was die Eltern so früh gestorben sind.

Es machte großen Eindruck auf den jungen Paul Gerhardt, als er erfuhr, dass sein Großvater einst um des biblischen Glaubens willen aus Amt und Heimat vertrieben worden war. Der kursächsische Regent hatte von den Pfarrern verlangt, die alte lutherische Absage an den Teufel bei der Taufe nicht mehr zu verwenden. Im Elternhaus sprach man mit großer Bewunderung von der Bekenntnistreue dieser standhaften Männer. Erst später, als Gerhardt schon längst Pfarrer in Berlin war, sollte auch er vor diese Gewissensfrage gestellt werden.

Der fünfzigjährige Paul Gerhardt war 1657 als Diakon an die Hauptkirche St. Nikolai in Berlin berufen worden, wo Johann Crüger schon seit langem als Kantor wirkte. Nach dem Dreißigjährigen Krieg, in dem ein Drittel der Bevölkerung durch Hunger und Pest starb, war die preußische Hauptstadt jetzt wieder im Aufblühen und hatte schon fast 10 000 Einwohner.

Obwohl Paul Gerhardt davon schrieb, *was für Angst oftmals nur allein die große schwere Arbeit demjenigen Prediger mache, der sein Amt treulich meinet*, waren die Jahre bis 1662 doch voll von reichem Wirken. Mitten hinein aber platzte die heftige Auseinandersetzung mit dem Landesfürsten Friedrich Wilhelm, dem begabten und weitsichtigen preußischen Kurfürsten. Den heute lebenden Zeitgenossen ist der Streit nur schlecht verständlich zu machen. Für den feinfühligen und versöhnlich denkenden Paul Gerhardt ging es auch nicht um theologische Auseinandersetzung, wenn der preußische Kurfürst von den Pfarrern eine Abkehr von ihrer lutherischen Bekenntnistreue forderte. Vielmehr war es für Paul Gerhardt völlig unerträglich und niemals hinzunehmen, dass ein weltlicher Landesherr unter Berufung auf seine Stellung als Fürst Gehorsam und Unterwerfung in Glaubensfragen verlangte. Für ihn war unverzichtbar, dass alle Glaubensdinge allein nach dem persönlichen Gewissen vor Gott entschieden werden dürfen.

Der vier Jahre schwelende Streit führte schließlich 1666 dazu, dass Paul Gerhardt seine Amtsenthebung mitgeteilt wurde, weil er die Unterschrift unter den verlangten Revers verweigerte und der Kurfürst in ihm den Kern des Widerstandes sah. Plötzlich stand der scheue Pfarrer im grellen Rampenlicht der Öffentlichkeit. Aber auch die erregte Bürgerschaft Berlins konnte den Fürsten nicht mehr umstimmen.

Die meisten Pfarrer Preußens kapitulierten angesichts des staatlichen Druckes. Pflichttreue Seelsorger aber konnten nicht zulassen, wie ein weltlicher Herrscher sich immer mehr auch als unumschränkte geistliche Autorität verstand und die Aufsicht in Glaubensfragen verlangte. Dagegen lehnte Gerhardt sich auf. Sein Gewissen war nur an den lebendigen Gott gebunden.

Schon acht Jahre vor dieser heftigen Konfrontation mit seinem Landesherrn hatte er die Strophe mit Blick auf den Großen Kurfürsten gedichtet und veröffentlicht:

Die Welt, die mag zerbrechen,
du stehst mir ewiglich;
kein Brennen, Hauen, Stechen
soll trennen mich und dich;
kein Hunger und kein Dürsten,
kein Armut, keine Pein,
kein Zorn der großen Fürsten
soll mir ein Hindrung sein.

Drei lange Jahre blieb Paul Gerhardt ohne Amt, von 1666 bis 1669. Das Allerschwerste dieser Zeit aber war ihm der Tod seiner treuen Frau, die ihn auf diesem Weg des Bekennens und Leidens so tapfer und unerschrocken unterstützt und ermutigt hatte.

Am 27. Mai 1676 starb Paul Gerhardt im Alter von 69 Jahren, nachdem er noch sieben Jahre – ganz allein mit seinem Kind Paul Friedrich – als Pfarrer in Lübben im Spreewald in der Niederlausitz in aller Stille wirken konnte. Er war müde und matt. Keine Lieder entstanden mehr in diesen letzten Jahren.

Auf seinem Grabstein steht: *Ein in Satans Sieb gesichteter und bewährter Theologe.*

Nur aus dem Leiden Jesu nahm Paul Gerhardt Kraft und Hoffnung, wie er es im Loblied *Sollt ich meinem Gott nicht singen* ausspricht:

Das weiß ich fürwahr und lasse
mir's nicht aus dem Sinne gehn:
Christenkreuz hat seine Maße
und muss endlich stillestehn.
Wenn der Winter ausgeschneiet,
tritt der schöne Sommer ein;
also wird auch nach der Pein,
wer's erwarten kann, erfreuet.
Alles Ding währt seine Zeit,
Gottes Lieb in Ewigkeit.

Erst dort in der Ewigkeit wird alles Leiden ein Ende finden. So schließt auch das Lied *Die güldne Sonne*:

Kreuz und Elende, das nimmt ein Ende;
nach Meeresbrausen und Windessausen
leuchtet der Sonnen gewünschtes Gesicht.
Freude die Fülle und selige Stille
wird mich erwarten im himmlischen Garten;
dahin sind meine Gedanken gericht'.

Es war in seiner Studienzeit der Einfluss seiner Dozenten für Rhetorik und Poesie gewesen, die ihm die neue Form der Dichtung von Martin Opitz einprägten, nach der die Betonung des Versakzentes auch mit der natürlichen Betonung eines Wortes übereinzustimmen habe. Nach den seltsam holprigen Dichtungen aus der Reformationszeit machten dieser klare Satzbau und die verständlichen Reime die Lieder Paul Gerhardts ganz besonders lieb und angenehm, vertieft durch die außerordentliche Musikalität des Dichters und sein besonderes Gefühl für Rhythmus und Harmonie. Auffallend echt wirkt dabei auch die ungekünstelt nüchterne Ausdrucksweise seiner Lieder, die durch die Jahrhunderte hindurch lebensnah und aktuell geblieben ist. Trotz der vielfachen Länge seiner Lieder werden die bildhaften Strophen niemals langweilig oder leer.

Über diese formale, rein äußerliche Besonderheit hinaus ist es die konzentrierte biblische Tiefe, die Paul Gerhardts Lieder so aussagekräftig macht. Schon das Elternhaus in Gräfenhainichen hatte dazu den Grund gelegt, der durch solide Evangeliumslehre in der Schulbildung Grimmas, der alten elitären Fürstenschule, noch vertieft wurde. In Wittenberg fand Paul Gerhardt Lehrer, die ihm zeigen wollten, *welchen unerschöpflichen Schatz der Ozean der Heiligen Schrift in sich birgt, so dass, je mehr man daraus schöpft, desto mehr noch zurückbleibt.* Seine Lehrer sahen die Theologie nicht als theoretische Sache an, sondern als Weg zum Leben und praktizierten sie im Glauben.

Dort auf der Wittenberger Universität wurden auch die sechs Bücher Johann Arndts *Vom wahren Christentum* hoch geschätzt. Kamen doch durch sie die großen festen lutherischen Wahrheiten des Evangeliums im Leben des Christen zur Anwendung.

So unterstreicht Paul Gerhardt in seinen Liedern, wie sein gewisser Glaube allein auf dem geschehenen Opfer Jesu ruht. Aus der Aussage des Apostels Paulus in Römer 8: *Ist Gott für uns, wer mag wider uns sein?* macht Gerhardt die gewaltige biblische Predigt:

Ist Gott für mich, so trete
gleich alles wider mich;
so oft ich ruf und bete,
weicht alles hinter sich.
Hab ich das Haupt zum Freunde
und bin geliebt bei Gott,
was kann mir tun der Feinde
und Widersacher Rott?

Nun weiß und glaub ich feste,
ich rühm's auch ohne Scheu,
dass Gott, der Höchst und Beste,
mein Freund und Vater sei
und dass in allen Fällen
er mir zur Rechten steh
und dämpfe Sturm und Wellen
und was mir bringet Weh.

Der Grund, da ich mich gründe,
ist Christus und sein Blut,
das machet, dass ich finde
das ewge, wahre Gut.
An mir und meinem Leben
ist nichts auf dieser Erd;
was Christus mir gegeben,
das ist der Liebe wert.

Nichts, nichts kann mich verdammen,
nichts nimmt mir meinen Mut:
die Höll und ihre Flammen
löscht meines Heilands Blut.
Kein Urteil mich erschrecket,
kein Unheil mich betrübt,
weil mich mit Flügeln decket
mein Heiland, der mich liebt.

Aber dieser Glaube wird durch den Heiligen Geist im Leben des Christen lebendig und macht ihn zu einem neuen Menschen. *Sein Geist wohnt mir im Herzen, regieret meinen Sinn.* Christus wohnt in uns und schafft neues Leben.

Ganz besonders eindrücklich beschreibt Paul Gerhardt die wichtige Erkenntnis, dass Gottes Geist nur durchs Bibelwort empfangen werden kann. Gottes Heiliger Geist will uns regieren und durch den von ihm gewirkten Glauben uns erleuchten und den Tod überwinden. So singt er im Lied *Sollt ich meinem Gott nicht singen*:

Seinen Geist, den edlen Führer
gibt er mir in seinem Wort,
dass er werde mein Regierer
durch die Welt zur Himmelspfort;
dass er mir mein Herz erfülle
mit dem hellen Glaubenslicht,
das des Todes Macht zerbricht
und die Hölle selbst macht stille.

Alles Ding währt seine Zeit,
Gottes Lieb in Ewigkeit.

Ganz ähnlich in dem Pfingstlied, von dem Rudolf Alexander Schröder sagt: *Welch königliche Pracht des Wortes! In wenigen Zeilen ist die ganze Theologie des Heiligen Geistes eingefangen*:

Zieh ein zu deinen Toren,
sei meines Herzens Gast,
der du, da ich geboren,
mich neu geboren hast,
o hochgeliebter Geist
des Vaters und des Sohnes,
mit beiden gleichen Thrones,
mit beiden gleich gepreist.

Gib Freudigkeit und Stärke,
zu stehen in dem Streit,
den Satans Reich und Werke
uns täglich anerbeut.
Hilf kämpfen ritterlich,
damit wir überwinden
und ja zum Dienst der Sünden
kein Christ ergebe sich.

Richt unser ganzes Leben
allzeit nach deinem Sinn;
und wenn wir's sollen geben
ins Todes Rachen hin,
wenn's mit uns hier wird aus,
so hilf uns fröhlich sterben
und nach dem Tod ererben
des ewgen Lebens Haus.

In seinem sehr persönlich gehaltenen, anfangs schon genannten Lied *Ich bin ein Gast auf Erden* spricht Paul Gerhardt von der Wanderschaft, die das wunderbare Ziel, die Heimat vor Augen hat:

So will ich zwar nun treiben
mein Leben durch die Welt,
doch denk ich nicht zu bleiben,
in diesem fremden Zelt.
Ich wandre meine Straßen,
die zu der Heimat führt,
da mich ohn alle Maßen
mein Vater trösten wird.

Du aber, meine Freude,
du meines Lebens Licht,
du ziehst mich, wenn ich scheide,
hin vor dein Angesicht
ins Haus der ewgen Wonne,
da ich stets freudenvoll
gleich wie die helle Sonne
mit andern leuchten soll.

Da will ich immer wohnen –
und nicht nur als ein Gast –
bei denen, die mit Kronen
du ausgeschmücket hast;
da will ich herrlich singen
von deinem großen Tun
und frei von schnöden Dingen
in meinem Erbteil ruhn.

Der kranke, schwermütige und angefochtene Michael Schirmer

Die Freude auf den König besiegt das schwarze Trauergift

1636, mitten im Dreißigjährigen Krieg, hatte man Michael Schirmer, den Rektor aus Sachsen, im Alter von 30 Jahren als Lehrer an das berühmte Gymnasium zum Grauen Kloster in Berlin berufen.

Berlin war damals vom Krieg furchtbar mitgenommen. Es kam zu Hungertumulten. Das Land war ausgesaugt und leergeplündert. Selbst die geringe Besoldung der Lehrer, 60 Gulden im Jahr, konnte nicht mehr bezahlt werden. Die Leiden der Bevölkerung wurden unerträglich. Mehrfach brach die Pest aus. Unzählige Menschen starben. Wer nur konnte, verließ die Stadt. In Berlin standen 168 Häuser leer.

Als endlich das Schlimmste überstanden war, zeigten sich bei Michael Schirmer die Folgen jener schrecklichen Jahre. Ein schweres Nervenleiden lähmte ihn fünf Jahre. Immer wieder trieben ihn heftige Anfechtungen in tiefste Depressionen. Kein Arzt konnte ihm helfen. *Das schwarze Trauergift lag ihm zu tief im Herzen!* Auch eine Kur in Aachen blieb erfolglos.

In dieser schlimmen Krankheitsnot entdeckte Michael Schirmer ganz neu die Kraft des Gebetes. Er wollte so beten, *dass der höllische Totengräber von ihm gejagt* werde. Und er erlebte das Wunder, wie Gott seine Gebete erhörte und ihn völlig heilte.

Auch wenn seine Gesundheit immer angeschlagen und schwächlich blieb, wollte er mit allen seinen Gaben nur Gott loben und verherrlichen. Für ihn war das, was er erlebt hatte, ein Wunder der Rettung *durch die barmherzige und allmächtige Hand Gottes aus bitterem Elend, Krieg, Angst und Not, ja aus der Hölle.*

So ruft er es in seinem Adventslied *Nun jauchzet, all ihr Frommen,* den vielen Bedrückten und Traurigen zu:

Ihr Armen und Elenden
zu dieser bösen Zeit,
die ihr an allen Enden
müsst haben Angst und Leid,
seid dennoch wohlgemut;
lasst eure Lieder klingen,
dem König Lob zu singen,
der ist eur höchstes Gut.

Und er schloss dieses Lied der fröhlichen Erwartung:

Er wird nun bald erscheinen
in seiner Herrlichkeit
und all eur Klag und Weinen
verwandeln ganz in Freud.

Michael Schirmer wusste, wie dieser Blick des Glaubens allein eine Gabe des Geistes Gottes ist, der in den Herzen der Gläubigen Wohnung machen möchte. So dichtete er das Pfingstlied:

O heilger Geist, kehr bei uns ein
und lass uns deine Wohnung sein,
o komm, du Herzenssonne!
Du Himmelslicht, lass deinen Schein
bei uns und in uns kräftig sein
zu steter Freud und Wonne.
Sonne, Wonne, himmlisch Leben
willst du geben, wenn wir beten;
zu dir kommen wir getreten.

Im Jahr 1659 starb Schirmers neunjähriges Töchterlein, sieben Jahre später sein 25-jähriger Sohn. Kurz darauf starb seine Frau. Schirmer nannte sich selbst den *teutschen Hiob*. Im Alter von 61 Jahren stand er ganz allein da.

Es war für Michael Schirmer sehr schwer, dass jetzt auch sein Nervenleiden wiederkehrte. Er musste seinen Dienst als Konrektor am Gymnasium niederlegen, was ihn besonders schmerzte.

Es folgten wieder fünf harte Krankheitsjahre. Dann holte ihn Gott, der Herr, am 4. Mai 1673 heim in seinen Frieden. Er starb unvermutet, aber *mit fertiger Lampe*.

Sein Pfingstlied schließt mit dem Vers:

Gib, dass in reiner Heiligkeit
wir führen unsre Lebenszeit,
sei unsers Geistes Stärke,
dass uns forthin sei unbewusst
die Eitelkeit, des Fleisches Lust
und seine toten Werke.
Rühre, führe unser Sinnen
und Beginnen von der Erden,
dass wir Himmelserben werden.

Auf seinen Grabstein ließen Freunde das Wort aus Psalm 71 schreiben, das ihm in den letzten Jahren seines Lebens so wichtig geworden war:

Auch im Alter, *Gott, verlass mich nicht, und wenn ich grau werde, bis ich deine Macht verkündige Kindeskindern und deine Kraft allen, die noch kommen sollen.*

Durch seine Lieder redet er noch, obwohl er gestorben ist.

Der gefeierte Dichter Johann Rist fertigte Arzneien

Viele Lieder hat mir das liebe Kreuz ausgepresst!

In Wedel an der Elbe bei Hamburg roch es im Pfarrhaus des Johann Rist immer nach Medikamenten. Viele Kranke suchten den befähigten Arzt auf. Er fabrizierte seine Arzneien selbst in einem Zimmer. Dort standen Destillieröfen, Retorten, Kolben und Reagenzgläser. In ihnen wurden große Mengen von Kräutern, Wurzeln und Blättern gemischt, gekocht und zu heilenden Tinkturen für seine reichhaltige Apotheke verarbeitet.

Im großen Garten wuchsen unzählige Heilkräuter, dazu auch Rosen und Johannisbeersträucher, Weinreben und Küchenkräuter.

Am frühen Morgen, oft schon vor 5 Uhr, arbeitete der Pfarrer in seinem geliebten Garten.

Im Alter von 28 Jahren hatte er das ländliche Pfarramt in Wedel übernommen und blieb dort 32 Jahre bis zu seinem Tod. Besonders lebte der weltmännische Hanseate Johann Rist aber in seiner geliebten Musik. Er spielte gerne Geige. In seiner Gartenlaube, liebevoll von ihm *Lusthäuschen* genannt, wurde unendlich viel musiziert, Gott zur Ehre.

Johann Rist war auch ein vielfach mit Lob und Ehrungen überschütteter Dichter. Er wurde gefeiert und verwöhnt. Man machte ihn ehrenhalber zum Kirchenrat und Konsistorialrat. Der Kaiser verlieh ihm den Dichterlorbeer. Später adelte er ihn und gab ihm die Würde eines kaiserlichen Hof- und Pfalzgrafen.

Johann Rist aber war von einem anderen König viel tiefer beeindruckt, dessen Geschenke von ganz anderer Art sind. Davon singt er in seinem Adventslied *Auf, auf, ihr Reichsgenossen,* das im neuen Gesangbuch *Auf, auf, ihr Christen alle* heißt:

Der König will bedenken,
die, welch er herzlich liebt,
mit köstlichen Geschenken,
als der sich selbst uns gibt
durch seine Gnad und Wort.
Ja, König hoch erhoben,
wir alle wollen loben
dich freudig hier und dort.

Nun, Herr, du gibst uns reichlich,
wirst selbst doch arm und schwach;
du liebest unvergleichlich,
du gehst den Sündern nach.
Drum wolln wir all in ein
die Stimmen hoch erschwingen,
dir Hosianna singen
und ewig dankbar sein.

Fruchtbar war Johann Rist in seinem Schaffen. Insgesamt 660 Lieder dichtete er.

Schon in seiner Jugend in Ottensen, heute ein Stadtteil Hamburgs elbabwärts zwischen Altona und Blankenese, wo er 1607 in einem kinderreichen Pfarrhaus geboren wurde, entwickelte er seine künstlerischen Gaben.

Rist erzählte selbst, wie der Vater ihm mit großer Strenge das Malen verbot. Ohne Angst vor der angedrohten Strafe malte der Sohn aus dem Gedächtnis den Vater im Talar und heftete das Bild an die Tür des Amtszimmers. Das Gemälde und der feste Wille müssen dem Vater so viel Eindruck gemacht haben, dass er jetzt den Besuch eines qualifizierten Kunstunterrichts erlaubte.

Das medizinische Interesse hatte Johann Rist sicher vom Vater geerbt. Der kümmerte sich neben seinem großen Pfarramt mit Erfolg um Geisteskranke und Menschen mit schweren Depressionen. Offenbar hatte er entdeckt, wie tief leibliche und seelische Leiden zusammengehören. So muss das Pfarrhaus oft einer Heil- und Pflegeanstalt geglichen haben.

Mit 19 Jahren verlor Johann Rist seinen Vater. Als Student widmete er sich zuerst der Rechtswissenschaft. Später studierte er auch Medizin, Botanik, Chemie, Mathematik und vieles andere, was ihn sein Leben lang brennend interessierte. Dazu gehörte nicht zuletzt die Theologie. Dabei beeindruckte ihn bei seinem Studium an der Universität Rinteln/Weser besonders Professor Josua Stegmann, der das Lied dichtete *Ach bleib mit deiner Gnade.*

Auch Rist wollte jetzt Glaubenslieder dichten. In seinem Neujahrslied *Hilf, Herr Jesu, lass gelingen,* betet Rist:

Jesus richte mein Beginnen,
Jesus bleibe stets bei mir,
Jesus zäume mir die Sinnen,
Jesus sei nur mein Begier,
Jesus sei mir in Gedanken,
Jesus lasse mich nie wanken!

Der junge Rist musste auch den Hunger schmerzlich kennen lernen. Die ganze Gegend um Rinteln war von den kaiserlichen Truppen ausgeraubt und geplündert worden.

In Rostock befiel den 21-jährigen Studenten wie viele andere die Pest. Er überlebte und hielt voll Dank im Weihnachtsgottesdienst die Predigt. Dazu brachte er eine Rose mit, die in dem milden Winter noch im Garten blühte.

Auch später hatte er die Gewohnheit, jedem Gemeindeglied im Neujahrsgottesdienst eine Blume zu überreichen und dabei an die schöne Gestalt, den edlen Geruch und die heilsame Wirkung zu erinnern.

Im Jahr 1643 geschah das Furchtbare. Das Kriegselend des Dreißigjährigen Krieges brach auch über die Gemeinde von Johann Rist herein. Allein im Umkreis von Wedel waren es elf Nationalitäten, darunter auch Türken und Tataren, die grausam wüteten und Dörfer und Städte niederbrannten. Schwedische Truppen plünderten in sinnloser Zerstörungswut das Pfarrhaus und verwüsteten die Apotheke. Die wertvollen Sammlungen wurden zerschlagen, geraubt, der sorgfältig gepflegte Garten verheert.

Nur wenig ließ der Krieg den Überlebenden übrig. Hunger und Seuchen suchten sie heim. Auch Rist war in dieser Zeit sehr krank und schwach.

In dem schon genannten Adventslied *Auf, auf, ihr Reichsgenossen,* spricht er von Krieg und Flammen, von Angst und Armut. Diese wunderbare Botschaft: *Der König kommt!* ist das Einzige, was die vom Kriegselend furchtbar Geschundenen noch aufrichten und trösten kann:

Auf, ihr betrübten Herzen,
der König ist gar nah;
hinweg all Angst und Schmerzen,
der Helfer ist schon da.
Seht, wie so mancher Ort
hochtröstlich ist zu nennen,
da wir ihn finden können
im Nachtmahl, Tauf und Wort.

Auf, auf, ihr Vielgeplagten,
der König ist nicht fern;
seid fröhlich, ihr Verzagten,
dort kommt der Morgenstern.
Der Herr will in der Not
mit reichem Trost euch speisen;
er will euch Hilf erweisen,
ja dämpfen gar den Tod.

In dem großen Wunder der Menschwerdung Jesu findet Rist die unvergleichliche Freude. In seinem Weihnachtslied *Ermuntre dich, mein schwacher Geist* stellt er die krassen Gegensätze der Christnacht heraus: das kleine Kind – der Vater. Seine Worte vertonte Vincent Lübeck in der Kantate *Willkommen, süßer Bräutigam* und später Johann Sebastian Bach so eindrücklich im Weihnachtsoratorium:

O Freudenzeit, o Wundernacht,
dergleichen nie gefunden,
du hast den Heiland hergebracht,
der alles überwunden,
du hast gebracht den starken Mann,
der Feur und Wolken zwingen kann,
vor dem die Himmel zittern
und alle Berg erschüttern.

Brich an, du schönes Morgenlicht,
und lass den Himmel tagen!

Du Hirtenvolk, erschrecke nicht,
weil dir die Engel sagen,
dass dieses schwache Knäbelein
soll unser Trost und Freude sein,
dazu den Satan zwingen
und letztlich Frieden bringen.

Bis Johann Rist 1667 im Alter von 60 Jahren heimgerufen wurde, war er viel und schwer krank. Auch litt er sehr unter der Einsamkeit. Viele seiner treuen Freunde waren gestorben. Zu diesen gehörte auch der Ratsmusikus Schop, der viele Melodien zu den Liedern von Johann Rist schuf.

Weit verbreitet ist sein Abendlied *Werde munter, mein Gemüte* mit den eindrücklichen Strophen:

Dieser Tag ist nun vergangen,
und die trübe Nacht bricht an;
es ist hin der Sonne Prangen,
so uns all erfreuen kann.
Stehe mir, o Vater, bei,
dass dein Glanz stets vor mir sei,
mich umgebe und beschütze,
ob ich gleich im Finstern sitze.

Bin ich gleich von dir gewichen,
stell ich mich doch wieder ein;
hat uns doch dein Sohn verglichen
durch sein Angst und Todespein.
Ich verleugne nicht die Schuld;
aber deine Gnad und Huld
ist viel größer als die Sünde,
die ich stets in mir befinde.

Vom Erschrecken vor dem ewigen Gericht Gottes spricht das Lied *O Ewigkeit, du Donnerwort,* in dem viel von der Sehnsucht nach der himmlischen Heimat anklingt. Die letzte Strophe lautet:

O Ewigkeit, du Donnerwort,
o Schwert, das durch die Seele bohrt,
o Anfang sonder Ende!
O Ewigkeit, Zeit ohne Zeit!
Ich weiß vor großer Traurigkeit
nicht, wo ich mich hinwende.
Nimm du mich, wenn es dir gefällt,
Herr Jesu, in dein Freudenzelt!

So stand auch über dem schweren Leiden und Sterben Johann Rists die gewisse Hoffnung, die er in dem Lied *Werde licht, du Stadt der Heiden* beschrieben hatte:

Dein Erscheinung müss erfüllen
mein Gemüt in aller Not.
Dein Erscheinung müsse stillen
meine Seel auch gar im Tod.
Herr, in Freuden und im Weinen
müsse mir dein Licht erscheinen.

Jesu, lass mich endlich gehen
freudig aus der bösen Welt,
dein so helles Licht zu sehen,
das mir dort schon ist bestellt,
wo wir sollen unter Kronen
in der schönsten Klarheit wohnen.

Die Leidensbereitschaft von Adam Thebesius

Das Danklied für den großen Schmerzensmann

Als in den schrecklichen Zerstörungen des Dreißigjährigen Krieges Städte und Dörfer verheert und verwüstet wurden, schöpften die geschundenen Menschen immer mehr im Bild des gekreuzigten Jesus Trost, Mut und Zuversicht. In seinen blutigen Leiden und qualvollen Schmerzen fanden Menschen die Kraft des Glaubens, ihr eigenes Kreuz in Geduld zu tragen und voll Hoffnung zu überwinden. In dieser Zeit entstand das Passionslied:

O hilf, dass wir auch uns
zum Kampf und Leiden wagen
und unter unsrer Last
des Kreuzes nicht verzagen;
hilf tragen mit Geduld
durch deine Dornenkron,
wenn's kommen soll mit uns
zum Blute, Schmach und Hohn.

Dein Angst komm uns zugut,
wenn wir in Ängsten liegen;
durch deinen Todeskampf
lass uns im Tode siegen.
Durch deine Bande, Herr,
bind uns, wie dir's gefällt;
hilf, dass wir kreuzigen
durch dein Kreuz Fleisch und Welt.

Diese Worte stammen von Adam Thebesius, Pfarrer an der Peter-Pauls-Kirche in Liegnitz. Er wurde 1596 im schlesischen Seifersdorf in der Nähe von Liegnitz geboren. Nach dem Studium der Theologie und Musik in Wittenberg und einem Pfarramt im Kreis Wohlau in Schlesien wurde er 1639 nach Liegnitz berufen.

In den grauenhaften Jahren des Dreißigjährigen Krieges hielt er treu *mit Wachen und Beten* bei seiner Gemeinde aus. *Er war nicht einer von denen, die ihre Predigten aus dem Ärmel schütteln. Alles musste von ihm wohl erwogen, wohl überlegt und richtig eingefügt werden.* Ganz besonders wichtig war es Adam Thebesius, beim Predigen nur deutsche Worte und nicht unverständliche lateinische Begriffe zu verwenden.

Da begann die römische Gegenreformation die evangelischen Gemeinden in Schlesien hart zu bedrängen. Man konnte schon die kommenden Verfolgungen ahnen. Umso mehr verlegte sich Thebesius aufs Beten. In seinem Haus wurde viel gebetet und gesungen; aber auch in den Gottesdiensten brachte er seine und der ganzen Kirche Not betend vor Gott. *Er machte sich zur Mauer und stand wider den Riss gegen Gott für das Land, dass es nicht verdürbe.*

Auch persönlich wurde Adam Thebesius mit seiner Familie durch schweres Leid geführt. Zuerst starben zwei Töchter an der Pestseuche, dann eine weitere Tochter durch einen Unfall. Nach 18 Ehejahren musste er seine Frau mit dem eben geborenen Sohn begraben. 14 Jahre lang lebte er allein als Witwer. Neben seiner Gicht hatte er noch andere schwere Krankheit und Behinderung zu tragen.

Im Alter von 56 Jahren starb er an einem Hirnschlag, als er eben die Abendandacht gehalten hatte. Er war vom vielen Arbeiten müde und matt geworden.

Es war ihm schon zeitlebens wichtig, wenn er sich abends zum Schlafen legte, jeden Tag sein Leben vor dem Jüngsten Tag zu ordnen: … *des Tages zu gedenken, an dem ich vor dem Richter zu erscheinen habe, um sein gnädiges Urteil über mich zum ewigen Leben anzuhören.*

Im Sühnetod des gekreuzigten Jesus fand Adam Thebesius den einzigen Trost und das Heil, um fröhlich dem Gerichtstag Gottes entgegenzugehen. So dichtete er das *Danklied für Jesu Leiden und Tod*, von dem schon zwei Strophen zitiert wurden:

Du großer Schmerzensmann,
vom Vater so geschlagen,
Herr Jesu, dir sie Dank
für alle deine Plagen:
für deine Seelenangst,
für deine Band und Not,
für deine Geißelung,
für deinen bittern Tod.

Ach das hat unsre Sünd
und Missetat verschuldet,
was du an unsrer Statt,
was du für uns erduldet!
Ach unsre Sünde bringt
dich an das Kreuz hinan;
o unbeflecktes Lamm,
was hast du sonst getan?

Dein Kampf ist unser Sieg,
dein Tod ist unser Leben;
in deinen Banden ist
die Freiheit uns gegeben.
Dein Kreuz ist unser Trost,
die Wunden unser Heil,
dein Blut das Lösegeld,
der armen Sünder Teil.

Lass deine Wunden sein
die Heilung unsrer Sünden,
lass uns auf deinen Tod
den Trost im Tode gründen.
O Jesu, lass an uns
durch dein Kreuz, Angst und Pein
dein Leiden, Kreuz und Angst
ja nicht verloren sein.

Die überwältigende Dankbarkeit Martin Rinckarts

In Hungersnot, Pestseuche und Kriegsängsten

Ein Danklied nach dem Essen sollte es sein. So war es bei seiner ersten Veröffentlichung vom Verfasser selbst überschrieben. Das weltweit bekannte Lied war entstanden:

> Nun danket alle Gott mit Herzen, Mund und Händen,
> der große Dinge tut an uns und allen Enden,
> der uns von Mutterleib und Kindesbeinen an
> unzählig viel zugut bis hierher hat getan.

Wenige wissen wohl, dass dieses Lied fast wörtlich auf einen Bibelabschnitt zurückgeht, der in den wenig beachteten biblischen Büchern, den sogenannten Apokryphen, steht. Dort liest man im Buch Sirach, Kapitel 50, 24-26: *Nun danket alle Gott, der große Dinge tut an allen Enden, der uns von Mutterleib an lebendig erhält und uns alles Gute tut. Er gebe uns ein fröhliches Herz und verleihe immerdar Frieden zu unsrer Zeit in Israel, und dass seine Gnade stets bei uns bleibe und uns erlöse, so lange wir leben.*

Man hat aus guten Gründen angenommen, das überströmende Danklied sei eigentlich zuerst nicht für den Mittagstisch, sondern für ein besonders festliches Ereignis gedichtet worden. Es war das 100-jährige Jubiläum des Augsburger Bekenntnisses, das 1630 gefeiert werden sollte. Mit großem Jubel wurde der schwedische König Gustaf Adolf als Befreier begrüßt.

Aber die schrecklichen Zerstörungen und brutalen Übergriffe des Dreißigjährigen Krieges warfen unheimliche Schatten auf dieses Jubiläum. In Freude und Dankbarkeit wollte man sich daran erinnern, wie damals vor 100 Jahren in Augsburg der evangelische Glaube erstmals als Bekenntnis vor Kaiser und Reich anerkannt wurde. Nun aber musste das Fest in Angst und Schrecken gefeiert werden.

Da brachte dieses herrliche Danklied der trostlosen und verzweifelten Bevölkerung Mut und Hoffnung auf den *edlen Frieden* und ein baldiges Ende der Kriegsnöte:

Der ewigreiche Gott
woll uns bei unserm Leben
ein immer fröhlich Herz
und edlen Frieden geben
und uns in seiner Gnad
erhalten fort und fort
und uns aus aller Not
erlösen hier und dort.

So überrascht es nicht, dass gerade dieses überströmende Danklied noch in der schrecklichen Zeit des Dreißigjährigen Krieges entstanden ist. Darum ist die Freude über die wunderbare Bewahrung durch Gottes Güte auch so groß. Die Bitte um das immer fröhliche Herz sowie den sehnlich erwarteten Frieden ist angesprochen. In seinen schlichten Aussagen bringt dieses Lied es auf den Punkt, dass man nur durch Gottes Gnade erhalten bleiben kann.

Verfasst wurde das Danklied von Pfarrer Martin Rinckart aus Eilenburg in Sachsen. In dieser Stadt war er auch am 24. April 1586, am Sonntag Jubilate, als Sohn eines armen Küfermeisters geboren worden. Mit seiner musikalischen Begabung kam Rinckart an die Thomasschule in Leipzig. Danach war er Kantor in Eisleben, später Pfarrer bei Mansfeld. 1617 wurde er wieder in seine sächsische Heimatstadt Eilenburg gerufen, wo er 32 Jahre lang als Pfarrer wirkte.

Die große Not hatte man in diesem unheimlichen, endlosen Krieg täglich vor Augen. Wenige Jahre nachdem dieses auftrumpfende Danklied entstanden war, musste Martin Rinckart zusammen mit seiner Gemeinde vor den heranrückenden Feindestruppen fliehen. In Wittenberg fanden die Flüchtlinge kurzfristig notdürftige Aufnahme.

Am furchtbarsten aber sollte das Jahr 1637 werden. Die feindlichen schwedischen Besatzer wüteten entsetzlich, bevor sie nach Pommern abzogen. Zuerst verheerten sie das Land rund um die Stadt. Um wenigstens ihr Leben zu retten, flüchtete die Landbevölkerung in die schützende Stadt.

Nach dem Morden und Plündern der Feinde wurde nun das von Flüchtlingen völlig überfüllte Städtchen Eilenburg auch noch von der furchtbaren Pestseuche heimgesucht. Dreimal läuteten jeden Tag die Glocken der Stadtkirche. Dann wurden die vielen Toten auf den Kirchhof getragen, insgesamt fast 8000 Männer, Frauen und Kinder. Allein 3161 Menschen hat Martin Rinckart als einziger Pfarrer der Stadt in einem Jahr beerdigt. Jeden Tag mussten mindestens zehn Tote beerdigt werden, einmal sollen es sogar 70 gewesen sein.

Unter diesen vielen Pesttoten waren auch die Ehefrau Rinckarts, sein Bruder, zwei Mitpfarrer und der ganze Stadtrat bis auf drei Mitglieder. Es war ein Wunder, dass Martin Rinckart in dieser Zeit gesund blieb. Nicht ein Finger hat ihm weh getan, heißt es in einer Chronik.

Nachdem die tödliche Pestseuche endlich abgeklungen war, herrschte in der Stadt eine unvorstellbare Hungersnot. Wohl denen, die noch eine Katze oder einen Hund fangen und schlachten konnten! Die Berichte klingen schrecklich: *Bis zu 40 Leute prügelten sich um eine tote Krähe. Von morgens bis abends hörte man das Jammern und Klagen der Hungernden, die in den Misthaufen nach etwas Essbarem wühlten.*

Martin Rinckart half in diesen Tagen des Jammers, wo er nur konnte. Er setzte all sein Hab und Gut ein, um für die Ärmsten der Armen wenigstens etwas Mehl oder Brot zu beschaffen.

Insgesamt dreimal wurde Eilenburg von kriegerischen Heeren besetzt. Einmal durch die österreichische Armee, zweimal durch die Schweden. Die Soldaten quartierten sich mit Vorliebe im Pfarrhaus ein und plünderten dabei die Vorräte im Haus.

Im winterlichen Februar 1639 versuchte der schwedische Oberstleutnant von Dörfling, von der Bevölkerung die unerhörte Summe von 30 000 Talern zu erpressen. Andernfalls sollte die Stadt geplündert und niedergebrannt werden. Kein Bitten und Flehen half. Auch Rinckart konnte bei den unerbittlichen Schweden nichts erreichen. Da liess er einfach die Glocken läuten und sagte zu seiner Gemeinde: *Kommt! Bei Menschen finden wir kein Gehör und auch keine Gnade. Lasst uns unsere Zuflucht zu Gott nehmen und mit ihm reden!* In diesem Gottesdienst kniete Rinckart nieder und betete um Gottes Eingreifen. Dann ließ er das Lied anstimmen, das 80 Jahre vorher der fränkische Professor Dr. Paul Eber in der großen Bedrängnis des Schmalkaldischen Krieges gedichtet hatte. Eber hatte seit einem Reitunfall mit einem scheuen Pferd als dreizehnjähriges Kind einen verkrüppelten Rücken und eine verwachsene Nase. Durch seine Glaubenslieder schenkte er nun den Verzweifelten und Sterbenden im grenzenlosen Elend des Dreißigjährigen Krieges Mut und Zuversicht:

Wenn wir in höchsten Nöten sein
und wissen nicht, wo aus noch ein,
und finden weder Hilf noch Rat,
ob wir gleich sorgen früh und spat,

so ist dies unser Trost allein,
dass wir zusammen insgemein
dich anrufen, o treuer Gott,
um Rettung aus der Angst und Not,

und heben unser Aug und Herz
zu dir in wahrer Reu und Schmerz
und flehen um Begnadigung
und aller Strafen Linderung,

die du verheißest gnädiglich
allen, die darum bitten dich,
im Namen deins Sohns Jesu Christ,
der unser Heil und Fürsprech ist.

Paul Eber dichtete dieses Lied nach 2. Chronik 20, 5-12, wo einst der judäische König Joschafat von Jerusalem in völliger Abhängigkeit von Gott gebetet hatte: *Wenn Unglück, Schwert, Strafe, Pest oder Hungersnot über uns kommen, werden wir zu dir schreien in unserer Not, und du wirst hören und helfen.*

Dieser Gottesdienst mit Pfarrer Martin Rinckart und dem Lied von Paul Eber muss einen tiefen Eindruck auf die Schweden gemacht haben. Sie ermäßigten ihre Forderung zuerst auf 8000, schließlich auf 2000 Gulden. Und noch ehe die Verhandlungen über die Zahlung endgültig abgeschlossen waren, mussten die schwedischen Truppen in Eile abziehen.

Rinckart aber hatte auch persönliche Not zu tragen. Die Stadtverwaltung belastete sein Wohnhaus mit einer großen Abgabenlast, die er nicht bezahlen konnte. Sieben Jahre lang musste er deswegen einen Prozess durchstehen, der ihn schließlich finanziell ruinierte. Die Gläubiger pfändeten seinen Gehalt.

Als endlich 1648 die Kirchenglocken nach 30 Jahren furchtbaren Kriegselends den langersehnten Frieden einläuteten, war die Kraft des treuen Predigers gebrochen. Doch in seiner Familie fand er viel Freude und Unterstützung.

Seit seiner Jugend trug der Freund der Musik einen Ring mit der Inschrift MVSICA. Jetzt, nachdem er hinfällig und gebrechlich geworden war, gab er diesen Buchstaben die Bedeutung: **M**ein **V**ertrauen **s**teht **i**n **C**hristus **a**llein! Dieser Herr nahm ihn schon wenig später, am 8. Dezember 1649, im Alter von 63 Jahren zu sich.

Die letzte Strophe seines herrlichen Liedes lautet heute:

Lob, Ehr und Preis sei Gott
dem Vater und dem Sohne
und Gott dem Heilgen Geist
im höchsten Himmelsthrone,
ihm, dem dreiein'gen Gott,
wie es im Anfang war
und ist und bleiben wird
so jetzt und immerdar.

Johann Heermann – 24 Jahre ganz in Schmerzen

Lebt Christus – was bin ich betrübt?

In dem kleinen schlesischen Städtchen Köben an der Oder wirkte seit dem Jahr 1611 der Pfarrer Johann Heermann. Damals war er gerade 26 Jahre alt. Doch schon nach fünf Jahren begannen in dem Pfarrhaus, in dem so viel und fröhlich musiziert wurde, die schweren Krankheitsleiden.

Johann Heermann war am 11. Oktober 1585 in Niederschlesien geboren worden, nachdem seine Eltern schon fünf Kinder früh verloren hatten. Auch Johann war ein schwaches Kind und mehrmals am Rand des Todes. Sein Vater, ein Kürschner in Raudten, einem kleinen schlesischen Städtchen zwischen Breslau und Glogau, hatte nicht viel Geld. Der Junge verdiente sich als Knecht, was er brauchte. Wenn die Zeit und die Gesundheit es erlaubten, besuchte er die Schule. Tief prägte ihn die Arbeit im Pfarrhaus des berühmten Predigers Valerius Herberger im polnischen Fraustadt. Er half dort mit 17 Jahren als Schreiber aus.

Schon mit 23 Jahren wurde Johann Heermann feierlich als großer Dichter öffentlich geehrt. Kaiser Rudolf II. verlieh ihm den Lorbeerkranz und krönte ihn zum kaiserlichen Dichter.

Aber schon auf einer damals üblichen Bildungsreise durch Europa litt er an einer schweren Augenkrankheit. Daraufhin musste er sein Studium abbrechen. Es war der Beginn seiner Leiden.

Zunächst befielen Pfarrer Heermann heftige Schmerzen in der Nase und später besonders in der Luftröhre. Ein quälender Husten wollte nicht mehr weichen. Ob es Rheuma oder Schwindsucht war, niemand weiß es genau. Oft hustete und würgte er so stark, dass er kaum einen Satz herausbrachte. Am schlimmsten war es, wenn er laut sprechen sollte. Das Predigen wurde zur Qual.

Schon 1617, nach fünf Jahren glücklicher, wenn auch kinderloser Ehe starb seine Frau Dorothea, die Tochter des Bürgermeisters seines Heimatortes. Es war ein ganz herber und schmerzlicher Verlust für ihn.

Ein Jahr zuvor hatte ein furchtbares Feuer den größten Teil des Städtchens Köben vernichtet.

In den schrecklichen Jahren des Dreißigjährigen Krieges zogen nun plündernde und mordende Horden von Soldaten durch. Zunächst waren es raue polnische Kosaken, die als Hilfstruppen des Kaisers kämpften und auf dem Heimweg waren. Es folgten gewalttätige Dragoner, die grausam wüteten. Niemand kann beschreiben, wie furchtbar die hilflosen und wehrlosen Bürger litten. Heermann floh und versteckte sich 17 Wochen in der Fremde. Wer geblieben war, wurde zwangsweise zum Übertritt in die katholische Kirche genötigt. In diesem sinnlosen Krieg ging es aber schon lange nicht mehr um ein christliches Bekenntnis.

In diesen Jahren des Schreckens betete Johann Heermann voll Liebe für die Verirrten und Verblendeten, dass doch ihre Sinne durch Gottes Geist hell erleuchtet werden und sie zur Erkenntnis von Jesus Christus kommen. Seine Friedensherrschaft muss doch endlich über Leiden und Schrecken, Krieg und Elend siegen.

O Jesu Christe, wahres Licht,
erleuchte, die dich kennen nicht,
und bringe sie zu deiner Herd,
dass ihre Seel auch selig werd.

Erfülle mit dem Gnadenschein,
die in Irrtum verführet sein,
auch die, so heimlich ficht noch an
in ihrem Sinn ein falscher Wahn;

und was sich sonst verlaufen hat
von dir, das suche du mit Gnad
und ihr verwundt Gewissen heil;
lass sie am Himmel haben teil.

Erleuchte, die da sind verblendt,
bring her, die sich von uns getrennt,
versammle, die zerstreuet gehn,
mach feste, die im Zweifel stehn.

Einmal schlug ein Kroate mit seinem Säbel Johann Heermann fast den Kopf ab, weil er diesen zur Herausgabe seines Geldes zwingen wollte. Heermann hatte aber nichts mehr. Alles war ihm schon vorher gestohlen worden. Ein anderes Mal wollte ihn eine ganze Meute Soldaten mit dem Degen umbringen.

In einem Boot auf der Oder fischte Johann Heermann Flüchtlinge auf, die zum anderen Ufer wollten. Fast wäre das überfüllte Schiff im Fluss gesunken. Da eröffneten die brutalen Soldaten Wallensteins das Feuer auf die Flüchtlinge. Wie durch ein Wunder trafen zwei Kugeln, die direkt an Heermanns Kopf vorbeipfiffen, ihn nicht. Er hatte sich eben hinuntergebeugt, um ein Kind aus dem Wasser zu ziehen. Dabei fiel er selbst ins eiskalte Wasser. Das aber rettete ihm das Leben.

Zu alledem brach auch noch die Pestseuche in Köben aus. Die Hälfte der Bevölkerung wurde weggerafft.

Der unselige, nicht zu stoppende Krieg brachte grenzenloses Leid über die Menschen. Das Volk auf dem Land und in den Städten verrohte immer mehr. Zunehmende Verbrechen, brutale Gewalt, ungehemmte Selbstsucht und maßloses Unrecht ließen die bürgerliche Welt im Chaos versinken.

Allein zwischen 1632 und 1634 wurde das Haus von Johann Heermann dreimal geplündert. Er verlor nicht nur seine Möbel, sondern auch Kleidung, Hausgeräte sowie alles Vieh und Getreide.

Johann Heermann schuf das nüchterne Lied, das durch Jahrhunderte im Volk die verlässlichen Werte wie Treue und Redlichkeit wieder bedeutsam und groß machte. Ehrlichkeit bis hinein in die finanziellen Geschäfte, Fleiß in den Pflichten des Berufs und Nächstenliebe im täglichen Leben wurden als die entscheidenden Bewährungsfelder eines Christen herausgestellt.

O Gott, du frommer Gott, du Brunnquell guter Gaben,
ohn den nichts ist, was ist, von dem wir alles haben:
gesunden Leib gib mir, und dass in solchem Leib
ein unverletzte Seel und rein Gewissen bleib.

Gib, dass ich tu mit Fleiß, was mir zu tun gebühret,
wozu mich dein Befehl in meinem Stande führet.
Gib, dass ich's tue bald, zu der Zeit, da ich soll,
und wenn ich's tu, so gib, dass es gerate wohl.

Hilf, dass ich rede stets, womit ich kann bestehen;
lass kein unnützlich Wort aus meinem Munde gehen;
und wenn in meinem Amt ich reden soll und muss,
so gib den Worten Kraft und Nachdruck ohn Verdruss.

In seinem Predigtdienst wollte Johann Heermann sein Leben lang nur Jesus Christus, den Gekreuzigten, wichtig machen. In dem Lied *Treuer Wächter Israel* zeigte Heermann, woran er sich in seiner Hoffnungslosigkeit hielt:

Schau, wie große Not und Qual
trifft dein Volk jetzt überall;
täglich wird der Trübsal mehr.
Hilf, ach hilf, schütz deine Lehr.
Wir verderben, wir vergehn,
nichts wir sonst vor Augen sehn,
wo du nicht bei uns wirst stehn.

Jesu, der du Jesus heißt,
als ein Jesus Hilfe leist!
Hilf mit deiner starken Hand,
Menschenhilf hat sich gewandt.

Eine Mauer um uns bau,
dass dem Feinde davor grau,
er mit Zittern sie anschau.

Andre traun auf ihre Kraft,
auf ihr Glück und Ritterschaft;
deine Christen traun auf dich,
auf dich traun sie festiglich.
Lass sie werden nicht zuschand,
bleib ihr Helfer und Beistand,
sind sie dir doch all bekannt.

Heermann hatte in seinem ganzen Leben nie einen Tag, an dem er wirklich ganz gesund war. Trotz der nicht endenden Krankheitsleiden harrte er aber bei seiner kleinen, zusammengeschmolzenen Gemeinde aus. Diese vom Krieg geschundenen und bedrängten Menschen brauchten ihn ganz besonders. Das Wort Gottes entfaltete mitten in Angst und Todesgrauen seine starke, befreiende Kraft.

Johann Heermann erinnerte sich der erniedrigenden Leiden Jesu und seiner Todesqualen. In einem Passionslied schrieb er es so nieder:

Herzliebster Jesu, was hast du verbrochen,
dass man ein solch scharf Urteil hat gesprochen?
Was ist die Schuld, in was für Missetaten
bist du geraten?

Du wirst gegeißelt und mit Dorn gekrönet,
ins Angesicht geschlagen und verhöhnet;
du wirst mit Essig und mit Gall getränket,
ans Kreuz gehenket.

Was ist doch wohl die Ursach solcher Plagen?
Ach, meine Sünden haben dich geschlagen;
ich, mein Herr Jesu, habe dies verschuldet,
was du erduldet!

O große Lieb, o Lieb ohn alle Maße,
die dich gebracht auf diese Marterstraße!
Ich lebte mit der Welt in Lust und Freuden,
und du musst leiden!

Ich werde dir zu Ehren alles wagen,
kein Kreuz nicht achten, keine Schmach und Plagen,
nichts von Verfolgung, nichts von Todesschmerzen
nehmen zu Herzen.

Schließlich war Johann Heermann 1634 so krank, dass er sein Amt aufgeben musste. Zunächst lasen andere seine Predigten im Gottesdienst vor. Fünf Jahre später zog sich der sieche Mann im Alter von 55 Jahren dann ins polnische Lissa zurück. Er sprach von seinem *Patmos* unter Anspielung auf die Gefangenschaft des Johannes (Offenbarung 1, 9).

Da traf ihn die niederschmetternde Nachricht, dass sein ältester Sohn aus zweiter Ehe, Samuel, von Jesuiten zum katholischen Glauben gedrängt worden war. Der Vater – *seine Seele betrübt bis in den Tod* – mahnte, drohte, bat. Die drängenden Briefe verfehlten ihre Wirkung nicht. Samuel kehrte nach einiger Zeit wieder um und bat den Vater um Verzeihung. Die gewährte der ihm gerne mit den Worten: *Vaterherz bleibt Vaterherz.* Ganz überraschend starb dieser Samuel mit 22 Jahren an der Schwindsucht. Manche meinten, er sei von Fanatikern vergiftet worden.

Die Leiden des geprüften Johann Heermann wurden immer schlimmer. Furchtbar schmerzten alle Glieder. Unablässige Verstopfung, Blähungen und häufiges Fieber kamen zur Gicht hinzu. Er konnte weder sitzen noch liegen. Meist stand er, schwach und elend an die Wand gelehnt.

Bald konnte er sich vor Schwäche nicht mehr aufrecht halten. Da ließ er an sein Bett schreiben: *Herr, siehe, der, den du lieb hast, liegt krank* (Johannes 11, 3).

Wie wenig andere musste er unheimlich tief durch. Immer wieder betete er, wie schon einst Valerius Herberger: *Herr Jesu, komm doch und spann aus!*

1647 erfüllte Gott seine Bitte. Im Alter von 62 Jahren ging er still heim in der Gewissheit:

Wenn du die Toten wirst an jenem Tag erwecken,
so tu auch deine Hand zu meinem Grab ausstrecken,
lass hören deine Stimm und meinen Leib weck auf
und führ mich schön verklärt zum auserwählten Hauf.

In seinem Osterlied *Frühmorgens, da die Sonn aufgeht* freut sich Heermann mitten im Leiden schon daran, dass der auferstandene Jesus seine Leute aus Leid und Traurigkeit herausholen wird:

Wenn ich des Nachts oft lieg in Not
verschlossen, gleich als wär ich tot,
lässt du mir früh die Gnadensonn
aufgehn, nach Trauern Freud und Wonn. Halleluja.

O Wunder groß, o starker Held!
Wo ist ein Feind, den er nicht fällt?
Kein Angststein liegt so schwer auf mir,
er wälzt ihn von des Herzens Tür. Halleluja.

Wie tief Kreuz, Trübsal oder Pein:
mein Heiland greift allmächtig drein,
führt mich heraus mit seiner Hand,
wer mich will halten, wird zuschand. Halleluja.

Lebt Christus, was bin ich betrübt?
Ich weiß, dass er mich herzlich liebt;
wenn mir gleich alle Welt stürb ab,
gnug, dass ich Christus bei mir hab. Halleluja.

Johann Matthäus Meyfarts letzte Posaunenklänge

Schäden und Missstände im Licht der Ewigkeit betrachtet

Als Pädagoge sollte Dr. Johann Matthäus Meyfart junge Menschen erziehen. Im Jahr 1616 wurde er, 26 Jahre alt, an das Gymnasium Casimiranum in Coburg berufen. Dessen Stifter, Herzog Johann Casimir, hatte verfügt, dass mit großer Strenge jungen Menschen dort Zucht und Ordnung beigebracht werde solle.

Nun brauchte der Theologe Johann Meyfart diesen pädagogischen Druck seines Herzogs wirklich nicht. In diesen Jahren des Dreißigjährigen Krieges litt er schwer an dem Chaos und der Disharmonie der Welt, aber auch an offenkundigen Schäden der Kirche. Im Glauben orientierte er sich sein Leben lang an der vollendeten Herrlichkeit des kommenden ewigen Gottesreichs. Er sehnte sich nach dieser neuen Welt. Schon 1625 schrieb er sein Buch *Von der letzten Posaune.*

Aus dieser Sicht deckte er das Elend der Welt auf, besonders die Trägheit einer müden und lauen Christenheit. Ihn erschütterte, wie selbst in den Kirchen die klaren Ordnungen Gottes leichtfertig missachtet wurden.

Die kritischen Worte, die er in seinen Büchern veröffentlichte, nahmen ihm seine Kollegen am Gymnasium übel. Sie verklagten Meyfart beim Herzog. Der wollte ihn zum Widerruf nötigen und sperrte ihn in Arrest.

Da wurde er 1634 als theologischer Professor an die Universität in Erfurt berufen. In seiner Antrittsvorlesung führte er aus, wie ein wahrer Student nach der Bibel aussehen müsste. Er bezog sich dabei auf Daniel, der in Babylon dem Druck der dortigen Machthaber trotzte. Geistlose Zänkereien und theologische Streitigkeiten mit ihrem verunglimpfenden Hass waren ihm ein Greuel. Darum trat er mutig dem entgegen und sprach auch offenkundige Mängel und die verkommene Lebensweise vieler Studenten an.

Das erregte heftigen Widerstand. Die Studenten sahen sich mit ihrem liederlichen Lebensstil bloßgestellt. Professoren und Landesregierung fühlten sich angegriffen und beleidigt. Man warf Meyfart Radikalität und übertriebenes Eifertum vor. Nur wenige standen zu ihm und unterstützten ihn. Weithin war er in diesem Kampf allein.

Erst 40 Jahre später hat der große Kirchenreformer Philipp Jakob Spener wieder die Gedanken Meyfarts aufgegriffen und zur praktischen Umsetzung empfohlen.

Meyfart gab aber nicht auf. Mutig nahm er 1636 in einem öffentlichen Aufruf Stellung gegen *das abscheuliche Laster des Hexenwahns.* Er prangerte die schlimmen Missstände der Hexenverfolgung an, die von Predigern und Landesherren geduldet wurden.

Doch Johann Meyfart litt schwer unter Kollegen, die ihn in seinen letzten Lebensjahren mit haltlosen und unsinnigen Verdächtigungen belasteten. Ihm war es *bange, unter denen zu wohnen, die den Frieden hassen.* Er wünschte sich an eine neue Stelle.

Diese Bitte erfüllte Gott. Am 26. Januar 1642, erst 52 Jahre alt, holte der Herr ihn in seinen ewigen Frieden. Dort lebte Meyfart schon lange mit sehnsüchtigen Gedanken. 1626 hatte er das jubelnde Freudenlied vom ewigen Leben geschaffen: *Jerusalem, du hochgebaute Stadt, wollt Gott, ich wär in dir!* Der Coburger Kapellmeister Melchior Franck schuf dazu die Melodie:

O schöner Tag und noch viel schönre Stund,
wann wirst du kommen schier,
da ich mit Lust, mit freiem Freudenmund
die Seele geb von mir
in Gottes treue Hände zum auserwählten Pfand,
dass sie mit Heil anlände in jenem Vaterland?

Wenn dann zuletzt ich angelanget bin
im schönen Paradeis,
von höchster Freud erfüllet wird der Sinn,
der Mund von Lob und Preis.
Das Halleluja reine man spielt in Heiligkeit,
das Hosianna feine ohn End in Ewigkeit

mit Jubelklang, mit Instrumenten schön,
in Chören ohne Zahl,
dass von dem Schall und von dem süßen Ton
sich regt der Freudensaal,
mit hunderttausend Zungen, mit Stimmen noch viel mehr,
wie von Anfang gesungen das große Himmelsheer.

Paul Fleming auf der Reise nach Persien

Die untreue Brautliebe und Gottes ewige Treue

Der 25-jährige Mediziner Paul Fleming war sofort in Liebe entbrannt, als er in Reval in der Familie des Handelsherrn Niehusen dessen Tochter Elsgen traf. Weit bekannt wurde diese Liebesromanze, die sich 1635 an der Bucht des Finnischen Meerbusens ereignete. Reval, die Hauptstadt Estlands, gehörte damals zum schwedischen Reich, bevor das Land von Russland erobert wurde.

Die beiden verlobten sich in aller Stille und gelobten einander ewige Treue. Von einer öffentlichen Liebeserklärung sahen sie ab, weil Fleming sich zur Teilnahme an einer großen Expedition bis nach Persien verpflichtet hatte. Für seine geliebte Braut Elsgen dichtete er zum Abschied das bekannte Volkslied von der unverbrüchlichen Treue, in dessen Strophenanfänge er den Namen seiner Liebsten hineinwebte:

Ein getreues Herz zu wissen,
hat des höchsten Schatzes Preis.
Der ist selig zu begrüßen,
der ein treues Herze weiß.
Mir ist wohl bei höchstem Schmerz,
denn ich weiß ein treues Herz.

Als Fleming Jahre später von seiner großen Reise zurückkehrte, wartete kein treues Herz auf ihn. Seine Braut war des langen Wartens überdrüssig geworden und hatte sich mit einem Professor in Dorpat verheiratet. Verstehen kann man sie schon. Es gab ja keine funktionierende Postverbindung, geschweige denn ein Telefon!

Am 5. Oktober 1609 war Paul Fleming zu Hartenstein bei Zwickau im sächsischen Vogtland, Erzgebirge, im Haus vermögender Eltern geboren worden. Seine Mutter verlor er in frühester Kindheit. In Leipzig bekam er eine gute Ausbildung an der Thomasschule, wo der berühmte Thomaskantor Hermann Schein ihn in die Musik einführte.

Schon als Student mit 22 Jahren wurde er vom Kaiser geehrt und mit dem Lorbeer für sein dichterisches Können gekrönt.

Für den jungen abenteuerlustigen Studenten bedeutete der Ruf in die Gesandtschaft an den Zarenhof im Jahr 1633 eine große Herausforderung. Der holsteinische Herzog Friedrich sandte mit großem Pomp eine Delegation von 34 Personen zu seinem Schwager, Zar Michael Feodorowitsch, nach Moskau. Fleming begleitete die Reisegruppe als Hofjunker und Truchsess.

Übertriebene Erwartungen knüpfte man damals an diese Reise. Man sah schon den Sieg über die Türken, die damals Europa bedrohten, und hoffte, neue Handelswege in den Orient und nach Indien zu erschließen.

Vor dieser Reise dichtete Paul Fleming das Lied, in dem der Segen für die Reise erbeten wird:

In allen meinen Taten
lass ich den Höchsten raten,
der alles kann und hat;
er muss zu allen Dingen,
soll's anders wohl gelingen,
mir selber geben Rat und Tat.

Nichts ist es spät und frühe
um alle meine Mühe,
mein Sorgen ist umsonst;
er mag's mit meinen Sachen
nach seinem Willen machen,
ich stell's in seine Vatergunst.

Es kann mir nichts geschehen,
als was er hat ersehen
und was mir selig ist.
Ich nehm es, wie er's gibet;
was ihm von mir beliebet,
dasselbe hab auch ich erkiest.

Hat er es denn beschlossen,
so will ich unverdrossen
an mein Verhängnis gehn;
kein Unfall unter allen
wird je zu hart mir fallen,
ich will ihn männlich überstehn.

So sei nun, Seele, seine
und traue dem alleine,
der dich geschaffen hat.
Es gehe, wie es gehe;
dein Vater in der Höhe,
der weiß zu allen Sachen Rat.

Im Oktober 1633 brach man auf, im August 1634 erreichte man Moskau. In Russland folgte die Genehmigung zu einer weiteren Expedition, die diesmal zum persischen Schah Sefi führen sollte. Man sprach von wichtigen wirtschaftlichen Kontakten, hatte aber sicher viel mehr die Hoffnung, mit solchen persischen Bündnispartnern die türkische Bedrohung von Europa besser abwenden zu können.

Nach der Rückkehr in die Heimat Schleswig-Holstein im April 1635 brach die Expedition mit 100 Teilnehmern im Oktober desselben Jahres von Travemünde auf. Gleich in der Ostsee gerieten sie in äußerst heftige Seestürme. Ihr Schiff strandete auf der Insel Hochland vor dem estländischen Reval. Bis zur Weiterreise vergingen zehn Monate. In dieser Zeit verliebte sich Paul Fleming in sein heißgeliebtes Elsgen. Endlich, im September 1636, konnte die große Expeditionsgruppe von Reval aufbrechen. Schön war die Fahrt auf einem selbstgebauten Floß die Wolga abwärts über Kasan, Samara und Astrachan.

Von Astrachan ging die Fahrt auf einem Schiff im Kaspi-See weiter. Aber auch dort erlitten sie im Oktober 1636 Schiffbruch in einem schweren Sturm. Fleming konnte sich in dieser gefährlichen Lage nur retten, weil er sich an leere Fässer festgebunden hatte und mit diesen an Land gespült wurde.

Nach der beschwerlichen Überquerung des Taurusgebirges mit seinen schwindelerregenden Abgründen kam die Expedition endlich im August 1637 in der prächtigen persischen Residenz in Isfahan an. Hier erreichte Fleming die Nachricht, dass seine Braut sich verheiratet hatte. Fleming traf es hart.

Die gefährlichen Abenteuer sollten aber noch nicht aufhören. Am persischen Hof kam es zu einer blutigen Auseinandersetzung mit den Trägern einer indischen Handelsdelegation. Kurz vor Weihnachten 1637 traten die Expeditionsteilnehmer die Rückreise an. Sie wurden von wilden Tataren bedrängt. Oft konnten sie sich nachts nur in Höhlen, die von Schlangen wimmelten, vor ihnen verstecken. Fast wären sie nach Sibirien verbannt worden.

Hier wurden die Worte Flemings aktuell:

Bin ich in wilder Wüste,
so bin ich doch bei Christe,
und Christus ist bei mir.
Der Helfer in Gefahren,
der kann mich doch bewahren,
wie dorten, ebenso auch hier.

Sein Engel, der getreue,
macht meine Feinde scheue,
tritt zwischen mich und sie.
Durch seinen Zug, den frommen,
sind wir so weit nun kommen
und wissen selber fast nicht wie.

Über Astrachan und Moskau kam die Delegation endlich im April 1639 wieder in Reval an. Ohne jede Bitterkeit traf Fleming mit der Familie seiner ehemaligen Braut zusammen und verlobte sich nun mit Anna, der jüngeren Schwester von Elsgen Niehusen.

In Leyden/Holland machte er am 23. Januar des folgenden Jahres seinen Doktor in Arzneikunde. Acht Wochen später erkrankte Fleming in Hamburg schwer. Er starb nach wenigen Tagen am Gründonnerstag, 2. April 1640. In dieser Stadt Hamburg hatte er sich als praktischer Stadtarzt niederlassen wollen. Bei seinem Tod war er noch keine 30 Jahre alt.

Einst hatte er die Strophe gedichtet:

Ihm hab ich mich ergeben
zu sterben und zu leben,
sobald er mir gebeut;
es sei heut oder morgen,
dafür lass ich ihn sorgen,
er weiß allein die rechte Zeit.

Josua Stegmann – in Spott und Hass gedemütigt und zerbrochen

Die Sorge um Beständigkeit im Glauben

Dr. Josua Stegmann wurde 1621 zum Professor an die neugegründete lutherische Theologische Hochschule in Rinteln an der Porta Westfalica berufen. Er stammte aus Thüringen und war ein treuer Seelsorger.

Er ahnte schon die kommenden Bedrängnisse und Verfolgungen. So bekümmerte ihn in den schrecklichen Wirren des Dreißigjährigen Krieges am meisten, ob die Gläubigen auch unter Druck und Verfolgung im Gehorsam gegenüber dem Wort Gottes standhaft bleiben könnten. Unermüdlich mahnte er, dass der Glaube nur durch das Gebet gefestigt werden kann. So dichtete er das Gebetslied:

> Ach, bleib mit deiner Gnade bei uns, Herr Jesu Christ,
> dass uns hinfort nicht schade des bösen Feindes List.
>
> Ach bleib mit deinem Glanze bei uns, du wertes Licht;
> dein Wahrheit uns umschanze, damit wir irren nicht.
>
> Ach bleib mit deinem Schutze bei uns, du starker Held,
> dass uns der Feind nicht trutze noch fäll die böse Welt.
>
> Ach bleib mit deiner Treue bei uns, mein Herr und Gott,
> Beständigkeit verleihe, hilf uns aus aller Not.

Schon bald sollte für ihn selbst die schwerste Bewährungsstunde kommen. 1629 rückten die kaiserlichen Truppen unter Wallenstein und Tilly vor und machten dem römisch-katholischen Einfluss Bahn. Die Benediktinermönche kehrten wieder in ihr früheres Kloster nach Rinteln zurück, wo Stegmann an der Theologischen Fakultät wirkte. Die lutherische Universität wurde aufgelöst. Die Mönche nahmen die Plätze der lutherischen Professoren ein und verlangten die Anteile ihrer Besoldung.

Damit war Josua Stegmann plötzlich arbeits- und mittellos. Er lebte von mildtätigen Gaben gütiger Menschen.

Da zwangen ihn die Mönche mit militärischer Gewalt zu einer öffentlichen Disputation. Zwei Gegner standen sich dabei gegenüber und kämpften mit theologischen Argumenten gegeneinander. Angesichts der unbiblischen Behauptungen konnte Stegmann nicht schweigen. Aber immer, wenn er reden wollte, fing die bestellte Meute im Publikum laut zu johlen an. Der stille Stegmann konnte sich dagegen überhaupt nicht durchsetzen. Das war auch so beabsichtigt. Er wurde verlacht und verspottet. Durch diese unsachliche Schreierei wurde der ehrenwerte und aufrichtige Mann ganz verwirrt und musste die Disputation abbrechen. Es war eine klare Niederlage für ihn, allerdings mit infamen und unsachlichen Mitteln erfochten.

Diese Verhöhnung und Demütigung setzte dem bescheidenen Josua Stegmann am meisten zu. Er war für die kommende Verfolgung gewappnet. In seinem Lied hatte er so eindrücklich von der Beständigkeit des Glaubens gesprochen.

Doch diese fiese öffentliche Kränkung hatte ihn tief in seiner Persönlichkeit verwundet. Wenige Wochen nach der Disputation starb er, erst 44 Jahre alt, am 3. August 1632. Sein Lied, das an die Bitte der Emmausjünger anknüpft: *Herr, bleibe bei uns, denn es will Abend werden und der Tag hat sich geneigt!* ist seitdem nicht mehr verstummt.

Valerius Herberger – einsam singend hinter dem Leichenwagen

Ein volkstümlicher Prediger, dem Jesus alles war

Kein anderes Gebiet in Deutschland hat so furchtbar unter Verfolgung und Unterdrückung der evangelischen Bewegung gelitten wie Schlesien.

Das Weihnachtsfest 1604 war die Frist, an dem die evangelische Gemeinde im polnischen Fraustadt ihre geliebte Marienkirche an die kleine Schar der Katholiken übergeben musste. Ein langer Streit mit dem polnischen König war vorausgegangen. Aber nun in der römisch-katholischen Gegenreformation war der polnische Druck gegen die *Schlesier*, wie sich die Deutschen nannten, groß. Am Ende hatte der König endgültig die Übergabe verfügt.

Die Evangelischen bekamen aber die Erlaubnis, eine eigene Kirche zu errichten. Ihr Pfarrer Valerius Herberger hatte eine volkstümlich zupackende, herzhafte Art. Er zögerte nicht lange und ließ zwei kleine Häuser am *polnischen Tor* kaufen.

Rasch wurden die Zwischenwände entfernt und die Decke durchbrochen. Die Bruchstellen wurden mit Tüchern abgedeckt. Gemeindeglieder brachten Stühle mit. So konnte schon am selben Weihnachtsfest in der Nacht zwischen dem 1. und 2. Christtag der Festgottesdienst um 3 Uhr morgens gefeiert werden. Herberger wollte eigentlich die kleine Notkirche *Herberge Christi* nennen. Weil aber der Anklang an seinen eigenen Namen hätte missverstanden werden können, gab er dem provisorischen Bau den Namen *Kripplein Jesu.* Er erklärte den Namen so: *Hat das Jesuskind nicht Raum in der Herberge, so hat es doch Raum in dem Kripplein.*

Fraustadt war die Heimat von Valerius Herberger. Hier war er am 21. April 1562 als Sohn eines Kürschnermeisters geboren worden. Der Vater dichtete auch gerne und brachte es damit zu Meisterehren. Doch schon mit neun Jahren verlor Herberger seinen Vater. Die Mutter war nun mittellos, sorgte aber mit großem Fleiß für eine gute Schulbildung ihrer Kinder. Es war eine sehr arme, schwierige Jugendzeit für Valerius.

Im Alter von 22 Jahren wurde er Diakonus in seiner Heimatstadt, sechs Jahre später dort Pfarrer. Er verheiratete sich mit Anna, der Tochter eines Ratsherrn, die ihm treu zur Seite stand. Doch es fehlte nicht an schweren Erfahrungen. Zwei Söhne schenkte ihnen Gott, den zweiten mussten sie jedoch schon früh wieder hergeben. Eine allgemeine Teuerung kam, wenig später ein verheerender Stadtbrand, der weite Teile von Fraustadt zerstörte.

Die schlimmste Zeit aber kam für Valerius Herberger, als die furchtbare Pestseuche seine Heimatstadt heimsuchte. 1613 brach die Epidemie aus. Gleich in den ersten Wochen starben mehr als 700 Menschen. Insgesamt waren es über 2000 Tote. 17 Jahre lang wütete diese furchtbare Seuche in der Stadt.

In großer Angst flüchteten die reichen und angesehenen Bürger aus der Stadt, um sich in Sicherheit zu bringen. Pfarrer Herberger aber wich nicht. Jetzt wurde er ganz besonders von den Kranken und Sterbenden gebraucht. Unermüdlich machte er Besuche und scheute sich nicht vor den verpesteten Räumen. Wo er in eine Krankenstube aus Angst vor Ansteckung nicht hineingelassen wurde, rief er den Kranken die biblischen Trostworte durchs Fenster zu. Oft ging Valerius Herberger allein hinter dem Leichenwagen her, der schon von weitem durch ein vom Totengräber angebrachtes Glöckchen erkennbar war.

Herberger betonte in seinen direkten und manchmal auch derb zupackenden Predigten, wie wichtig eine gründliche Buße sei. Wenn man seine Sünde nicht erkenne, könne man auch keine Vergebung Gottes erhalten. Und Vergebung gebe es nur unter dem Kreuz Jesu. Bis heute ist sein Predigtband *Herzpostille* eine Fundgrube wichtiger geistlicher Erkenntnisse.

Wie liebte Herberger die biblischen Psalmen! Jeden Tag betete er einen Psalm und sonntags alle sieben Bußpsalmen. Während seines Studiums hatte er sich dazu verpflichtet und hielt sich zeitlebens daran.

Herberger sah in der schrecklichen Pestseuche nicht nur ein Verhängnis, sondern auch eine *Zuchtrute Gottes*, die zur Umkehr treibt. Dabei geht es Gott nicht um Stafe, sondern um Begnadigung und Festigung des Glaubens.

Täglich hielt er eine Abendmahlsfeier in der Kirche ab. Neben seinen vielen Hausbesuchen wollte er mit diesen Gottesdiensten seine Gemeinde richtig zum Sterben vorbereiten. Immer wies er auf Jesus hin, der am Kreuz eine wirksame Versöhnung geschaffen hat.

Ohne Angst vor Ansteckung und ohne Ekel tat Herberger seinen wichtigen Seelsorgedienst. Seine Überzeugung war: Wenn Gott ihn zu den Pestkranken sendet und er nicht leichtfertig, sondern im festen Vertrauen auf den Herrn handelt, kann ihm die grauenvolle Pest nichts anhaben. Er erlebte es so: *Es war, gleich als wenn ein Engel mit einem blanken Schwert mein Haus belagert hätte, dass ihm kein Leid musste widerfahren.*

In diesen unheimlichen Tagen des Todesgrauens schrieb Herberger dieses Lied nieder, das als einziges von ihm in unseren Gesangbüchern noch enthalten ist:

Valet will ich dir geben,
du arge, falsche Welt;
dein sündlich böses Leben
durchaus mir nicht gefällt.
Im Himmel ist gut wohnen,
hinauf steht mein Begier;
da wird Gott herrlich lohnen
dem, der ihm dient allhier.

In meines Herzens Grunde
dein Nam und Kreuz allein
funkelt all Zeit und Stunde,
drauf kann ich fröhlich sein.
Erschein mir in dem Bilde
zu Trost in meiner Not,
wie du, Herr Christ, so milde,
dich hast geblut' zu Tod.

Schreib meinen Nam aufs Beste
ins Buch des Lebens ein
und bind mein Seel gar feste

ins schöne Bündelein [*)]
der', die im Himmel grünen
und vor dir leben frei,
so will ich ewig rühmen,
dass dein Herz treue sei.

Der Liedanfang *Valet* klingt für uns heute vielleicht seltsam. Er kommt daher, dass Herberger in die Anfänge der Strophen seinen eigenen Vornamen eingewoben hat: Vale-R-I-V-S. Das blieb sein größter Trost, dass sein Name im Buch des Lebens geschrieben ist. So empfand er es auch als Wunder des schützenden Gottes, dass von seiner Familie niemand an der Pest starb.

Im Alter von 65 Jahren traf ihn im Februar 1627 ein Schlaganfall. Er ließ den Magistrat an sein Krankenbett rufen, und sagte zu den versammelten Stadträten: *Bleibt bei dem treuen Hirten Jesus und lasst euch nicht verführen durch den Irrtum ruchloser Leute. Pflegt treu, was ich gepflanzt habe! Glaubt es einem Sterbenden: Heil ist nur in Christus! Ihm müsst ihr leben und sterben!*

Schon früh hatte man Valerius Herberger den Beinamen *Jesusprediger* gegeben. Auf Jesus zielten alle seine Predigten und auch seine gründliche und ausgedehnte Seelsorge. Bis heute schätzt man deshalb seine umfangreichen Predigtbände, damals *Postillen* genannt. Viele Auslegungen schrieb er zum Alten Testament. Auch hier fand er überall den Messias Jesus in der Schrift.

Am 17. Mai 1627 starb Valerius Herberger. Für die Ansprache an seinem Grab hatte er sich dieses Wort gewünscht, das in seinem Lied so wunderbar vertont ist: *Freut euch, dass eure Namen im Himmel geschrieben sind!*

Und die Gemeinde ließ auf seinen Grabstein einmeißeln: *Dem Jesus alles war!*

[*)] 1. Samuel 25,29

Philipp Nicolais große Vorfreude auf das himmlische Gloria

In den Tagen, als der schwarze Tod wütete

Über die Vertröstung auf ein Jenseits spotteten im 19. Jahrhundert die radikalen revolutionären Sozialisten. Wichtiger sei es, sich den Nöten und Problemen hier im Diesseits zuzuwenden.

Offenbar haben Christen im 20. Jahrhundert diese Kritik beherzigt. Eindrucksvoll wollen sie Verantwortung wahrnehmen für fast alle Probleme von Welt und Zeit. Aber, so muss man heute fragen, können sie auch noch von der Hoffnung der Christen reden, wenn diese Welt nicht mehr sein wird? Können sie trösten angesichts der Macht des Todes, die auslöscht und vernichtet? Wissen sie vom ewigen Frieden, der größer ist als alle Leiden dieser Zeit?

Dass die zuversichtliche Hoffnung auf die Ewigkeit nicht weltfremd macht, sondern gerade tüchtig für die Probleme der Zeit, haben uns frühere Generationen vorgelebt.

Der schwarze Tod, die Pest, wütete damals unvorstellbar grausam. Im Jahr 1347 trat die todbringende Epidemie zum ersten Mal in Europa auf. Mehrere Jahrhunderte lang versetzte sie die Menschen in Angst und Schrecken. In Abständen von zehn bis zwanzig Jahren suchte sie Städte und Dörfer heim und entvölkerte ganze Landstriche.

So war es auch im Herbst 1597. Ganz Westfalen war von der schrecklichen Pestseuche befallen. Nachts hörte man auf dem holprigen Pflaster der engen Gassen von Unna, wie die Karren mit den

Toten eilig zum Friedhof geschoben wurden. Dr. Philipp Nicolai, der 41-jährige Pfarrer in Unna, musste an manchen Tagen 20 bis 30 Menschen auf dem Friedhof hinter seinem Haus beerdigen. In kurzer Zeit starben in Unna 1400 Menschen, im Monat Juli allein 300. Eins der ersten Opfer der Seuche wurde der Pfarrkollege von Philipp Nicolai. So lag die ganze Last der Betreuung der verzweifelten Menschen allein auf ihm.

Es gab kein Entrinnen in diesen schrecklichen Tagen, als der grausame Würgeengel durch die Häuser und Straßen ging. Ein übler, durchdringender Gestank des Todes lag über der Stadt. Obwohl manche seiner Freunde starben, blieb Philipp Nicolai wie durch ein Wunder bewahrt.

Nicolai erzählt selbst: *Ich bin durch Gottes Gnade noch ganz gesund, obwohl ich von Häusern fast umlagert bin, die von der Pest angesteckt sind.*

Sein Mittel, mit dem er sich gegen die Ansteckung schützte: *Mein Räucherwerk sind hauptsächlich beständige Gebete zu Gott. Durch Gottes Gnade bin ich furchtlos.*

Wenn dann inmitten von lauter Sterbenden und Toten die Furcht ihn doch ergreifen wollte, rief er sich selbst zu: *Christus lebe ich, Christus sterbe ich. Ich lebe oder sterbe, so gehöre ich doch Christus, dessen Gnade mich beschattet.*

Bis spät in die Nacht forschte Nicolai in seiner Bibel und betete. Die Hoffnung über den Tod hinaus wurde ihm immer größer: *Um so fester haben wir das prophetische Wort, und ihr tut gut daran, dass ihr darauf achtet als auf ein Licht, das da scheint an einem dunklen Ort, bis der Tag anbreche und der Morgenstern aufgehe in euren Herzen* (2. Petrus 1, 19). Das ist der einzige Trost, mit dem man alle Angst und Schrecken überwinden kann.

Das menschliche Elend und die Not des Sterbens drängten Philipp Nicolai, sich nur noch begieriger nach dem ewigen Leben auszustrecken. Wann endlich bricht die verheißene Herrlichkeit Gottes an? Er schrieb in diesen unheimlich traurigen Tagen an seinem *Freudenspiegel des ewigen Lebens.* Über der Not der vergehenden Welt wurde ihm die himmlische Heimat immer wunderbarer. Er freute sich unbändig darauf, einmal den Herrn Jesus, *den Erlöser und Selig-*

macher, leibhaftig mit seinen Augen zu sehen. Einen größeren Trost konnte es für ihn nicht geben. *Da wird unser Klagen in einen Reigen verwandelt werden,* schrieb Nicolai in fröhlicher Zuversicht.

Er zählte in seiner Schrift alle biblischen Namen auf, die im Wort Gottes gebraucht werden, um uns zur ewigen Herrlichkeit hinzulocken: Vom Paradies, vom Erbteil der Heiligen, vom unverwelklichen Erbe, von Freude die Fülle, von der Hochzeit, vom ewigen Reich oder von der lebendigen Quelle wird dort gesprochen. Dieses ewige Gut *erhebt sich hoch über alle Pracht, Reichtum und Freude dieser Welt.*

Was Philipp Nicolai hier in seiner Bibel fand, war das helle Licht mitten in einer trostlos dunklen Zeit des Sterbens. Aber zugleich entdeckte er etwas, was für unzählige Geschundene, Gefolterte und Sterbende in den bevorstehenden Leiden des Dreißigjährigen Krieges der einzig wahre Trost sein konnte.

Als die schreckliche Pestseuche in Unna losbrach, war Philipp Nicolai erst seit einem Jahr als Pfarrer dort. Am 10. August 1556 war er als Sohn eines Pfarrers in Mengeringhausen in der Grafschaft Waldeck geboren. Sein Vater war um des Evangeliums willen vertrieben worden. Philipp studierte in Wittenberg und Erfurt Theologie. Über verschiedene Stationen als Pfarrer kam er nach Wildungen, wo er Hofprediger und Erzieher des dortigen Prinzen war. Von dort wurde er 1596 ins westfälische Unna gerufen.

Vergessen sind heute manche theologischen Streitschriften, die Philipp Nicolai damals schrieb. Als überzeugter lutherischer Theologe kämpfte er leidenschaftlich gegen die in manchen Punkten andere Meinung der reformierten Mitchristen. Leider blieb in diesem Kampf um die Reinheit der Lehre die brüderliche Liebe oft auf der Strecke. Aber in der Pestzeit in Unna wurde ihm das alles unwichtig gegenüber der sehnlichen Erwartung der himmlischen Freude. So sollten auch nicht diese Kampfschriften, sondern seine biblischen Entdeckungen von der gewissen Hoffnung der Christen die Jahrhunderte überdauern.

Philipp Nicolai berichtet selbst: *Die ganze Zeit der Pest habe ich unter Hintansetzung aller Streitigkeiten mit Gebeten hingebracht und mit dem löblichen Nachdenken über das ewige Leben.*

Weit bekannt wurde sein Lied *Wie schön leuchtet der Morgenstern*, wo Nicolai betet:

> Gieß sehr tief in das Herz hinein,
> du leuchtend Kleinod, edler Stein,
> mir deiner Liebe Flamme,
> dass ich, o Herr, ein Gliedmaß bleib
> an deinem auserwählten Leib,
> ein Zweig an deinem Stamme.
> Nach dir wallt mir mein Gemüte,
> ewge Güte, bis es findet
> dich, des Liebe mich entzündet.
>
> Von Gott kommt mir ein Freudenschein,
> wenn du mich mit den Augen dein
> gar freundlich tust anblicken.
> Herr Jesu, du mein trautes Gut,
> dein Wort, dein Geist, dein Leib und Blut
> mich innerlich erquicken.
> Nimm mich freundlich in dein Arme
> und erbarme dich in Gnaden;
> auf dein Wort komm ich geladen.

In diesem Lied klingt durch, wie Nicolai in der Anbetung Gottes, im Staunen über seine Größe und Macht, seine Errettung gewiss glauben und fassen kann. Das ist kein billiges Vertrösten. Wer könnte das angesichts der harten Realität des Todes? So ist das Vertrauen auf den auferstandenen Jesus Christus mitten im Grauen des Sterbens ein tröstliches Erfahren seiner Macht und seines Sieges. Jesus Christus ist das Licht, das an einem dunklen Ort scheint. Im letzten Buch der Bibel, Offenbarung 22,16, spricht Jesus selbst von sich als dem Morgenstern.

Aber noch ein anderes Lied hat Philipp Nicolai in jenen Tagen des Todesgrauens in Unna gedichtet. Es knüpft an das Gleichnis Jesu von den klugen und törichten Jungfrauen an. Dabei geht es um die wichtige Frage, ob wir bereit sind, wenn der Herr uns zu sich ruft.

Nicolai wollte selbst ein Wächter sein, der auf den Mauern Jerusalems Tag und Nacht den Herrn an seine Verheißungen erinnert. In großer Freude auf die Gemeinschaft mit Jesus in der Herrlichkeit dichtete Nicolai in seinem Lied ›*Wachet auf*‹, *ruft uns die Stimme:*

Gloria sei dir gesungen
mit Menschen- und mit Engelzungen,
mit Harfen und mit Zimbeln schön.
Von zwölf Perlen sind die Tore
an deiner Stadt; wir stehn im Chore
der Engel hoch um deinen Thron.
Kein Aug hat je gespürt,
kein Ohr hat mehr gehört solche Freude.
Des jauchzen wir und singen dir
das Halleluja für und für.

Die Bilder, die Nicolai in seinen Liedern gebraucht, sind auch schon im *Freudenspiegel* zu finden. Aber hier in den Liedern sind sie mit ungeheurer Wucht und Eindringlichkeit zusammengefasst. Auch die herrlichen Melodien dazu hat Nicolai selbst geschaffen.

Nach der schweren Pestseuche fielen 30 000 spanische Soldaten im Herzogtum Cleve ein. Viele Häuser wurden niedergebrannt. 300 spanische Reiter besetzten die Stadt Unna. Wegen seiner papstkritischen Äußerungen musste Philipp Nicolai in seine Heimat in Waldeck fliehen. Erst 1599 konnte er zurückkehren und im Alter von 43 Jahren auch endlich heiraten.

1601 wurde er als Hauptpastor nach Hamburg an die Katharinenkirche berufen. Dort wurde der rüstige Prediger ganz plötzlich durch einen Schlaganfall am 26. Oktober 1608 im 52. Lebensjahr in seine so heiß geliebte himmlische Heimat abgerufen. Am Grab wurde über sein Lieblingswort gepredigt:

Selig sind die Toten, die in dem Herrn sterben von nun an. Ja, der Geist spricht, dass sie ruhen von ihrer Arbeit, denn ihre Werke folgen ihnen nach.

Martin Luther in schweren Krankheiten und Anfechtungen

Mitten im Rachen des Teufels!

Es liegt nahe, die Entstehung des großen Glaubensliedes *Ein feste Burg ist unser Gott* sich in jenen schweren Kampftagen des Jahres 1521 vorzustellen. Damals sprach Luther auf dem Weg nach Worms zum Reichstag die mutigen Worte: *Und wenn so viel Teufel zu Worms wären als Ziegel auf den Dächern, so wollte ich doch hinein.*

Der schützende Bergungsort der Wartburg mag auch den Gedanken an das sprechende Bild der festen Burg nahe legen, in der man sicher sein kann.

Nach allem, was wir heute wissen, entstand dieses Lied aber sechs Jahre später mitten in schwersten Anfechtungen. *Der Satan selbst wütet mit aller seiner Macht gegen mich!* So heftig empfand Luther 1527 die tückischen Angriffe und Schläge, die ihn trafen.

Das Vorjahr hatte ganz schön angefangen. Sein Sohn Hans wurde geboren. In Deutschland setzte sich die Predigt des Evangeliums gegen alle Widerstände immer mehr durch. Kirchliche Ordnungen konnten in den Ländern der evangelischen Fürsten eingeführt werden.

Dann wurde Luther von einem Steinleiden befallen, das ihn heftig plagte. Mit Beginn des Jahres 1527 kam eine weitere Krankheit dazu. Ein heftiger Druck auf dem Herzen löste unheimliche seelische Beklemmungen aus, die lebensgefährlich wurden. Mitte des Jahres stürzte ein erneuter, schwerer Anfall Luther in Anfechtung und Verzweiflung. Ein Abgrund tat sich vor ihm auf. Schon in der Frühe des Morgens ließ er seinen Seelsorger rufen, beichtete und empfing die Absolution.

Als am Nachmittag ein guter Freund zu ihm kam, wollte Luther ihm ein paar Schritte entgegengehen. Aber schon auf der Türschwelle brach er ohnmächtig zusammen. Schnell schüttete man ihm einen Eimer kalten Wassers über Kopf und Rücken. Da kam er wieder zu sich. Er rechnete ganz realistisch mit seinem nahen Tod. Freunde standen um sein Bett und trösteten ihn mit Bibelworten.

Am schlimmsten waren die heftigen Anfechtungen, erzählte Luther später. Er fühlte sich in Tod und Hölle geworfen. Fast hätte er Christus verloren, umhergetrieben von den Fluten der Verzweiflung. Aber auf die Bitten der Gläubigen hin hätte Gott sich seiner erbarmt und ihn aus der Tiefe der Hölle gerissen, geschützt und gedeckt.

In diesem Sommer 1527 brach in Wittenberg auch noch die grauenhafte Pestseuche aus. Der Kurfürst bat Luther dringend, mit seiner schwangeren Frau und dem kleinen Kind nach Jena überzusiedeln. Dorthin war auch die Universität schon hingeflohen.

Luther aber wollte in diesen Tagen des Sterbens bei seiner Gemeinde ausharren. Als Pfarrer von Wittenberg wollte er ein treuer Hirte sein und nicht die ihm anvertraute Herde im Stich lassen: *Ein guter Hirt lässt sein Leben für die Schafe*, schrieb Luther, *aber ein Mietling sieht den Wolf kommen und flieht.*

Für die wenigen zurückgebliebenen Studenten hielt er weiter Vorlesungen. In großer Treue besuchte er die Kranken, tröstete die Angefochtenen und half zum Überwinden der Schrecken des Todes.

In diesen Tagen erreichte Luther die Nachricht vom Märtyrertod des Predigers des Evangeliums, Leonhard Kaiser. Der Bischof von Passau hatte ihn greifen und als Ketzer verurteilen lassen. In der Stadt Schärding wurde er auf dem Scheiterhaufen verbrannt. Warum durfte der Teufel so unbegrenzt wüten und den treuen Boten des Evangeliums umbringen? In aller Trauer rühmte Luther den Sieg des Glaubens über diese satanische Macht, der sonst nichts auf Erden gleich ist.

Da drang die Pest auch ins Haus Luthers ein. Verschiedene Mitbewohner erkrankten, auch Luthers Freund Bugenhagen. Luther selbst fühlte sich sterbenselend. Auch der Zustand des erkrankten Sohnes Hans war besorgniserregend.

Luther schrieb in diesen Tagen: *Äußerlich sind Kämpfe, innerlich Ängste, und zwar sehr bittere. Christus sucht uns heim. Ein Trost bleibt, den wir dem wütenden Satan entgegensetzen: dass wir wenigstens das Wort Gottes Wort haben, um die Seelen der Gläubigen zu retten, wenn er auch die Leiber verschlingt. Darum befiehl uns den Brüdern und dir selber, dass ihr für uns betet, dass wir die Hand des Herrn tapfer ertragen und des Satans Macht und List besiegen, es sei durch Tod oder Leben.*

Da endete die Pestseuche im Dezember 1527 so plötzlich, wie sie gekommen war. Die Hausbewohner Luthers genasen wieder von der Krankheit. Luthers Frau Käthe gebar ein gesundes Kind, Elisabeth.

In einem Brief schrieb Luther am Neujahrstag 1528, wie sich der Satan mit mächtigen Stricken an ihn hänge, um ihn in die Tiefe zu ziehen. Er vertraue aber fest auf den Sieg Jesu, und weil andere für ihn beteten, könne er überwinden und siegen.

In diesen Nöten entstand das trutzige Kampflied, das auf den jubelnden Siegespsalm 46 zurückgeht: *Der Herr Zebaoth ist mit uns, der Gott Jakobs ist unser Schutz!* Um 1529 erschien es erstmals gedruckt:

Ein feste Burg ist unser Gott,
ein gute Wehr und Waffen.
Er hilft uns frei aus aller Not,
die uns jetzt hat betroffen.
Der alt böse Feind
mit Ernst er’s jetzt meint;
groß Macht und viel List
sein grausam Rüstung ist,
auf Erd ist nicht seinsgleichen.

Mit unsrer Macht ist nichts getan,
wir sind gar bald verloren;
es streit’ für uns der rechte Mann,
den Gott hat selbst erkoren.

Fragst du, wer der ist?
Er heißt Jesus Christ,
der Herr Zebaoth,
und ist kein andrer Gott,
das Feld muss er behalten.

Und wenn die Welt voll Teufel wär
und wollt uns gar verschlingen,
so fürchten wir uns nicht so sehr,
es soll uns doch gelingen.
Der Fürst dieser Welt,
wie saur er sich stellt,
tut er uns doch nichts;
das macht, er ist gericht':
ein Wörtlein kann ihn fällen.

Das Wort sie sollen lassen stahn
und kein' Dank dazu haben.
Er ist bei uns wohl auf dem Plan
mit seinem Geist und Gaben.
Nehmen sie den Leib,
Gut, Ehr, Kind und Weib,
lass fahren dahin!
Sie haben's kein Gewinn;
das Reich muss uns doch bleiben.

Besonders waren Luther die Osterlieder wichtig. Er meinte, dass man sich mit der Zeit *aller Lieder müde singt; aber das ›Christ ist erstanden‹ muss man alle Jahre wieder singen.*

So schuf Luther 1524 auch mit den großen biblischen Worten und prophetischen Verheißungen sein Osterlied aus dem Druck dunkler Anfechtungen heraus. Immer wieder schrieb er es sich zur Ermutigung auf den Tisch oder an die Wände: *Vivit! – Jesus lebt!* Und wie es Albrecht Dürer und Hans Holbein in ihrer großen Kunst darstellten, so zeigte es Luther hier eindrücklich: *Der Tod ist verschlungen in den Sieg. Tod, wo ist dein Sieg?*

Christ lag in Todesbanden,
für unsre Sünd gegeben,
der ist wieder erstanden
und hat uns bracht das Leben.
Des wir sollen fröhlich sein,
Gott loben und dankbar sein
und singen Halleluja. Halleluja.

Jesus Christus, Gottes Sohn,
an unser Statt ist kommen
und hat die Sünde abgetan,
damit dem Tod genommen
all sein Recht und sein Gewalt;
da bleibt nichts denn Tods Gestalt,
den Stachel hat er verloren. Halleluja.

Es war ein wunderlich Krieg,
da Tod und Leben 'rungen;
das Leben behielt den Sieg,
es hat den Tod verschlungen.
Die Schrift hat verkündet das,
wie ein Tod den andern fraß,
ein Spott aus dem Tod ist worden. Halleluja.

Literatur

Helmut Ackermann, Joachim Neander, Düsseldorf 1980
Erich Beyreuther, Der junge Zinzendorf, Marburg 1957
Erich Beyreuther, Zinzendorf und die sich allhier beisammen finden, Marburg 1959
Erich Beyreuther, Zinzendorf und die Christenheit, Marburg 1961
Gerhard Blail, O du fröhliche, Die Geschichte unserer schönsten Weihnachtslieder, Stuttgart 1994
Wilhelm Brandt, Friedrich von Bodelschwingh 1877 – 1946, Nachfolger und Gestalter, Bethel 1967
Christian Brunners, Paul Gerhardt, München/Berlin 2. Aufl., 1994
Wilhelm Busch, Die von Herzen dir nachwandeln, Gladbeck 2. Aufl., 1950
Hans Dannenbaum, Sie werden leuchten wie die Sterne, Berlin, o. J.
E. Dönges, Das Leben von Paul Gerhardt und K. Johann Philipp Spitta, Dillenburg 1989
Paul Dorsch, Das deutsche evangelische Kirchenlied, Stuttgart 3. Aufl., 1940
Jörg Erb, Dichter und Sänger des Kirchenlieds, 4 Bände, Lahr-Dinglingen 1970 ff.
Jörg Erb, Geduld und Glaube der Heiligen, Kassel-Wilhemshöhe 1965
Heinrich Fausel, D. Martin Luther, Stuttgart 1955
Paul Gabriel, Das deutsche evangelische Kirchenlied von Martin Luther bis zur Gegenwart, Berlin 1951
Friedrich Hauss, Väter der Christenheit, Band 2 und 3, Wuppertal 1957 und 1959
Wolfgang Heiner, Bekannte Lieder – wie sie entstanden, Neuhausen 1979
Siegfried Heinzelmann/Karl Hesselbacher, Ich danke Gott und freue mich, Werk und Glauben des Matthias Claudius, Konstanz 1985
Siegfried Heinzelmann/Karl Hesselbacher, Paul Gerhardt, Konstanz 7. Aufl., 1982

Manfred Hellmann, Friedrich von Bodelschwingh d.J, Wuppertal und Zürich 1990
Kurt Ihlenfeld, Freundschaft mit Jochen Klepper, Witten und Berlin 1958
Jochen Klepper, Unter dem Schatten deiner Flügel, Stuttgart 1956
Jochen Klepper, Ziel der Zeit, Witten und Berlin 1962
Eduard Emil Koch, Geschichte des Kirchenlieds und Kirchengesangs, 8 Bände, Stuttgart 3. Aufl., 1866 - 1876
Herbert Lölkes, Rudolf Alexander Schröder, Stuttgart 1983
Wilhelm Lueken, Lebensbilder der Liederdichter und Melodisten, (Handbuch zum Evang. Kirchengesangbuch II, 1) Göttingen 1957
Christhard Mahrenholz, Handbuch zum Evangelischen Kirchengesangbuch, Band III: Liederkunde, 1 und 2, Göttingen 1970 und 1990
Wolfgang Martens, Literatur und Frömmigkeit in der Zeit der frühen Aufklärung, Tübingen 1989
Bruno Mascher, Jochen Klepper, Stuttgart 1977
Hans Mayr, Glaubenszeugen der Einen Kirche, Kassel 1984
Joachim Neander, Bundeslieder und Denkpsalmen von 1680, Köln 1984
Wilhelm Nelle, Unsere Kirchenlieder, Hamburg 1905
Wilhelm Nelle, Geschichte des deutschen evangelischen Kirchenliedes, Leipzig und Hamburg 3. Aufl., 1928
Walter Nigg, Das Buch der Ketzer, Zürich 1949
Arno Pagel, Ehret, liebet, lobet ihn!, Bad Liebenzell 1986
Arno Pagel, Gerhard Tersteegen, Gießen 5. Aufl., 1986
Hermann Petrich, Das Lied der Väter, Gütersloh 1921
Hermann Petrich, Paul Gerhardt, Gütersloh 1914
Hermann Petrich, Unser geistliches Volkslied, Gütersloh 1920
Helmut Pfeifer, Zum 100. Geburtstag von Otto Riethmüller, in: »Im Streite zur Seite«, Sonderausgabe, Frühjahr 1989
Realenzyklopädie für protestantische Theologie und Kirche, 24 Bände, Leipzig, 1896 ff.
Theologische Realenzyklopädie, Berlin – New York, Bände 1-25, 1977 ff.

Hedwig von Redern, Knotenpunkte, Lahr-Dinglingen o. J.
Religion in Geschichte und Gegenwart, 5 Bände, Tübingen 3. Aufl., 1957 ff.
Alfred Ringwald, Menschen vor Gott, Band 1-4, Stuttgart 1957 ff.
Martin Rößler, Liedermacher im Gesangbuch, Band 1-3, Stuttgart 1990 ff.
Heinz Schäfer, Dichter und Sänger des Kirchenlieds, Band VI: Heilslieder, Lahr 1995
Friedrich Seebaß, Matthias Claudius, Gießen 3. Aufl., 1986
Friedrich Seebaß, Paul Gerhardt, Gießen 4. Aufl., 1986
Otto Schlißke, Handbuch der Lutherlieder, Göttingen 1948
Martin Schmidt, Wiedergeburt und neuer Mensch, 1969, Seiten 112 - 128
Jakob Schmitt, Die Gnade bricht durch, Weidenau 1953
Rudolf Alexander Schröder, Dichtung und Dichter der Kirche, Witten und Berlin 2. Aufl., 1964
Hans Jürgen Schulz, Liebhaber des Lebens, Stuttgart 1991
Walter Schulz, Reichssänger, Gotha 1930
Erik Thomson, Marion von Klot, Stuttgart 1959
Walter Trittelvitz, Friedrich von Bodelschwingh, der Sohn, Bethel 1950
Irmgard Weth-Scheffbuch, Philipp Friedrich Hiller, Das Wort und Christus in dem Wort, Metzingen 1969
Eugen Zeller, Aus sieben Jahrhunderten der Geschichte Beuggens 1246-1920, Wernigerode (Harz) o. J.

Verzeichnis der Lieder und Strophen

(Liedanfänge kursiv und fett)

Verzeichnis der Dichter und Komponisten

Quellennachweis

S. 14-19 © Suhrkamp Verlag, Frankfurt/M. 1952

S. 23-24 © mundorgel verlag gmbh Köln / Waldbröl

S. 26-27 © Chr. Kaiser / Gütersloher Verlagshaus, Gütersloh

S. 38-40 © Strube Verlag München – Berlin

S. 42-43 © Helga Winkel, Diakonissenmutterhaus Aidlingen

S. 43-44 © Ursel Aul, Diakonissenmutterhaus Aidlingen

Weitere Bücher von Winrich Scheffbuch:

Jenseits der endlosen Meere

Abenteuer Weltmission

Pb., 340 S., zahlreiche Illustrationen
Nr. 392.639, ISBN 3-7751-2639-2

Beeindruckende Berichte, wie Missionare mit dem Mut des Glaubens eine Welt bezwangen, die ihnen wie ein gefährlicher Feind begegnete: eisige Kälte, endlose Wüsten, Malaria, Hochwasser ... Nichts konnte sie aufhalten!

Kein Tag wie jeder andere

Kurzgeschichten

Tb., 96 S.,
Nr. 56.789, ISBN 3-7751-1237-5

In 34 Kurzgeschichten erzählt Winrich Scheffbuch von Begebenheiten und Schicksalen, wie Gott eingegriffen, geführt und gehandelt hat.

Daß alle Welt von Jesus spricht

Kurzgeschichten aus aller Welt

Tb., 96 S.,
Nr. 77.617, ISBN 3-7751-1893-4

32 Kurzgeschichten aus aller Welt lassen die Arbeit der Missionare und Christen vor Ort hautnah miterleben. Winrich Scheffbuch erzählt von Erlebnissen und Begegnungen auf seinen zahlreichen Reisen.

Bitte fragen Sie in Ihrer Buchhandlung nach diesen Büchern! Oder schreiben Sie an den Hänssler Verlag, Postfach 1220, D-73762 Neuhausen.